品牌系统性建设

沿循消费心理与行为的轨迹

关键 著

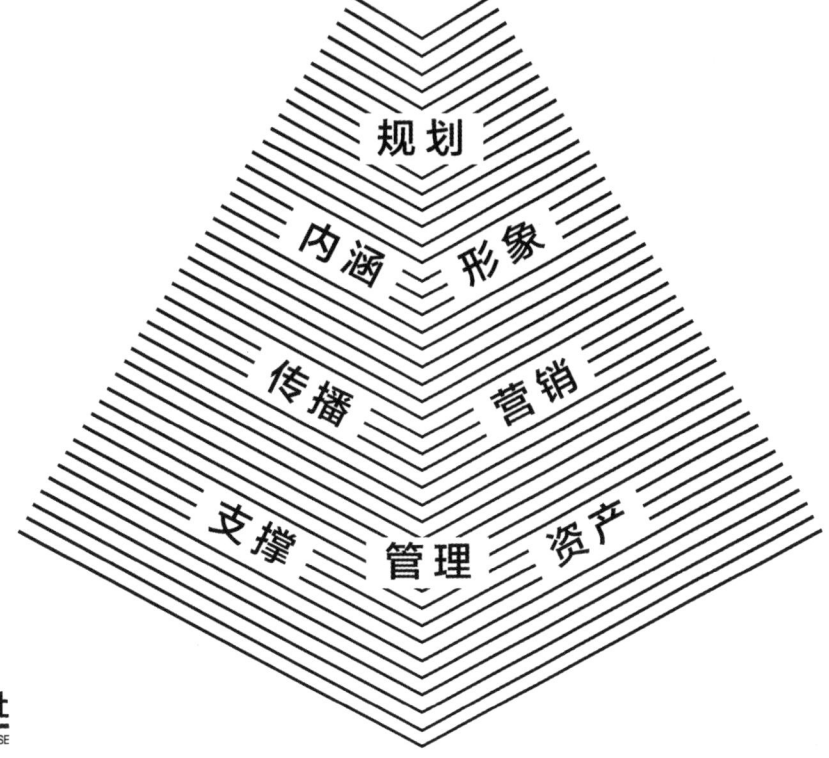

规划

内涵　形象

传播　营销

支撑　管理　资产

图书在版编目（CIP）数据

品牌系统性建设：沿循消费心理与行为的轨迹 / 关键著. -- 北京：企业管理出版社，2020.5
　　ISBN 978-7-5164-2089-8

　　Ⅰ.①品… Ⅱ.①关… Ⅲ.①品牌—企业管理—研究 Ⅳ.①F273.2

中国版本图书馆CIP数据核字(2019)第282779号

书　　名：	品牌系统性建设——沿循消费心理与行为的轨迹
作　　者：	关　键
选题策划：	周灵均
责任编辑：	周灵均
书　　号：	ISBN 978-7-5164-2089-8
出版发行：	企业管理出版社
地　　址：	北京市海淀区紫竹院南路17号　　邮编：100048
网　　址：	http://www.emph.cn
电　　话：	编辑部（010）68456991　　发行部（010）68701073
电子信箱：	emph003@sina.cn
印　　刷：	河北宝昌佳彩印刷有限公司
经　　销：	新华书店
规　　格：	170毫米×240毫米　　16开本　　19.75印张　　270千字
版　　次：	2020年5月第1版　　2020年5月第1次印刷
定　　价：	78.00元

版权所有　翻印必究·印装有误　负责调换

品牌化、论品牌
中国品牌 中华民族伟大
复兴之基

高伯海
2019.12.8

高伯海

国家市场监管总局中国质量万里行促进会常务副会长兼秘书长，原《中国品牌》杂志社创刊社长，北京大学中国品牌研究中心研究员。

联合推荐

关键的《品牌系统性建设——沿循消费心理与行为的轨迹》一书，是集关键二十多年品牌建设经验的力作，书中所展现的轨迹，一直在探索品牌建设的关键，值得一读。

——张国华 中国广告协会会长

内外兼修，系统平衡是品牌领导力之道。

—— 首席品牌官联盟主席

作者依托二十年的市场、传媒、广告和品牌实践的扎实功力，从洞悉消费心理与行为的轨迹入手，对品牌建设的系统性问题进行精准的解析与归纳，由此构建的理论体系和应用体系不仅对企业的品牌建设具有重要的指导意义，而且使我们对品牌的本质和逻辑的探究又向前推进了一步。

——陈岱 《品牌研究》创刊总编

《品牌系统性建设——沿循消费心理与行为的轨迹》一书为我们揭示了品牌是拜物教的产物，包含了物的功能品质烙印和人的精神需求图腾双重内核。在物权交割之后，价格的主权让渡给价值。

对此，作者为我们呈现了横向的消费心理与行为的轨迹与纵向的品牌系统性建设核心要素，它们共同交织出人与物关系的四个象限；同时，作者为我们诠释了生命的本质在于信息，商业的本质在于直达人心，人性的布局与心的营销是品牌的精髓。一部人类品牌发展史，对应的是跌宕起伏的经济发展史，以及波澜壮阔的人性演化。

——陈荣华 太阳雨集团有限公司总裁

| 序一 |

一位品牌实战者的不惑追求

在与关键相识的10余年间,感受到他是一个乐于在工作中思考,在思考中总结,在总结中笔耕不辍的研究型实战者。

难能可贵的是,在上述过程中,关键始终坚持对认识论与方法论的探索,这对他后面的实践与研究起到了重要的推动和提升作用。

对于认识论,他认为,是从知识与经验,到逻辑与关联,直至本质与规律;对于方法论,他认为,是从方向到路径,从方法到工具。例如,他在10年前就归纳出的"媒体价值三点论",即传播力价值、影响力价值和行销力价值,很大程度上符合媒体价值的本质与规律。

随着不断地思考与探究,他又提出了人类事物的两大顶层"代码":人性特征和时代特征。他认为,前者是万变不离的其"宗",是万变中的不变,而后者则是不变中的万变。随后,纲举目张,他又提出:推动人类发展的是时代,推动时代发展的是技术,推动技术发展的是人性;品牌的内在本质是不断地满足人性特征,品牌的发展规律就是以坚持满足人性特征为前提,持续地去顺应时代特征,等等,一系列的"一己之见"。

当他一点点地将入行20多年来所经历的有关市场、传媒、广告,直至品牌的从业感觉、感想、感受、感悟,以人性特征和时代特征为基点,以系统性思维为路径,向着事物的内在本质与发展规律的方向无限靠近的时候,对品牌的认知就逐渐地清晰起来,系统起来,甚至是简单起来。

这就是他为什么能够在企业品牌建设繁复的具体工作中，甚至在同时操盘与新华系、人民系和央广系三大主流媒体的战略合作这样的繁忙阶段，依然能够串珠成链，积善成著的"法门"所在。

当然，对人类事物的认知永远是仁者见仁，智者见智，但这至少能够折射出作为一名实践者对探究事物本原的渴望与追求，而恰恰是这一点，在我看来是非常难能可贵的！

众所周知，中国的市场经济已经高速发展了40年，这让我们对事物的认识积累了许许多多的知识与经验。对此，我们特别需要，也非常有必要将这些知识与经验通过不断地思考与研究，探寻出它们的内在逻辑与外在关联，探究出其本质与规律。以此，为我们的未来发展指出正确的方向，找寻到合理的路径。

特别是企业，在改革开放40年所赋予的发展大机遇之后，未来必将面临从机会化生存向专业化生存演变。这就需要有更多的实操者在日夜兼程中、在繁忙的工作中，能够静心、潜心、专心地去思考、总结实践中的所得与问题，不断地提升自己系统性认识问题和系统性解决问题的专业能力。

言归品牌。人类对品牌的认知更多的是源于市场与营销，归于方法与工具。例如，我们对品牌的认知更多的是促进销售、增加利润，更多的是归于产品、渠道、广告，甚至是公关；而如今，我们越来越强烈地感受到，品牌的本原就是为了能够更好地满足消费者需求，创造消费者价值。借此，将品牌的价值转化为高附加值、可持续的品牌资产。

正如本书中所强调的那样，品牌是战略，品牌是资产。对于企业来讲，前者是起点，后者是终点。因此，只有将品牌提升到企业发展战略的高度，才符合品牌的本质；只有将品牌置于方向与路径的层级，才符合品牌的规律。

在本质与规律之下，我们还要探究出品牌建设的逻辑与关联，即本书中所称的"系统"。从消费者的角度，其逻辑就是本书的书名所示——消费心理与行为的轨迹；从企业的角度，其关联就是本书的核心——品牌建设的八大体系。

只是所有这一切，都不要忘了"以消费者为核心"这个万变之中的不变，即以消费者的问题与需求为导向制定品牌战略与规划，以消费者的价值与利益为基点提出品牌内涵与承诺，以强化与消费者之间的沟通与信任为目的打造品牌形象与传播体系；以不断优化消费者的品牌体验为路径实施品牌营销体系，并借此在企业内部构建起以创造品牌价值为核心的全位、全程、全员、全心的品牌管理与支撑体系，最终构建起高附加值、可持续的品牌资产体系。

这就是本书的"纲"之所在！

最近一次见到关键，他又向我谈起他的最新"感悟"：50岁以后的人生是一道风景。作为一个"过来人"，我读懂了言中之意，就像他曾经提出的"平则匡正，衡乃至恒"那样，说明在"不惑"之后，他正在感受着"知天命"的深邃与通达，奥妙与美好……

作为同道，作为知音，甚慰！

丁俊杰

中国传媒大学广告学院院长

国家广告研究院院长

2019年8月29日

| 序二 |

欣赏一个人，从名字开始

欣赏一个人，从名字开始，人如此，品牌亦然。它可能让你挥之不去，历久弥新，成为你生活中的必需品，这就是品牌的魅力。

对于一个人，记忆也许从他的名字开始，也许从他的音容笑貌开始，也许从推杯换盏中或旅行中开始，继而成为你的朋友、伙伴、至交。关键，就是这样总是在关键时刻扮演着关键角色。

关键要出书，或要当 CMO，或者去大学教书，我都不吃惊，就像一泓清泉总会激起涟漪一样，是金子总会发光！

与关键相识于《广告人》杂志，那时他是副总编辑。也许有相关的新闻工作背景的原因，在一起打开话匣子，总能找到属于自己熟悉的语境和范畴，关于营销，关于品牌，关于互联网，关于文化传承，……就是那种没完没了的状态，而且总有那种畅谈到永远的劲儿。

其实，在别人眼里他不善言辞，甚至有些木讷，但我们在一起把酒言欢、抵足而眠，总有一种心有灵犀的默契和畅快淋漓——这大概就是好友最重要的标签。

你再施展想象的翅膀也不会相信他居然是一名外科医生，一名作家！也许正因为他有这两个背景，才使得他今天从事的品牌经理人的角色，带有手术刀的锋利与精准，同时也具有作家的敏感与细腻。

这本书，是他一边工作、一边学习、一边思考、一边实践完成的，是他工作、学习、实践的总结，是一部具有实战意义的著作。他似乎并不满足于做一个企业品牌的管家，就像岗位描述的那样，是一个广告投放的参与者和执行者，抑或是战略规划的实践者。尽管这是一个品牌经理人的工作方向，但他把更多精力投入到把品牌战略放到企业整体发展战略中去焊接整个系统工程，在他的书中至少呈现了四个维度：

其一，作为一个品牌经理人，如何把企业的品牌系统工程从传播、传递、传达环节，从播种到收获的整个闭环维护好，执行好。

其二，作为品牌持有人，如何赋予品牌资产更多的溢价能力，并以企业家的视角，把握品牌主旋律，使其每个音符、每个章节都和谐运转。

其三，作为行业动态的观察家，如何让自己的品牌在行业的舰队中扮演好自己的角色，发挥更大的作用，并引领趋势。

其四，如何在技术驱动营销的"蓝海"里，建立自己的学术体系并指导自己的品牌实践，不仅定好位，而且对好位、卡好位，服务到位。他教会你如何像一名真正的外科医生，自信地站在手术台前，为品牌号脉、主刀！

此时，我想起德鲁克的话，"战略不是研究我们未来做什么，而是我们今天做什么才有未来"。从这个意义上讲，这本书还是能够给大家提供这样的信息。

是为序。

鲁花集团品牌总监

2019 年 9 月

前言

品牌离我们很近，又似乎很远。

我们每一个人都是品牌的消费者，昨天是，今天是，明天依然是。品牌离我们近得随时环绕在身边，我们深陷其中，触手可及。

但是，当我们真的要诠释品牌的时候，却又总是欲说还休……

品牌到底是什么？我们为什么需要品牌？我们需要怎样的品牌？品牌是怎么"炼"成的？

以前说，产品即品牌。的确，在消费者满大街追着商品跑的年代，有了一个好产品便可坐享其成。

后来又说，渠道就是品牌。的确，在消费者买东西就得去"××城""××超市"的年代，进了一个好终端就可以高枕无忧。

再后来又说，广告即品牌。的确，在消费者"只看广告，不看疗效"的年代，播了一条好广告便可以让"地球人都知道"。

当然还有"4P"理论、USP理论、定位理论、STP理论……

从生产导向到产品导向，从产品导向到用户导向，从用户导向到竞争导向，最终又回到用户导向，世界营销的百年历程一直在探寻着真正能够撬动品牌的那一个个"支点"。

然而，对于品牌建设的要素，这些似乎都是，又似乎都不是。

其实，品牌与世界上的所有事物一样，都不会简单到只有一个决定因素，它一定是一个系统，一个既有着纵向的内在逻辑，也有着横向的外在关联的系统。因此，也就远远不是某一个"点"的价值就足以支撑的。

试想，我们一旦将这个伟大的"系统"梳理清楚，必将会引领我们逐步接近品牌的内在本质与发展规律，从而构建起对于品牌的系统性认识与解决问题的能力。

毕竟，方向对了头，速度才有意义。

那么，我们以什么作为"坐标参照"来找到这个所谓"系统"的所在呢？我们又以什么作为"底层代码"来看清这个所谓"系统"的奥秘呢？

一己之见——答案就在本书的标题中：沿循消费心理与行为的轨迹。

毋庸置疑，品牌是用来实现市场转化的，企业是要获得利润的，而市场是由那些被称之为消费者、顾客、客户，乃至用户的人群构成的。从价值到价格的交易，从利益到利润的转化，品牌无论如何都离不开这些所谓的"金主"们。

作为人，首先是唯心的。心不动，风如何动，幡又如何动？从认识到认知，从认同到认可，直至认定；从满意到喜欢，从信赖到忠诚，直至信仰。没有心智的驱动，消费者又如何与品牌相随、相伴？

然后，是知行合一。先了解，再取信，然后尝试购买、重复购买（买了还买）、高价购买（不买不行），乃至推荐购买（一起来买）。这其中，品牌又如何驱动消费者在与品牌共赢互利的道路上携手前行呢？

首先，我们要确定"卖什么"。思考的路线图就是，从问题导需求，从需求导机会。这是因为，市场所有的机会都源于需求（现实中痛点的和未来潜在的），而需求又都源于问题（来自社会的，来自行业的）。然后，以机会为参照与自身优势及竞争状态进行比照。一是看那个机会是不是你的"菜"，二是看如何才能吃到属于你的那份"菜"。于是，"卖什么"连同"卖给谁"的答案便逐渐浮出水面。后面，便是"怎么卖"。其实，也很简单，就两条：卓越的产品品质＋亲密的用户关系。正如"品牌"的解析，"品"代表功效与安全，"牌"代表形象与关系。品质靠技术与精神，关系靠沟通与文化。

PREFACE/前言

　　以"亲密的用户关系"为导向的"卓越的产品品质"的打造，需要一个从战略到文化，从研发到生产，从管理到营销的全位、全程、全员、全心的内部支撑体系。不然，无论是"品质"还是"关系"都将是一纸战略和一句口号而已。

　　有了卓越的产品，我们就要去跟消费者建立"关系"。

　　首先是要做个自我介绍，或是毛遂自荐。告诉人家：你是谁，你跟别人有什么不同？你能做什么，能给人家带来什么？前者就是品牌定位，后者就是品牌价值。两者合一，便是品牌的内涵所在，内涵体系所表达的正是品牌的承诺。

　　让我们继续沿循消费心理与轨迹——

　　对于一个产品，消费者如何才有可能去买？无疑，得先知道和了解。那好，我们要做的就是先塑造出一个至少是"看上去很美的"形象。就像是相亲，先得传给人家一个靓照；就像是应聘，先得发给人家一份简历。对此，我们要构建品牌的形象体系。

　　有了内涵，还得有形象；有了承诺，还得去展现；有了展现，还得去传播。不然，人家又如何知道你、了解你，如何购买你。于是，我们要打造品牌的知名度和认知度。那么了解了、认知了，就一定会买吗？不一定！因为如果没有信任，又如何"敢"去买。品牌系统性建设的下一步，就是要打造品牌的信任度。

　　在品牌的知名度、认知度和信任度的驱动下，当消费者正好具备消费需求时，就有可能形成购买。那么下一个问题是，如何才能一买再买，总是会买呢？那一定是在"买后"的过程中觉得很满意，甚至是很喜欢。

　　于是，品牌的营销体系开始"登场"了。它的首要任务就是打造品牌的美誉度，来驱动消费者的重复购买。其路径就是对包括产品体验、消费体验、服务体验、文化体验在内的品牌体验的持续优化。

　　如果产品涨价了，或是推出更为高端的产品了，消费者如何还能买？

这必须要让消费者形成对品牌的消费习惯和心理依赖，并不断强化，以及对品牌所倡导的生活方式与审美情趣的固化，而这正是打造品牌忠诚度的任务所在。

至此，品牌的溢价开始形成，消费者可以为品牌支付"超常"的费用，为企业做出更为突出的财务贡献。品牌的资产体系由此构成，品牌的有形资产与无形资产的水平便可以得到提升。

最终，品牌完成了"通过广泛而深入的认知转化实现高附加值、可持续的市场转化"的价值链体现。

必须要认清的是，正因为品牌是一个复杂的工程，所以它具备"建设的长期性、定位的连续性、认识的一致性、管理的系统性、执行的规范性、参与的广泛性"六大特征。因此，必须要有一个由内至外的品牌管理体系，为品牌的系统性建设提质增效、保驾护航。

时至今日，时代逼迫我们逐渐认识到，品牌价值的塑造与实现必须要经过一个系统性的建设。因为没有正确的价值定位就无法与用户的痛点需求相对应，无法与同类竞品形成差异；没有独特的品牌文化就无法抵达消费者的心灵，就无法赢得消费者的心智；没有精准的品牌形象传播，就无法获得知名度和信任度；没有不断优化消费者体验的品牌营销，就无法获得美誉度和忠诚度，也就无法为企业带来厚利以及持续的品牌资产。

这是一位职业经理人，在20年的市场、传媒、广告、品牌领域积淀的基础上，加之多年的品牌建设一线实践，针对实际工作中一个个具体问题，通过不断地学习、不断地思考、不断地总结，从碎片化的认识，到逻辑性的认知，再到系统性的归纳，直至体系的构建，进而以品牌规划、内涵、形象、传播、营销、支撑、管理、资产八大体系为核心，以品牌营销经典理论以及最新的代表性观点为依托，以82个国内外知名品牌的143个案例为鉴证，对品牌建设的方向与路径进行系统性的解析，最终串珠成链，集善为著。

因此，这本书不是一本学术性质的专著，更谈不上理论的循证性和学术的严谨性。对品牌系统性建设的解析，也仅仅局限在方向与路径，并没有延展到方法与工具。

尽管内容尚浅，甚至有些粗糙，但依然祈愿，能以此为中国品牌的崛起贡献一点力量，为中国品牌经济的后来者提供一点参鉴。

一粒石子，一级阶梯，至此，足矣！

关键

2019 年 11 月

| 目录 |

第一章　为什么需要品牌——从人性到时代　//001

　　第一节　品牌满足人性的基本需求　//003
　　第二节　品牌是应对时代变革的需要　//009
　　第三节　品牌是参与全球经济的需要　//014
　　第四节　品牌是企业赢得市场竞争的需要　//018

第二章　为什么要系统性建设品牌——从本质到规律　//025

　　第一节　符合品牌的系统性属性　//027
　　第二节　接应消费者对品牌的认知逻辑　//031
　　第三节　满足品牌竞争力构建的需要　//035
　　第四节　顺应市场竞争新环境、新态势　//039
　　第五节　提升企业品牌建设现状的需要　//042

第三章　需要怎样的品牌——从价值到资产 //059

第一节　品牌价值是"干"　//061
第二节　产品卓越是"根"　//071
第三节　消费者关系是"花"　//076
第四节　品牌资产是"果"　//085

第四章　如何铸造品牌——从规划到支撑 //093

第一节　以品牌价值为核心的战略导向　//095
第二节　以市场要素为指导的品牌规划体系　//103
第三节　以四级分布为主要形式的品牌架构体系　//111
第四节　以品牌能力构建为中心的支撑体系　//118

第五章　如何塑造品牌——从内涵到形象 //131

第一节　以确定承诺为核心的品牌内涵体系　//133
第二节　以展现承诺为核心的品牌形象体系　//138
第三节　企业文化是品牌内涵的灵魂所在　//149

第四节　企业社会责任是品牌形象的基石　// 156

第六章　如何营造品牌——从传播到营销　// 167

第一节　品牌传播要以品牌内涵为核心　// 169
第二节　品牌传播体系的系统性构成　// 173
第三节　以优化体验为核心的品牌营销体系　// 188
第四节　让品牌营销回归本质，遵循规律　// 197

第七章　如何锻造品牌——从资产到管理　// 209

第一节　以可续增值为核心的品牌资产体系　// 211
第二节　建立品牌资产管理与评价系统　// 221
第三节　以规范增效为核心的品牌管理体系　// 230
第四节　以防范为核心的品牌危机管理　// 238

第八章　重构品牌系统性建设的八大关系　// 249

第一节　品牌与时代、与消费者的关系　// 252

第二节　品牌与媒体、与广告的关系　//260

第三节　品牌与价格、与促销的关系　//270

第四节　品牌与服务、与联结的关系　//278

附录　品牌系统性建设 50 条核心观点　//287

后记　//291

品牌系统性建设就是以战略为起点，以资产为终点，以系统性地构建品牌规划、内涵、形象、传播、营销、支撑、管理、资产八大要素体系为路径，通过广泛而深入的品牌认知转化实现高附加值、可持续的品牌市场转化。

——作者题记

第一章

为什么需要品牌——从人性到时代

品牌的价值与意义就是帮助企业通过广泛而深入的品牌认知转化实现高附加值、可持续的品牌市场转化。

——作者题记

第一章 为什么需要品牌——从人性到时代

万事都有其内在本质与发展规律，它们的核心内涵是不会随着历史的转折与时代的变迁而变化的，这一部分内容是认识事物的要旨所在，是把握事物一通百通的密匙所在。正所谓，万变不离其宗，以不变应万变。

人类社会所有事物的顶层设计都必须要基于两大特征，即人性特征与时代特征。人性是永恒的，是不会随着时代的发展而改变的，因此所有不是基于人性的世界观都是不会长久的；而时代在变迁，所有不能顺应时代发展的方法论都是会被抛弃的。这其中，时代的变迁又脱离不了人性的永恒，人性的永恒又需要时代的不断印证，这就是人性与时代的辩证法。

如果说人之"宗"是人性的话，那么市场营销的"宗"又是什么呢？这个"宗"又在何处呢？

如果剥丝抽茧、去繁就简，就会发现，市场营销的"宗"还是在于人。因为一切市场行为都是围绕"人"展开的，产品价值最终是需要消费者来转变成市场价值的，所以，消费者是整个营销链条中最为重要的结果呈现的环节。

因此，对于"我们为什么需要品牌"这个话题，我们应该追根溯源，从人及其人性的需求说起。

第一节 品牌满足人性的基本需求

美国心理学家亚伯拉罕·马斯洛在1943年的论文《人类激励理论》中提出，人类的需求像阶梯一样从低到高按层次分为五种，分别是：生理需求、安全需求、社交需求、尊重需求和自我实现需求。该理论问世后产生了深远的影响，至今在人力资源领域、教育领域，以及流动人口管理、青年教师管理、水资源开发利用、管理心理学、企业薪酬制定等方面都有运用。当然，对于品牌也是如此。

我们从品牌的角度可以梳理出以下的对应关系。

1. 生理上的需求

消费者对产品的需求首先体现在"生理"的需求上，也就是我们常说的衣、食、住、行、娱乐等，而这些需求是通过产品的使用价值来实现的。因此，产品首先要具有完善的功能，可以为消费者圆满地解决各种生理和生活的需要，这样才能成为商品。换言之，任何物品要想成为商品都必须具有可供人类使用的价值；反之，毫无使用价值的物品是不会成为商品的。正如马克思所强调的那样：商品在能够作为价值实现以前，必须证明自己是使用价值，因为耗费在商品上的人类劳动，只有耗费在对别人有用的形式上才能算数。

众所周知，产品的使用价值会随着人类物质生产活动方式，即科学技术的永续进步而不断得到开发和利用。包含在物中的有用性越多、越好，为人类所利用的范围就越广，产品的使用价值也就越大。这部分产品就更会被人们所需要，人们更愿意付出更多的花费来购买，于是便成为同类产品中的佼佼者——品牌。

随着时代的发展，人们对产品的使用价值的评价标准也在逐渐提高，从产品的可用性、功效性，到耐用性、易用性，再到舒适性，人们对产品有用性的追求日新月异。

2. 安全上的需求

人类有趋利避害的本能，尤其是远离那些对健康构成伤害的事物。由此，人们对安全的需求就是产品要具有很高的品质，尤其是可靠的质量，不会对人体造成伤害，让消费者用得放心、安心和舒心。假冒伪劣产品必将会越来越没有市场，遭到消费者的摈弃。这正是品牌的基本价

第一章 为什么需要品牌——从人性到时代

值所在。

自从三聚氰胺事件发生后,整个国产奶粉行业进入低谷期,十年之后依然还处于萎靡不振的状态。《三联生活周刊》2017年12月报道:"2018年1月1日,被称为史上最严奶粉政策的《婴幼儿配方乳粉产品配方注册管理办法》将正式执行。在三聚氰胺事件爆发9年之后,经过了几年的沉淀,这一新政普遍被认为是国内奶粉市场重新整合的重要节点。面对新的形势,国产奶粉似乎看到了翻身的机会,但想要转变消费者的想法也许还需要时间和更多的努力。"

由此可见,安全是产品品质的重要指标。中国奶业协会会长高鸿宾在第八届中国奶业大会上直言不讳地指出:"关键就是奶粉的安全性,尤其是直接受害人是婴幼儿,问题的严重性在于触动了人类最柔软、最脆弱也是最敏感的神经。"(摘自《三联生活周刊》,2017年12月12日。)

通过产品更好地满足生理、生活需求以及避免因使用产品而带来的伤害,这两个最为广泛的塔基需求,是可以通过产品的功效性和安全性这两大使用价值来实现的。要特别指出的是,人性中对安全的需要除了对产品的使用不应该出现人身伤害之外,还体现在消费的安全性上。当消费者受到信息不对称因素的影响时,产品的无形价值就成为引导消费者决策的主要依据。在一个陌生的环境下,90%的人会选择熟悉的品牌进行消费。比如在火车站用餐,人们更倾向于去肯德基、麦当劳等熟悉的品牌连锁店。因为,一个熟悉的品牌,特别是著名的品牌,在长期的市场竞争中享有崇高声誉,给消费者带来了信心和保证,直至安全感,进而减少了人们消费决策的时间和成本。

3. 情感和归属的需求

常言道,人是感情动物。人们在对产品的基本功能需求之上还有情感的需求。比如,精神上的满足感、身份上的荣耀感、生活上的优越感,以及某个特殊群体的归属感,等等。这些需求仅仅靠产品的有用性是满足不了的，而是需要通过高品质、高品位、与众不同、被优先对待等品牌的附加值，即精神价值来实现的，以此来为消费者带来情感性利益和象征性利益。品牌成为荣耀、愉悦、满足、自信等成功的象征，凸显财富和地位，或者是体现个性化和时尚化，或者是得到他人的尊重和仰慕。这类商品的价格和最初的用途已不是消费者考虑的主要因素，品牌的附加值成为人们消费决策的决定性因素。

艾莫利大学的查尔斯莱得 (Charles J Reld 1990) 曾将奢侈品定义为：这部分商品中有95%都是提供给金字塔顶端顾客专用的。

美国经济学巨匠、制度经济学鼻祖凡勃伦（Veblen 1899）和 Leibenstein（1950）分别提出过炫耀性消费动机，即他们愿意为功能完全相同的商品支付更高的价格，以此证明并提升或是炫耀自己的社会地位，以获得一种虚荣感、与众不同感以及独一无二的价值。

Mason（1981）在《炫耀性消费：特殊消费行为的研究》一文中初步建立了炫耀性消费的研究框架，并指出炫耀性消费是为了使自己的财富最能够体现其获得，或者维持一种较高的社会地位。

从归属感来看，不同社会阶层在消费观念和消费水平等方面存在着不同程度的差异，不同社会阶层的消费者表现出不同的生活方式和消费特点，故而，他们在产品的选择以及产品的使用过程中体现出相应的差异。于是，处于不同社会阶层的人们也就逐渐形成了阶层化消费模式的差异，而这种差异帮助消费者强化了阶层身份认同和阶层的认知。

4. 自我实现和自我超越的需求

有人认为，消费者可以分为两类：公众性自我知觉者和个我性自我知觉者。与此对应，参照群体的影响也分为两类：人际影响和个我影响。品牌恰恰能够通过个我影响来满足消费者自我实现的需求，而人际影响则可以帮助消费者实现自我超越的需求。所谓的人际影响包含消费者对品牌消费的三大动机，即炫耀、领先、从众；个我影响包含消费者对品牌消费的

第一章 为什么需要品牌——从人性到时代

两种动机,即追求享乐和精致。

值得一提的是,西方的品牌消费者更在乎消费的个我影响。比如,更注重自我享乐和表现内在自我。我国品牌消费者更在乎与众不同,更注重用产品或品牌的象征意义来表现自己在社会中的地位,以期获得更多的尊重和优待。

以乘坐飞机为例,从乘客分类上有头等舱、商务舱和经济舱之分。如果我们将头等舱视为同类产品的优质品牌的话,头等舱的乘客享受了与低等舱乘客完全不同的服务:首先,头等舱乘客免费托运重量为40公斤,比商务舱乘客整整多了10公斤;其次,头等舱的座椅是双人的,倾斜角度最高可以达到180度,而商务舱座椅是三人一排的,倾斜角度无法相比;最后,头等舱中的乘客可以优先登机,机场还为头等舱乘客设置可专用的休息室,可以免费就餐与休息。

头等舱乘客因头等舱这个"品牌",获得了非同一般的尊重,受到了服务上的优先与厚待,彰显了与众不同的消费地位。正如凡勃伦(Veblen 1899)在《有闲阶级论》中所指出的那样,不同一般的炫耀性消费就是"为了获得尊重",即当消费者一般生理需要满足后,他们将趋向于"心理消费",购买更具品质的产品和服务,以彰显其身份地位,感受尊贵的体验。

由此我们可以断定,人性的基本需求注定了对品牌刚性的永续需要,特别是在未来,有关市场的一切都将回归"人"的基点。以前是有什么样的产品,消费者就接受什么产品;未来是有什么样的消费者需求,就会有什么样的产品。因此,我们应该牢记:洞察并满足人性特征是包括品牌在内的一切市场行为轨迹的基点。

在阐述了品牌与人性的基本需求之间的内在关系之后,让我们再转换另一个角度——人类基本价值观,来洞察品牌与人性之间的关系。

1992年著名的社会心理学家S H Schwartz对人类基本价值在11个层

面上进行了详细的解读，即仁慈、关注自然、社会关注、自我导向、刺激、享乐主义、成就、权力、安全、传统和顺从；同时 S H Schwartz 将其划分为四个高阶价值观的维度，即自我超越、自我提升、保守和乐于改变。一项对全球 20 个国家的调查证明，这一人类价值观框架在内容和结构上是稳定的，是成立的。也就是说，是具有普适性的。

同样的一项跨国研究显示，品牌的价值观在很大程度上与人类基本价值观框架表征是一致的。换言之，品牌的价值观是为了满足人类对其基本价值的心理倾向而确立的。这也是人类为什么需要品牌的根源所在。品牌以人类基本价值观作为底色来确立自身的价值观，这种品牌价值观具有涵盖各种不同文化体的价值观的差异性，具备跨文化间价值观的普适性。

我们放眼全球的品牌会发现，虽然在品牌的定位上各有不同，但在品牌的理念、愿景和使命方面却有着趋同性。

同属于食品饮料品类的"可口可乐"和"大白兔"分别来自美国和中国两个文化传统迥异的国家，但它们却呈现了底蕴相同的品牌价值观：前者是"分享快乐"，后者为"快乐分享"。尽管它们在中国市场上的营销方法和手段完全不同。

人类价值观的普适性决定了品牌价值观的不可违背性。

2015 年 11 月，"双十一"购物节以 912 亿元的销售额完美收官，但在当天的美股市场上，阿里巴巴的股价却呈现了反跌的态势。当月，《福布斯》杂志以《阿里巴巴和他的 40000 大盗》为题推出了封面文章，直指充斥于购物平台的假货问题。显然，西方人认为，售卖假货违背了人类普适性的价值观，即在 Schwartz 的框架中的"仁慈与安全"。

第二节 品牌是应对时代变革的需要

我们正处在一个历史大变革的时代。之所以为"大",其一是说这次变革覆盖范围之大,世界在变,社会在变,各行各业无一例外地都在改变。改变,从来没有像今天这样随处可见。其二是说这次变革的力度之大,无论是人与人之间还是人与社会之间,无不发生着深刻的变化。

首先,时代的变革体现在经济模式的转变之上。

德国哲学家、思想家,马克思主义创始人恩格斯早在19世纪70年代就在《自然辩证法》一书中预言:"我们不要过分陶醉于我们对自然的胜利。对于每一次这样的胜利,自然界都报复了我们。在今天的生产方式中,对自然界和社会只注意到最初的最显著的结果,然后人们又感到惊奇的是,为达到上述结果而采取的行为所产生的比较远的影响却完全是另外一回事。"

今天,人类社会发展的状况已经不幸被恩格斯曾经的预言所言中了。

的确如此,从经济模式上看,在历经工业大生产阶段之后,伴随着人类社会物质需求的日益增加,全球市场竞争的日益加剧,以破坏生态、污染环境、消耗资源为代价,以低成本人力资源和规模生产为前提,单纯以产品自身价值为核心竞争力来获取未来利润持续增长的发展模式已显现天花板效应,以往那种盲目地、一味地从生产规模中求得利润最大化,以GDP增长作为主要的发展指标的经济模式已经不再适应时代的需要。

其次,时代的变革体现在中国经济的升级之上。

中国作为世界第二大经济体,中国企业的制造能力综合排名已经位列世界5强之一，中国各产业制造体系已经拥有世界级的产能规模和品质基础。但是，中国制造企业优质产品的市场转化能力较低，缺乏市场营销系统性、持续性解决的能力。因此，在很长一段时间里，中国的许多产业一直处在全球经济的下游，处在一个高能耗、低回报的境地。以富士康为例，在2009年，50万人为富士康赚了1.2亿美元，付出的是能源、环境、健康、幸福，甚至是生命，而当年的1.8万人为苹果公司赚了90亿美元。这个事实不仅是残酷的，更是血淋淋的。不仅是富士康，在我国很多行业都处在低端过剩，高端短缺，高品质自主品牌供给不足，难以满足消费升级需要的状况。

按照国际共识，当一个国家人均国内生产总值达到3000美元时，就进入品牌消费时代。在2018年，中国人均GDP已经达到9376.97美元，因此，品牌经济的原始动力已经形成。据"尼尔森市场研究"于2017年2月发布的市场调研报告显示：约半数的中国消费者认为，购买品质类产品是在向他人展示自己的高品位；接受访问的56%的中国消费者表示，他们购买品质类产品是因为这些产品可以让自己感觉很成功，或让他人感觉到自己很成功。这一比例远远高于发达国家的受访者。

正如"吴晓波频道"的观点，今天中国的商品供给已经不再由价格驱动，而是被品质驱动了。其中最大的原因是，出现了一批愿意为品质买单的新中产阶层。目前，中国已经有2.25亿中产阶层，2020—2025年每年会有5亿中产阶层的群体。这个庞大的群体正面临消费的升级。这种"升级"很大程度上不是奢侈品升级，而是由实物产品转向体验消费，由实用产品转向品质消费。

数据表明，2017年整个市场销售额增长放缓，快消品的增速已经放缓至3.5%。消费分化成两个极端"双速前进"，高端品类及单品高速增长，平价品类及单品支出减缓。(《江南春讲透企业成功的5大路径》，正和岛，2017年6月10日。)

第一章 为什么需要品牌——从人性到时代

中产阶层给自己的消费定位是中高档产品,不是为了彰显自己的地位,而是给自己努力打拼的犒赏。在中产阶层的心目中,跑步是一种时尚标签,购物是一种情绪发泄,电影是一场情感修复,旅行是一场心理补偿。这个景象在现代商业史上并不是一个独特的中国现象。工业革命以来,当一个国家的中产阶层成为它的消费和就业主力的时候,这个国家的本土商业文明意识就一定会崛起。

在这种大背景下,以往风靡中国的模仿、跟风型排浪式的消费阶段基本结束,具有丰饶式、碎片式、符号式、创新式、溢价式五大消费特征的品质化消费渐成主流。尼尔森早在2016年1月发布的《当前中国消费的五大趋势》一文中就表示,中国的消费者正向高端化、细分化发展,消费者对于高端、高质量产品的需求正在逐步增加。同时,消费者更加重视产品所带来的自我认同感,产品细分不断深化。

正如十九大报告所指出的那样,中国特色社会主义进入新时代,我国社会主要矛盾已经转化为人民日益增长的美好生活需要和不平衡不充分的发展之间的矛盾。经过改革开放四十年的高速发展,人民生活显著改善,对美好生活的向往更加强烈。为满足人们对高品质生活的需求,中国经济要"由中国速度向中国质量转变"。正因为如此,我们才提出要进行供给侧改革,通过提质增效,通过提高产品质量,增加产品附加值,来激活新的需求,提升市场竞争力,实现中国经济向"价值创造型经济模式"转型。

吴晓波说:"新的消费认知正在形成。原有的价廉物美的时代结束了,不可能再通过成本优势获得可持续的增长。"

众所周知,品牌代表着高端的产品品质、高级的市场竞争模式,品牌经济是一种低能耗、高回报、可持续的经济增长方式,是人们对品质生活、幸福生活向往与追求的载体和体现。因此,供给侧结构性改革的一个重要标志,就是品牌在经济发展中的引领作用。

品牌经济是生产力与市场经济发展到一定阶段的产物（如后工业化社会），是以品牌为核心统筹整合各类科技创新资源以及经济、社会和文化等要素，牵引经济市场化、集约化发展，带动经济整体运营的一种市场经济高级阶段的形态。它包括单个企业、总体市场与区域经济体系的品牌化运营三个组成部分。

最后，时代的变革体现在消费模式的导向之上。

在计划经济直至商品经济初期，中国人的消费模式是以产品为核心。那个时候的中国，技术和产能都非常落后，市场上的产品很少，就更别提优质的产品了。以食品为例，在20世纪60—70年代，许多像瓜子、花生这样的在今天看来非常普通的食品，在那个时候却要以年为单位才能买得到，才能吃得上。记得在20世纪80年代末、90年代初，笔者的一个朋友结婚需要买电视，我们好几个人24小时轮流排队才买到一台。后来洗衣机还是在找遍了整条商业街后，才好歹买到了一台样机。

在那个时候，因为好酒太少，所以酒好不怕巷子深，消费者满大街地去追着产品跑。于是在那个时候，有产品就等于是有品牌，这就是所谓的产品竞争时代。

到了20世纪80年代末，中国人消费模式转变为以渠道为核心。随着经济的发展，产品越来越丰富，人们对一些商品的需求也越来越广泛，比如家用电器、服装和日用商品。于是出现了大型的专门性质的商业终端。在那个时候各种"城"如雨后春笋般涌现出来，比如电器城、服装城、建材城、超市……渠道商将同品类产品的生产商或经销商聚集在专门的终端中，吸引具有同类需求的消费者前来选购。那个时候，渠道很"牛"，极具人气的电器城召集厂家来开会，不管多大的品牌，都得毕恭毕敬地准时出席；超市会花样翻新地收取各种各样的费用，厂家或经销商是敢怒不敢言。这就是所谓的渠道竞争的时代，消费者聚到渠道里去找产品。

面对越来越多的产品，消费者逐渐具备了品牌意识，于是进入以信息

第一章 为什么需要品牌——从人性到时代

为核心的消费时代。在那个没有互联网，产品信息输出严重不发达，不对称的时代，消费者在面临选择时亟须更多的品牌信息的导引。于是，进入信息竞争的时代，消费者开始被品牌信息引导着去选产品。那个时代最典型的特征就是广告的兴起。最初，无论是报纸的广告版面，还是电视、广播的广告时段都是紧俏得很。就像"雀巢咖啡，味道好极了"这样一条广告就能撬动市场的现象并不新鲜。于是，电视台每年的广告招标会竟然被视为经济的晴雨表。在主流媒体上发布的广告能让成千上万的人耳熟能详，许多脍炙人口的广告至今令人难忘。

1979年1月28日，农历春节初一下午5:05，上海电视台播放了一条片长1分30秒的"参桂养荣酒"广告，紧接着这条广告片是一张10秒的灯片——"上海电视台即日起受理广告业务"。这是中国大陆第一条电视广告。

从产品竞争到渠道竞争，再到信息竞争，尽管消费者选择产品的方式、方法有所不同，但这三个阶段有一个共同的特征——消费者主动去找产品。如今，中国的市场经济进入一个全新的时代——消费者竞争的时代。商品的多样化，让消费者拥有更多的选择权；信息的互联化，让消费者拥有更多的知情权；平台的多元化，让消费者拥有更多的评判权；媒介社交化，让消费者拥有更多的话语权。这个时代与以往的根本性不同是，市场已经进入"产品找消费者"的时代。

如上所述，中国经济正在经历一场快速的变革，这强烈地刺激着市场的进化，主要表现在市场主体的转变、消费行为的改变、媒介传播的渐变，以及营销模式的质变。这些使得市场营销表现为多渠道、平台化和生态圈的特征，越来越接近品牌竞争内在的本质，越来越符合品牌经济发展的规律。为最终实现"由中国产品向中国品牌转变"的宏伟目标奠定了基础，让更多中国制造变为中国创造！

第三节　品牌是参与全球经济的需要

早在 2011 年 2 月笔者撰写的《三精战略》一文中，对于中国医药行业与品牌建设的关系，特别是如何对待国际竞争的问题，做了以下的观点阐述。

面临激烈的国际国内市场的竞争，我国本土医药企业正在通过培育和发展品牌这个核心竞争力，最终使企业获得竞争优势，提高企业的经济效益，实现企业的持续发展。

其中最大的战略启示就是，中国医药工业的发展需要品牌战略的支持，需要踏踏实实地实践精益求精制好药的企业精神和品牌主张。

企业之间的竞争，除了价格和质量等要素的竞争外，竞争的主体就是企业的品牌，可以说企业在明天的竞争，就是品牌的竞争。在企业发展的进程中，品牌是其核心的竞争力。

随着经济全球化步伐的加快，中国的企业将更加充分地意识到品牌在市场竞争中的作用，中国企业若要参与国际竞争，必须提升对品牌作用和价值的认识，更新观念，提升自身品牌形象的竞争力。

在中国企业越来越多地参与到国际市场竞争的今天，以前的那些观点得到了充分的印证，毋庸质疑。在当前及未来，以品牌一体化作为重要内涵的全球经济一体化势不可当。

我们必须认识到，全球经济一体化的实质就是国家经济质量的比赛和较量。特别是在后工业时代，一个国家所处地位的高低，工业竞争力水平的优劣，以及获得的利益及利益的多少，都取决于其经济质量之间的差异，而这更多地体现在具体某个产业的品牌竞争力上，即这个国家产业和品牌的综合商业溢价与世界产业和品牌基价比率的高低。正因为

第一章 为什么需要品牌——从人性到时代

如此，日本前首相中曾根康弘才会自豪地说："索尼是我的左脸，松下是我的右脸。"

尽管中国已经是世界第二大经济体，但是经济大国并不代表是经济强国。在当今的世界品牌的版图中，美国占60%以上，欧洲占20%以上，日本占7%左右。世界品牌产品产量不到同类产品的3%，但销售额却占到50%，美国90%的出口额来源于品牌经济；而我国的自主品牌出口比重仅略高于10%。

毋庸置疑，中国品牌国际化是未来中国参与国际竞争、整合全球顶级资源的必由之路，也是倒逼中国经济实现质量变革、效率变革、动力变革的必由之路；同时，也是中国企业提高核心竞争力、获得全球市场综合资源的重要手段。那么，我们的品牌如何被世界所接受，如何最终赢得国际竞争？这其中，具有知识产权的核心技术是关键。

中美贸易之争表面上看是贸易之争，其实质是核心技术之争。中国成为世界第二大经济体已经有10年的时间了，对此美国似乎并没有表现出更多的恐慌。就单从贸易角度看，如果考虑到统计、转口贸易、服务贸易等因素，中美贸易的顺差实际上也并没有大到能够让美国如此"发狠"的地步。美国真正在乎的是中国在核心技术研发方面的不断发力。

因此，与其说中美是贸易之争，不如说是核心技术之争。从品牌的角度看，只有拥有自主知识产权的核心技术，才会让品牌在竞争中形成难以逾越的壁垒，才有资格整合世界级的产业链优质资源，才能赋予企业高附加值、可持续的竞争力量，直至形成垄断性的优势。这些优势最终会体现在为新产品的研发和推广创造出非常具有竞争力的性价比，为新市场的拓展提供强有力的冲击力。

以苹果为例。当苹果成为世界级品牌之后，它就占据了整个产业链的顶端，它就可以获得在全球范围内对产业链的充分利用和有效整合的能力。如此一来就会进一步提升品牌的竞争力，形成更加坚固的品牌壁垒，甚至形成垄断性优势。以苹果iPod为例，它的设计在苹果公司，其微型硬盘、解码器、PCB板等由日本东芝、韩国三星和荷兰飞利浦等国际知名企业提供，电池、充电器、触摸滚轮和耳机等主要由中国的企业提供。同时，苹果公司将iPod的代工生产资格给了4家中国台湾企业；在销售上，苹果公司分别整合利用了沃尔玛、专卖店、经销商和代理商不同的渠道资源。这些合作商要么拥有技术优势，要么拥有低廉的劳动力，要么拥有区位优势，最终合力为苹果打造出小巧、轻盈，在美国市场上亮相时售价仅为299美元的iPod。单单2005年全球销售量就高达1500万台。

这不仅压缩和封闭了其他公司类似产品的生存空间，还为苹果公司带来了惊人的超额利润。正如微笑曲线理论所阐述的那样，全球产业链都是由实力雄厚的跨国品牌主导。发展中国家的企业由于缺少核心技术，主要从事制造加工环节的生产。然而，无论加工贸易还是贴牌生产，制造加工环节付出的只是土地、厂房、设备、水、电等物化要素成本和简单活劳动成本，虽然投入也很大，但在不同国家间具有可替代性，企业为争取订单，常常被压低价格。以富士康为例，成千上万的富士康从苹果手机只能分享3.6%的价值，按零售价计算不足2%，付出的却是生态、健康，甚至是生命。

这就是苹果公司为我们带来的启示：单纯地扩大企业规模或资产重组都无法改变既定社会分工网络和产业链的构成，也就无法实现高附加值、可持续的效益增长。因此，以品牌为支撑抢占产业链的制高点才是中国企业赢得世界竞争的必由之路。

可喜的是，在过去的10年中，中国研发支出占国内生产总值(GDP)的比例，增长了1倍以上。世界知识产权组织（WIPO）发布的报告显示，2016年中国的全球专利、商标和工业品外观设计申请量再创新高。其中，由中国受理的专利申请量超过美国、日本、韩国和欧洲专利局的总和，名列世界第一，中国专利申请增量占全球总增量的98%。

第一章 为什么需要品牌——从人性到时代

过去30年来，华为之所以能在170多个国家为30多亿人提供服务，在今天，华为之所以如此受到全世界的关注，就是源于他们已经拥有了强大的技术竞争力。目前，华为已经获得授权专利87 805件，其中在美国的核心技术专利是11 152件，特别是在5G上拥有了2570项专利。正因为如此，华为现在已签订30多份5G合同，发货25 000个基站，2570项5G专利。

华为仅仅是一个代表而已。当今世界上有将近一半的关于人工智能论文都出自中国人的笔下；发射全球第一颗量子卫星，建设世界上第一条量子通信干线，研制出世界上第一台光量子计算机，在量子通信技术上，中国已经独步天下；中国超算"神威·太湖之光"位列世界前茅，四次蝉联冠；空间技术世界第一梯队的地位难以撼动；在2015年就已经建立起较为完整的物联网产业体系，产业盈利规模仅次于美国；2016年国产工业机器人就已经超过全球新增工业机器人数量的30%；与此同时，在无人驾驶汽车、机器深度学习、智能算法、智能识别、ET大脑以及量子通信、清洁能源，等等，诸多领域走在了核心技术研发的世界前沿。这一切恰恰是未来中国企业构建起具有强大品牌竞争力的无形资产的前提与基础。

综上所述，科技、全球化与企业社会责任是塑造现代品牌的三股重要力量（1986年，菲利普·科特勒提出的"大市场营销"概念中的核心观点）。在未来，品牌营销将逐渐走向开放，走向社会，走向公众，走向全球。这其中，中国的品牌当然不能例外。

正如笔者在《中国名牌》2019年第4期上发表的《核心技术：品牌国际化的关键》一文中所表达的那样："中国已经是世界第二大经济体。企业制造能力位列世界5强之一，中国各产业制造体系已经拥有世界级的产能规模和品质基础。差的就是还没有打造出世界级的品牌，中国品牌国际化是未来中国参与国际竞争、整合全球顶级资源的必由之路，也是倒逼中国经济实现质量变革、效率变革、动力变革的必由之路。"

第四节　品牌是企业赢得市场竞争的需要

这是一个快速迭代的时代，已经有无数的"大咖"颓势尽现甚至走向死亡。我们不得不承认，那些曾经看起来如此确定的竞争优势竟然如此不确定，甚至是脆弱不堪。无情的事实告诉我们，任何企业都无法在确定性中领跑市场，唯有在不确定性中持续地激发创新的能量，才能完成自我蜕变，延长企业的生命周期。

诺基亚是最早研发智能手机的，柯达是最早研发数码相机的，索尼是最早研究 MP3 的。这么说，他们对趋势的预见并没有什么问题，那么为什么这三家曾经的"巨无霸"企业最终都走向衰退了呢？诺基亚对曾经的市场占有率第一的行业地位恋恋不舍，柯达始终陶醉于那"堪比毒品的高额利润"（柯达老板曾说："我在这个世界上只发现有一种东西能和我们的利润相比，那就是毒品。"），而索尼则困顿于曾经的全产业链战略，不想让收购的 CBS 唱片公司因为音乐文件播放器的出现而遭受毁灭性的打击。

笔者认为，面向未来我们必须要从空间和时间两个维度上来预见。空间是发展趋势，时间是生命周期。无论是对于诺基亚，还是柯达和索尼，也许他们各有初衷，但有一点是他们共同的问题所在，就是在准确地判断发展趋势的同时，并没有对产品的生命周期有很好的预判，以为市场还会给他们更多的时间。

"我们并没有做错什么，但不知为什么，我们就输了。"随着时任诺基亚 CEO 约玛·奥利拉在记者招待会上公布同意微软收购时最后的这句哀婉的告别语，在场的几十名诺基亚高级管理人员潸然泪下，曾经的手机帝国轰然倒塌。在互联网经济时代，看的不是你"没做错什么"，而是你"没

第一章 为什么需要品牌——从人性到时代

做什么",以及是在哪个时间节点上"做了什么"。因为这是一个"醒来晚了,干脆就不用再醒了"的时代。

无论时代如何变迁,企业的核心目的始终是获取利润。正如史玉柱先生所言,"不盈利的企业是不道德的"(因为他们白白消耗了自然的生态、社会的资源,而这些是属于全体民众的)。但如何获得利润,如何获得厚利发展,却与时代的变革密切相关。

我们来看下面的序列,企业核心战略随着时代的变迁在不断地发生改变:

1910—1920年,强调规模效益;

1921—1930年,强调科学管理;

1931—1940年,强调人际关系管理;

1941—1950年,强调组织功能结构;

1951—1960年,强调战略规划;

1961—1970年,强调经济预测;

1971—1980年,强调市场战略和组织设计;

1991—2000年,强调学习型组织与知识管理;

21世纪,强调核心能力及价值管理。

在中国改革开放的大潮中,许多企业的诞生与成长都是源于时代所赋予的机遇,走的是一条"机会化生存"的道路;而今天,仅靠胆魄就能抓住机会,就能顺势而上的发展时代已经一去不复返了。在中国改革开放40年后,中国企业的发展进入一个"专业化生存"发展的时代。在笔者看来,在核心能力构建和价值管理上,所谓的"专业化生存"更多地体现在"品牌"这个支点之上。所谓的核心能力,其实就是以"品牌营销"为核心的市场竞争力;所谓的价值管理,其实就是对品牌价值的管理,即将品牌价值最大化,为企业赢得高附加值、可持续的长远发展。

笔者在《三精战略》一文中提到:"企业在明天的竞争,就是品牌的竞争。在一个企业发展进程中,品牌是其核心的竞争力。"

众所周知，利润是从市场中转化而来的，而市场又是由消费者组成的。时代告诉我们，在今天和未来，消费者对商品的选择和决策已经完全是基于品牌的引导而做出的。也就是说，企业所生产的产品的使用价值是需要通过品牌来实现市场转化的。品牌营销这种市场转化与其他转化形式（如促销）相比，可以让消费者形成多重复性购买和高回报性购买，最终为企业带来持续性、厚利性的利润，提升产品的市场转化率，延长产品的生命周期，从而构建起企业的无形资产。

"微笑曲线"理论，从市场规律的角度阐释了品牌创造利润和价值的能力，其本质就是一条"附加值曲线"，即通过品牌培育提升生产制造的附加值，最终使之成为具有高溢价能力的品质性产品（根据尼尔森的定义，价格超过该品类商品平均价格20%或以上的产品即可被认为"有品质"的产品）。品牌附加值曲线，如图1-1所示。

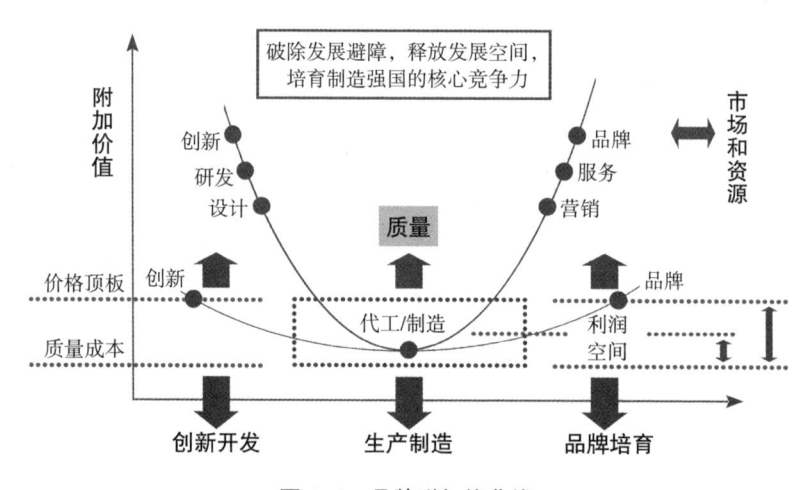

图1-1　品牌附加值曲线

在星巴克一杯卡布吉诺咖啡32元的零售总价中，包括咖啡成本、门店租金、人工薪酬、营运费用在内的成本总和约占48%，而品牌溢价则高达近52%。正如"微笑理论"所揭示的那样，更高的溢价是凭靠服务、营销、品牌来拉升的。一杯卡布吉诺咖啡的价格构成，如图1-2所示。

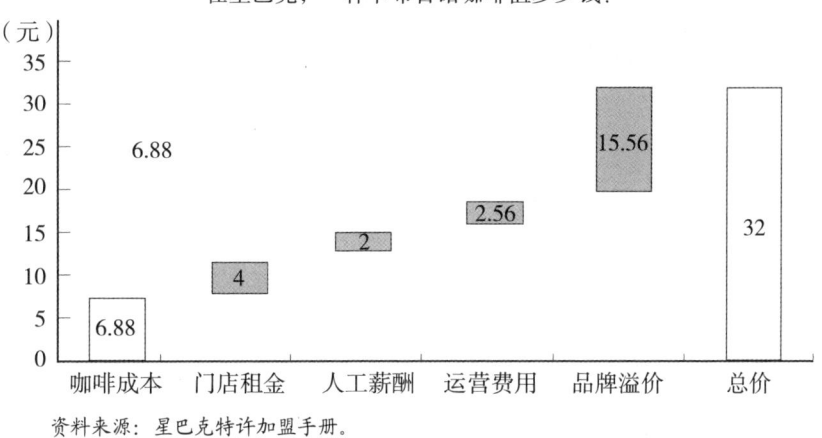

第一章
为什么需要品牌——从人性到时代

在星巴克,一杯卡布吉诺咖啡值多少钱?

项目	金额(元)
咖啡成本	6.88
门店租金	4
人工薪酬	2
运营费用	2.56
品牌溢价	15.56
总价	32

资料来源:星巴克特许加盟手册。

图1-2 一杯卡布吉诺咖啡的价格构成

为此,笔者将品牌对于企业的作用与意义归结为以下的观点,即品牌就是帮助企业通过广泛而深入的认知转化实现高附加值、可持续的市场转化。

在实际工作中,我们经常会遇到这样的疑问,甚至质问:我们为什么要花钱费力做品牌营销,促销也一样能拉动市场转化啊?无疑,促销能够在一定阶段内、一定条件下拉动市场转化,为企业带来利润,但这种营销方式最终是以牺牲经营利润、产品研发和服务质量为代价的,是低附加值的,是不可持续的。正如任正非所言:"低价格、低质量、低成本会摧毁我们未来的战略竞争力。企业必须有合理的盈利,才会去持续投资研发。没有适当的利润积累,实际上是在战略上破坏这个产品。"

因此我们说,卖得出、卖得多的商品不一定能够称之为品牌,因为低附加值、高耗能的,位于产业链低端的规模经济注定是不可持续的。品牌一定是具备高壁垒的核心技术,独特的产品价值与文化。中国的产品走向世界的不少,但真正的世界级品牌,特别是民生类的品牌却凤毛麟角。同样,一些"卖得贵"的、貌似附加值很高的产品也不一定就是品牌,这是因为,产品价格必须要基于产品的真实价值，不能超出用户对价值的认同阈值，不能通过非常的营销手段来拉升价格。不合理的溢价就是泡沫，泡沫利益注定不会为企业带来可持续的发展，因此，也就不属于品牌营销的范畴之中。

综上所述，品牌是企业与社会建立良好关系的桥梁，是彼此建立良好互动、交互关系的通路，是企业与消费者之间形成交易关系的纽带，是企业在未来赢得市场竞争的必由之路。为此，中国企业要以无形资产作为竞争的基轴，从产品、价格竞争向品牌、价值竞争转变，以客户需求、品牌价值、服务体验为导向建立起以品牌为核心的竞争力与发展力。

必须要指出的是，面对新的市场竞争环境与模式，企业的态度、决心和行动将决定企业的未来命运。然而，从工业时代、后工业时代，到当下瞬息万变的互联网时代，仍有不少企业秉承工业时代的思维——对确定性的迷恋和捍卫。这种迷恋往往发生在曾经持续领先的大企业身上，它的危害犹如精神的可卡因，降低对外界变化的敏感度，麻痹企业的竞争意识。

韩非子说：世易则事异，事异则备变。作为企业，必须更加深入地了解和洞悉这些改变背后的本质与规律，更好地应对并赢取这些转变所带来的挑战与机遇。这就要求企业不仅要观趋势、调观念，更要找路径、定策略、学方法。这不仅是新市场条件下的时代课题，更是决定企业未来命运的历史命题。因此，我们必须认真面对并积极寻解，因为我们别无选择。

可喜的是，包括互联网产业中那些时代骄子在内的中国企业家已经比以往任何时候都意识到品牌的重要性。

阿里巴巴副总裁肖利华说："如果现在还只是围绕着一个爆款做文章，一定是走不远的。所有的生意最后玩的一定是品牌、供应链，没有品牌就没有附加价值，没有供应链一定没有未来。"

天猫总裁靖捷说："未来的商业一定会回归零售和品牌的本质，品牌跟消费者之间的关系是所有业务的基础。"

如何快速提升转化率、客单价、复购频率？其实要彻底解决这三个问

第一章 为什么需要品牌——从人性到时代

题，方法只有一个：系统性构建你的品牌逻辑。

（摘自：2018年电商发展创新峰会暨老高电商俱乐部8周年庆典。）

据中国经济信息社经济智库联合中传——京东大数据联合实验室2019年5月9日在上海发布的新国货消费趋势报告显示，中国品牌的成长正呈现消费与供给双重升级特征。这说明已经有越来越多的中国企业已经加入以品牌为核心的市场竞争之中。在未来，要像纽约大学特聘教授塔勒布在《反脆弱》一书中所呼吁的那样："跳出对确定性的迷恋，并且义无反顾！不做束手无策被风吹灭的蜡烛，而做野火，因为风的到来而变得更加猛烈。"

总而言之，品牌是全球化经济的最强音，是市场竞争力的主旋律，是企业持续发展的生命线。以品牌为核心整合经济要素、带动经济发展的高级经济形态的中国品牌经济时代已经到来！

第二章
为什么要系统性建设品牌——从本质到规律

品牌的内在本质是满足人性特征,品牌的发展规律是顺应时代特征。

——作者题记

第二章 为什么要系统性建设品牌——从本质到规律

在信息碎片化和媒介多元化的时代，对于企业来说，媒体铺路加渠道驱动不再有效，品牌营销传播似乎越来越失去了控制。媒介计划变得越来越复杂，测量营销效果的指标越来越多元化，整合营销需要更多的叠加，更好的筹划，但结果却变得扑朔迷离，难以确定。

当企业、品牌面对市场竞争新常态的迷雾和变局时，我们认为，品牌的内在本质没有变——满足人性特征；品牌的发展规律没有变——顺应时代特征。需要我们改变的是，一定要沿循消费者的心理与行为轨迹这个人性特征，顺应以消费者为中心这个时代特征来展开系统性的思考和实践，从"产品卓越"与"用户亲密"这两个维度对品牌进行系统性的规划：从人性需求的高度坚持产品卓越不动摇，打造品牌的核心竞争力；从时代需求的角度构建亲密型的消费者关系，构建起品牌的持续发展力，最终实现消费者从满意到喜欢，从美誉到忠诚，直至提升品牌资产水平的终极目标。

第一节 符合品牌的系统性属性

我们倡导进行品牌系统性建设的基点是，品牌的内在属性就具备系统性的本质，而其发展又具备系统性的规律。

"品牌"一词来源于英语单词"brand"或"trademark"，意思是"打上烙印"，原指中世纪烙在马、牛、羊身上的烙印，用以区分其不同的归属。手工业者往往在自己的产品上打上标记，以证明出处。品牌作为区分产品不同生产者的观念由来已久。

在我国，据说最早的有关品牌的记载是宋朝庆历年间（1041—

1048），在济南一家名为"六家功夫"的针铺使用"白兔"图案作为标记，也就是现在的商标。

这家商铺的宣传语是"收买上等钢条，造功夫细针。不偷工，不误宅院使用，若被兴贩，别有加饶，请记白兔"。这是对于品牌作用的最初诠释：宣示主权，宣告承诺。基于此，笔者将品牌的作用归纳为三点：向消费者担保，对生产者保护，与竞争者区隔。

如今，品牌的内涵早已超出这个范围。从19世纪初出现的品牌理论体系让我们越来越清晰地认识到，品牌远不止这么简单。奥格威对品牌做了如下定义：品牌是一种错综复杂的象征，它是品牌的属性、名称、包装、价格、历史、声誉、广告风格的无形组合。

如果我们沿循消费者的心理与行为轨迹来看品牌，品牌的内涵包括以下几个方面。

首先，品牌代表的是消费者价值。

这是因为，消费者需要品牌是基于品牌能够满足他们的需求，能够为他们创造价值；而"满足消费者需求，创造消费者价值"恰恰就是品牌存在的价值。也就是说，品牌没有价值也就无法称之为品牌，或是根本就无法成为品牌。消费者对品牌的认识就是从品牌对其价值的承诺开始的。正如董明珠女士所强调的那样："一定要学会创造价值，为顾客创造他所需要的价值。"

那么，何为品牌的价值？简单地说就是"品牌能够为消费者做什么，进而能够为消费者带来什么"。它包括满足需求、解决问题、赋予能力、愉悦精神等。比如，福特汽车是能"生产大多数人买得起的汽车，让汽车进家庭"，"让每个家庭分享上帝赐予我们的快乐时光"。苹果电脑是"提供大众强大的计算能力"，"让每人拥有一台计算机"；华为是"提供有竞争力的通信解决方案和服务，持续为客户创造最大价值"，"丰富人们的沟通和生活"；美团外卖的"送啥都快"，星巴克的"为客人煮好每一杯咖啡"，海底捞的"在顾客要求之前服务"都是品牌对自身价值的主张。

在品牌价值主张之下，企业要能够为消费者提供相应的产品或服务，而这种产品或服务一定是高品质的，体现在产品的可用性（功效性、耐用性、安全性）、易用性（便捷性）、友好性（舒适性、生态性）、美观性（时尚、漂亮）、独特性（别致、新颖）上。例如，美国运通是从产品（或服务）、利益、精神三个维度来为消费者提供品牌价值——上乘的服务（服务），全球通用、安全可靠（利益），承认和尊重（精神），即通过"上乘的服务"，创造"全球通用、安全可靠"的价值，最终为顾客带来"承认和尊重"的利益。产品或服务是企业属性的，利益是消费者属性的，而价值则是让这两者之间实现通联与转化的载体和媒介。

其次，品牌所传递的是文化，向消费者传递的是充满正能量的价值观以及对美好生活的期望。

品牌文化通过品牌的品格、态度、情感、责任、义务、行为特点和存在方式，赋予品牌深刻而丰富的文化内涵，然后通过内外部传播形成消费者对品牌在精神上的高度认同。[1] 任何缺乏文化内涵的品牌，都不能称之为优秀的，乃至伟大的品牌。品牌正是通过打造出放之四海而皆准的普适文化，或是营造出与品牌的目标消费者精准对应的特属文化，来迎合、满足消费者的心理诉求，使其获得情感上享受与满足。

在精神层面，品牌文化就是品牌自身的世界观、价值观和集体人格，所代表的是这个品牌如何看待这个世界，如何看待价值和利益的取向，以及他们共同坚持的信念与操守。所传递的就是"我看重什么？我的操守什么？我的信仰是什么？"久而久之，某个品牌就成为某种文化的象征。例如，哈雷·戴维森品牌是美国西部牛仔文化的象征，进而成为年轻人尽情宣泄

---

[1] 余明阳.品牌文化[M].武汉：武汉大学出版社，2008.

自己，自由、反叛、竞争的精神以及彰显富有、年轻、活力的标志；奔驰代表着德国文化——高效率的组织和高品质；本田代表着日本文化——精益求精、高效率和团队精神。

在生活层面，品牌文化就是一种品位、一种格调、一种时尚、一种生活方式。如美宝莲提出"美来自内心"的文化理念，传递的是内外兼修的美容文化；金利来之所以能在服饰行业独领风骚，是因为它具有一般服饰所不具有的精神内涵；李宁的"一切皆有可能"所传递的是乐于并敢于迎接未来的生活信念；摩卡咖啡提出"在这个世界上，我找我自己的味道，口味很多，品味却很少，我的摩卡咖啡。"它所主张的是一种不赶时尚、坚持自己的品位的品牌文化，暗示选择摩卡咖啡就是坚持这样的生活方式。

再次，品牌的价值与文化是通过具体的符号来呈现给消费者的，因此，对于消费者来说，品牌还是一种形象。

美国市场营销协会对品牌的定义恰好说明了这一点：品牌是用以识别一个或一群产品或劳务的名称、术语、象征、记号或设计及其组合，以和其他竞争者的产品或劳务相区别。这种定义是将品牌视为一种特殊的符号，传递的信息主要是用于完成品牌的识别，包括品牌属性的告知、品牌价值的承诺、品牌利益的联想，最终形成对品牌的识别与区隔，乃至对品牌内涵的记忆。品牌识别是从"我是谁"开始的，品牌区隔是通过"我与别人有什么不同"来完成的；而"我是谁""我与别人有什么不同"所传递的就是品牌定位。

最后，品牌所构建的是关系，是企业或是产品与消费者之间的关系。

消费者与品牌之间从认识到认知，从认可到认定的过程，与人与人之间关系的建立是完全相同的，都是一个从生人到熟人，再到朋友，乃至亲密爱人的过程，最终都是从了解到相信，从相信到信任，从信任到忠诚的关系增进过程。从关系建立与增进的角度看，品牌所代表的是一种诚信的形象，诚信就是品牌与消费者之间关系的根基。诚信是源于对承诺的知行合一。

在当今的商业社会，尤其是商业合作中，信任已经成为稀缺品或是奢侈品，这是物质与精神不平衡以及心灵成长不充分的表现。例如，某个电信运营商号称"某某手机信号好，地上地下全覆盖"，而实际情况是这家电信商的信号始终遭受消费者的诟病。再如，那条人人都知道的"每天一斤奶，强壮中国人"的广告语，在"三鹿事件"之后已经成为一大笑谈。最终让消费者对品牌失去信任。

商业中的失信行为，让身处其中的每个人都付出了高昂的代价，包括消费者，也包括企业。当消费者不论是简单地买一件衬衫，或者是做一次装修、买一栋房子，或者找一份工作，都要付出很高的心理成本的时候，企业就得花更多的时间和精力去说服消费者，去取信消费者，这无疑是一种社会资源的巨大浪费。这是当前摆在企业家面前最重要的命题，因而也是最大的机会。

从价值到文化、从形象到诚信，构建了消费者对品牌从认识到认知、从认可到认定的关系建立的系统性品牌认知体系，它决定了品牌从知名度到信任度、从美誉度到忠诚度的从品牌认知转化向品牌市场转化的最终结果。

第二节　接应消费者对品牌的认知逻辑

如前所述，品牌是集价值、文化、形象、诚信于一体的系统表达与利益关联。对于消费者来说，品牌是基于价值的承诺，是基于形象的联想，是基于关系的体验，是基于利益的交换。

品牌是基于价值的承诺。前文提到的"六家功夫"针铺，在其宣传语里包含的承诺：收买上等钢条，是对原料品质的承诺；不偷工，是对生产标准的承诺；不误宅院使用，是对服务的承诺；若被兴贩，别有加饶，是对代理回报的承诺。再如，同仁堂始终恪守的"炮制虽繁必不敢省人工，品味虽贵必不敢减物力"古训，也是对药品品质的承诺，并据此树立了"修合无人见，存心有天知"的自律意识。

此外，消费者从品牌广告中获知品牌的承诺。例如，容声冰箱曾经以明星代言的方式承诺"容声容声，质量的保证"，结果容声冰箱当年的销售量就从几千万元猛增到 2 亿多元；奔驰 600 型汽车曾经有过这样的广告词"如果发生故障，中途抛锚，将获赠 1 万美金"，这是奔驰对产品品质的承诺。

消费者在企业不同的品牌成长过程中还会感受到基于品牌核心价值变化而出现的不同主旨的承诺。海尔在发展初期主要是针对品质进行承诺，以"砸冰箱"传递注重质量的品牌承诺；随着海尔进入以服务创品牌的阶段，以"真诚到永远"展现品牌主张；到了以创新支撑品牌的阶段，又以"海一样的新鲜，让你永远满足""海尔冰箱，天下无霜"来承诺品牌价值。

总之，品牌价值是让消费者清晰地识别并记住品牌与自身的利益关联，而承诺代表品牌在其价值的实现上所需要承担的责任与义务，代表消费者对品牌价值获得的期望与信任。因此，无论是品牌价值还是品牌承诺，都是驱动消费者对品牌从认同到喜欢乃至忠诚的核心驱动力。

品牌是基于形象的联想。所谓品牌联想是消费者品牌知识体系中与品牌相关联的一切信息结点，包含消费者对特定品牌内涵的认知与理解。对于一个品牌，消费者最直接的联想可以是一个符号、一种产品、一个企业或一个人，可以是产品功能性、象征性或体验性的利益，也可以是消费者对品牌的总体态度与评价。[1]

---

[1] 陆雄文.管理学大辞典[M].上海：上海辞书出版社，2013.

第二章 为什么要系统性建设品牌——从本质到规律

如上所述,消费者对品牌形象的识别与区隔是从一个标识性的符号(就是通常所说的 LOGO 或是商标)开始的,如麦当劳的"M"和肯德基的"上校"。在消费者通过标识对品牌有了初步的认识之后,进而会产生对其品牌定位的认知,即麦当劳和肯德基都是世界快餐连锁品牌,但是麦当劳是卖汉堡的,肯德基是卖炸鸡的(最简单、最直接的认知)。这样就让消费者对品牌的主体、产品和服务形成了认知。

消费者对品牌的识别是从符号开始的,但最终还是要归于品牌所给予的基于产品或服务属性的个人价值,也就是消费者心目中认为此产品或服务能够为他们做些什么,亦即"利益联想"。首先是功能利益。产品或服务的内在优势,与生理及安全需求有关。其次是经验利益。有关使用产品或服务的感觉,通常与产品属性有关。例如,感官乐趣,多样化,以及认知刺激。最后是象征利益。产品或服务的外在优势,通常与产品属性无关,而是与社会认同的需求或是个人表现及自尊有关。

如果再进一步的话,就是品牌形象在经过长期、一致、正性的传播后,就会在消费者的心目中形成对品牌的定位与价值的联想。例如,我们一提到方便面就想到康师傅是行业老大,一想到烤鸭就想到全聚德最为正宗,一想到智能手机就想到苹果的与众不同……,因此说,品牌并不是单纯的标识,而是品牌的产品、理念、行为、文化等要素共同凝练成的一种形象,一种定位,最终形成了一种或正面或负面的品牌联想。

品牌是基于关系的体验。当消费者因为对价值的认同、对文化的共鸣、对承诺的信任而开始购买、使用、接受产品或服务之后,就会形成对产品、消费、服务、文化的感受与体验。所谓品牌体验就是产品、文化、服务、环境给消费者所带来的身心感受。联合利华的董事长 Michael Perry 先生认为,品牌是消费者对一个产品的感受,它代表消费者在其生活中基于对产品与服务的感受而滋生的信任、相关性与意义的总和。如果消费者对品牌的体验不断被优化,那么就会形成对品牌的美誉度和忠诚度,就会为品牌带来更多的推荐贡献和利润贡献。

在星巴克，顾客会感受到：饮料碰翻了会为你换一杯新的；什么东西都不点，要杯白水，没问题；经常会有免费试饮。在海底捞，顾客会体验到在"顾客要求之前的服务"。

在拉斯维加斯的一家酒店，在顾客退房离开时，酒店会为顾客提供两瓶饮用水。因为离开的客人驾车去机场，中间要走4分钟的荒漠地带。因为天气炎热，顾客很可能会感到口渴。这两瓶水本身不值多少钱，但是这种服务却超出了顾客的预期，让许多顾客为之感动。消费者正是基于以上的服务获得了满足而愉悦的服务体验。

品牌是基于利益的交换。尽管品牌是商业模式中最高的一种形态，但其本质还是盈利属性的，而商业的本质是交换，是基于供给与需求之间、价格与价值之间的利益交换。这种交易的达成源于一个关系构建的系统性路径——对品牌的了解与信任，对体验的满意与喜欢。当这种美好的品牌体验一直持续下去，甚至超出预期时（周鸿祎先生认为，只有超出消费者的预期，才能形成体验），最终消费者与品牌之间会形成更为高级、更具财务贡献的利益交易。

如上所述，在产品功能性、体验性的利益交易之外，还有象征性的利益交易，而这种交易更多是基于包括情感利益在内的品牌的附加值。星巴克老板霍华德·舒尔茨曾经强调："星巴克是一家基于门店体验而打造的品牌，靠的是我们的伙伴和顾客之间通过服务所形成的情感连接。身穿绿围裙的伙伴才是星巴克营销的核心。"

南加州大学的神经学教授 Antonia Damasio 的研究结果从科学的层面验证了品牌营销要特别强化用户体验的重要性——核磁共振的神经图像显示，当人们评价一个品牌时，依靠情感（情绪和经历）多于信息（品牌信息和特性），特别是当面临信息过载和选择过剩的时候，情感就会左右人们的选择。

第三节　满足品牌竞争力构建的需要

我们认为，品牌竞争力的构建一定是基于系统性的建设才能够得以实现。如此，我们先从何为系统说起。何为"系统"？笔者对此的认识是，系统性体现在两个维度，一是逻辑性，二是关联性。前者是事物自身的内在逻辑，后者是事物相关的外在关联。

首先，我们沿循消费者的心理与行为轨迹来了解一下品牌系统性建设的外在关联性。

假设消费者想购买一件产品。首先是要了解它，连了解都没做到又怎么为之掏腰包呢？那么，了解了就一定会购买吗？消费者要了解品牌是谁，它与其他品牌有什么不同；品牌能做什么，能满足自己哪些需求，能为自己带来哪些价值。这是消费者认识品牌的开始。那么，认识了品牌就一定会形成购买吗？不一定。在一般的状态下，还需要形成信任，然后才会购买，尤其是在产品极大丰富、消费者拥有更多选择的市场环境下。这是消费者认知品牌的开始。

这一点，我们从任正非先生接受法国《观点》周刊记者纪尧姆·格哈雷采访中便能得到鉴证。

纪尧姆·格哈雷：华为成功的关键是什么？遇到的最大困难是什么？

任正非：成功的关键是矢志不渝为客户创造价值，所以客户相信我们，今天面临这么恶劣的环境，客户还要买我们的5G，就能证明。美国政府是很强大的，在这么严厉的打压下，客户还要买我们的东西，这就是我们这些年矢志不渝忠于客户、为客户创造价值而产生的影响。

无疑，信任是消费者最终选择品牌的"临门一脚"。没有信任，就没有忠诚的消费者；没有信任，品牌就是没有根基的浮萍。

购买之后，如何能够做到继续购买呢？那一定是在产品的应用过程中，无论是对其可用性还是安全性都感到满意，也就是在产品体验上没有不良的感受。除此之外，还有消费的体验，即是不是方便快捷、决策成本低、价格合理；还有服务体验，是不是践行承诺、及时高效；还有文化体验，即品牌的价值观念、生活态度、审美情趣、个性修养、时尚品位、情感诉求能否让消费者形成文化认同和情感依赖。这是消费者认可品牌的开始。

如果企业推出了高端产品或是对原有产品提高了价格，那么，如何让消费者依然对品牌不离不弃？这就要求企业在持续优化品牌体验的基础上，使得消费者逐渐形成消费习惯、心理依赖和审美固化，最终演变为一种相对固定的生活方式，乃至精神信仰。这是消费者认定品牌的开始。品牌由此形成溢价能力，开始为企业做出财务贡献，实现提升品牌有形资产水平的终极目的。

对照消费者心理与行为轨迹，我们再从品牌自身的纵向逻辑上来认识品牌在塑造过程中的系统性。

首先要有针对消费者的需求，无论是在功效上、安全性上还是在体验性上都具有良好品质的产品或服务。其后，企业要将这个好产品或服务放到市场上去实现从价值到价格的转化。接下来便面临如何与消费者沟通，使其认识、认知、认可和认定这个产品或服务的问题。

为此，这个好产品要具备一个清晰的市场定位与价值定位，我们称之为品牌的内涵体系，即确定我是谁，与别人有什么不同，以及我能做到什么，能满足消费者什么，能够为消费者带来什么。无论是人与人之间，还是人与品牌之间，所有的认识与认知都是从此开始。

品牌的内涵要转化成具体的形象方能展现给消费者，例如 LOGO、海报、画册、宣传册、宣传片、包装、展览、展示、广告等。这样就会

第二章 为什么要系统性建设品牌——从本质到规律

让消费者对品牌有一个直观的认识和区隔性的认知，我们称之为品牌的形象体系。

有了具象的品牌内容之后，我们要将其传播出去，或是送到消费者的手中，或是呈现在消费者的眼前，或是播放到消费者的耳中，等等，以此来实现消费者对品牌定位的认识与对品牌价值的认知。最终，在消费者心中构建起品牌的知名度，乃至信任度。我们称之为品牌的传播体系，其任务就是实现品牌的知名度和信任度。

在信任度的驱动下，一旦有了相应的需求，消费者就很有可能去购买他信任的品牌的产品。接下来，如何让消费者能够一买再买呢？那一定是消费者在使用产品的过程中获得了很好的品牌体验（产品体验、消费体验、服务体验、文化体验），消费者不仅对产品的功效与安全感到满意，还喜欢上了品牌。这就是在品牌知名度、信任度后面品牌系统性建设要完成的任务——美誉度。

之后，如何让消费者做到"总是要买""价格高也依然会买"呢？这就是品牌系统性建设的又一个任务——忠诚度。所谓的忠诚度就是，消费者无论是对产品的功效本身，还是对品牌的文化都形成了深度的心理依赖，进而成为一种消费习惯，直至一种生活方式的固化。这就是在品牌美誉度之后品牌系统性建设要完成的任务——忠诚度。从美誉度到忠诚度，就是消费者对品牌从认可到认定的过程。我们称之为品牌的营销体系，其任务就是实现品牌的美誉度。

当消费者对品牌的价值形成深度认同后，价格就变得不再敏感（正所谓对价值不认同，价格永远是问题；价值一旦被认同，价格就不是问题），于是品牌就拥有了溢价能力。当品牌拥有了市场的溢价能力之后，就可以为企业带来更多的、更为优质的财务贡献。我们称之为品牌的资产体系，其任务就是构建品牌的溢价能力，完成品牌建设的终极目标——构建起能够为企业带来持续性、厚利性发展的品牌资产。

基于以上认识，我们梳理出品牌系统性建设的体系，它是由八大体系构成，涵盖了品牌力构建的方方面面：品牌规划体系——确定战略方向，内涵体系——确定品牌定位、价值以及承诺，形象体系——构建品牌形象识别系统，传播体系——确定传播目的、对象、内容、媒介和形式，营销体系——不断优化品牌体验，包括产品体验、文化体验、消费体验和服务体验，管理体系——制订品牌管理标准、制度、流程，支撑体系——构建从研、产、销、投一体化的品牌构建体系，资产体系——品牌价值评估、构建、维护。

综上所述，一方面，品牌没有正确的价值定位就无法与消费者的痛点需求相对应，无法与同类竞品相区别；没有独特的品牌文化就无法抵达消费者的心灵，就无法俘获消费者的心智；没有精准的品牌形象传播，就无法获得知名度和信任度；没有切实的品牌营销，就无法获得美誉度和忠诚度，也就无法为企业带来可持续性厚利的品牌资产。

另一方面，消费者对品牌的接受已经进入一个从认识到认知，从认知到认可，从认可到认定的系统性时代。一个品牌在消费者心智中的树立，有着消费者对其从形象认识，到价值认知，再到交易认可，直至心智认定的心理与行为的逻辑链条。企业要想让消费者彻底、真正地接受品牌，就必须给予他们一条完整的价值链条和心智逻辑。这条价值链条和心智逻辑恰与品牌的定位、价值、形象、营销有着内在的对应关系，与品牌的知名度、信任度、美誉度和忠诚度的构建具备横向的关联，并与企业的战略、研发、生产、管理、服务有着密不可分的关系。这就注定品牌建设是一个系统性的工程，也预示着中国企业必将进入一个品牌系统性建设的时代。

以此，我们也初步了解了本书《品牌系统性建设——沿循消费心理与行为的轨迹》书名的含义所在。

第四节　顺应市场竞争新环境、新态势

首先，市场竞争已经进入"产品卓越＋用户亲密"的系统性竞争时代。

从20世纪50年代起，十年间市场营销从生产观念走向产品观念。在这个时代的企业关心的已不是生产技术和效率的问题，而是产品问题。在这个以产品为核心的竞争时代，企业只要生产出好产品，就会有人买，有顾客光顾。一个好产品就是一个好品牌，不需要打广告，消费者会满大街地追着产品跑。

到1960年，杰罗姆·麦卡锡明晰了这个市场营销组合，他提出了著名的4P，即产品（Product）、价格（Price）、渠道（Place）和促销（Promotion）的营销要素组合。这是因为，随着经济的发展，产品越来越丰富，人们对一些商品的需求也越来越广泛，于是商家将具有共同消费需求的人集中在一个零售终端里，诸如大型超市、电器城、装饰城……这时便进入以渠道及终端促销为核心的竞争时代，消费者开始定向性地去找产品。

再后来，面对越来越多的产品，消费者逐渐具备了品牌的意识，于是消费者开始在广告宣传的引导下去选择产品，这就是以信息为核心的竞争时代。无论是产品竞争、渠道竞争，还是信息竞争，尽管消费者选择产品的方式、方法有所不同，但这三个阶段具有一个共同的特征——消费者主动去找产品。

在今天，许多企业忽然发现，单凭所谓的好产品已经无法"通吃天下"了。这是因为"好产品"实在是太多了。就像你今天无论以多么低的价格购买到一双鞋，也不会再有没穿几天就开裂的状况了。单有一个好渠道也无法赢得市场了。君不见，就连那些当年牛气的大卖场如今都已经自顾不

暇了。再好的广告似乎也无法影响消费者的心智了，因为信息的碎片化和媒介的多样化，使得媒体无论是在信息发布上还是公信上都已经被社交媒体严重稀释。

笔者在10年前提出的观点"广告的到达率与内容的收视率严重分离"更是成为媒体心中难以解开的一道心结。电视剧的画面上除了左上角的媒体标识外，其余三角和底部都已布满了广告。因此，一直以来靠诸如产品、渠道、信息等单点支撑的品牌塑造注定无法撬动市场，那个靠一条"味道好极了"就撬动了中国咖啡市场的时代已经一去不复返了。

当商品的多样化让消费者拥有更多的选择权的时候，当信息的互联化让消费者拥有更多的知情权的时候，当平台的多元化让消费者拥有更多的评判权的时候，当媒介的社交化让消费者拥有更多的话语权的时候，中国的市场经济开始进入一个全新的时代——以消费者为核心的竞争时代。

早在1957年，通用电气的约翰·麦基特里克提出了"市场营销概念"哲学，第一次明确提出：企业的生产经营活动，应由从前的"以产品为出发点、以销售为手段、以增加销售来获取利润为目标"的传统经营观，向"以消费者为出发点、以市场营销组合为手段、以满足消费者需求来获取利润为目标"的市场营销观转变。

这个时代与产品竞争、渠道竞争和信息竞争时代本质的不同是，消费者不再是追着产品了，产品开始追着消费者了。因此，单凭产品卓越已经无法赢得市场竞争了。这就意味着，品牌的构建随之进入一个从产品卓越到用户亲密，内在的逻辑性更强、外在的关联度更高的系统化建设时代。

正因为如此，无论是马化腾还是周鸿祎，无论是乔布斯还是雷军，都是企业最大的产品经理。以小米为例，小米手机的成功看似是网络社群经济、粉丝经济的典范，其本质则是对产品品质的极致追求。雷军的管理风格是，要在一线紧盯产品。如果确定一个需求点是用户痛点，就死磕下去，不断地进行微创新。雷军对产品的态度是，对细节的极致追求。"改改改……

第二章 为什么要系统性建设品牌——从本质到规律

改改改……再改改改……"永远不厌其烦地改。用户用了产品是否会"尖叫"？是否会推荐给朋友？这是小米的两个终极 KPI。它的 KPI 是"尖叫"点。雷军的产品方法论是，要把用户当朋友。他要求所有员工，在朋友使用小米手机过程中遇到任何问题，无论硬件还是软件问题，无论是使用方法或技巧还是产品本身出现了问题，都要以帮助朋友的态度去解决问题。

有了卓越的产品，我们应该怎样去说服消费者，如何去打动消费者，如何去留住消费者，如何去创造消费者？这是时代所赋予我们的新命题。

为此，在产品卓越的基础上，还要系统性地构建用户关系，其中最为核心的要素就是"体验"。周鸿祎先生在接受采访时曾用现身说法，将自己作为一个反面教材来映衬用户体验的重要性。他说，他曾两次创业，第一次是创建3721中文上网，本意是让中国人上网更方便。使用3721软件，人们可以直接输入汉字，就能到达想去的网站。但是，在激烈的市场竞争中，他没有坚持用户至上，忽视了用户体验。为了防止竞争对手卸载3721，他把软件做得很复杂，普通用户难以卸载。为了迅速占领市场份额，3721软件频繁弹出窗口打扰用户，用户抱怨不止，他却没有重视。最后，用户抛弃了3721，百度成为中国第一大搜索引擎。周鸿祎感慨："这就是因为不遵循用户至上、不尊重用户体验所造成的一个价值百亿美元的教训。"

由此，我们可以得出以下的结论：对于传统制造型企业，所谓的"互联网+"就是用卓越的产品去"加"在互联网思维及模式下的亲密型的用户关系。

总之，在传统企业"互联网+"的过程中，一定不要舍本求末，不能因重视互联网所带来的营销新变化而忽略了对产品品质的打造。对品质的无限追求才是对用户最大的尊重，才能换来最好的用户体验，这样才会最大限度地将用户"黏"在自己的平台上，才能够让用户最大限度地反哺企业，共同创造和提升产品价值。否则不仅不能获得"互联网+"所赋予的翅膀，还会背离互联网核心的理念和精神。

第五节　提升企业品牌建设现状的需要

一直以来,在机会性生存、资源型发展的驱动下,企业的品牌始终处在一个原始的、初级的自然成长状态。在产品驱动的时代做产品,在渠道驱动的时代做终端,在信息驱动的时代做广告,企业对品牌的认知更多的是基于"片面的、孤立的、静止的"形而上学的层面。品牌建设也呈现出碎片化、阶段化、隔断化的状态与模式。

在 2014 年笔者负责天津市科委立项课题《天津市科技小巨人企业品牌战略研究报告》的调研和主笔的过程中,曾经对许多企业,特别是科技创新型企业进行过深入调研,其结果具有一定的普遍性和参鉴价值。以下的问题可以让我们对中国企业在品牌系统性建设方面的状况管中窥豹,以偏鉴全。

在绝大多数受访企业中,由于缺乏对品牌建设的内在逻辑和成长规律的正确认识,没有认识到品牌建设是一个覆盖企业发展战略各层面的系统性工程,因此在此之前的品牌建设行为缺乏系统性,大多是零散的、盲目的、随机的、被动的,而不是成体系的。

一、品牌规划体系

其一,在品牌规划方面,没有战略考量和长远规划。

这主要是因为,企业没有将品牌提高到战略的高度,认为品牌只是方法、手段。大多数企业没有把品牌建设视为一个贯穿企业发展始终的战略性工程,也没有将品牌战略视为企业发展整体战略中不可或缺的构成部分,对品牌缺乏战略层面上的考量,因此也就没有中长期的发展规划以及方针性的指导。正是因为缺乏品牌规划,在品牌建设中才没有形成系统工程。

其二,产品/服务研发的规划只是停留在产品要素的评价上。

许多企业对产品/服务的研发只是停留在诸如在团队上的人才保障,在研发中的创新引领,在原材料上的质量保障,在生产工艺上的技术领先,对产品功效和安全的评价,在包材、包装上的产品防护,在精益生产上的成本管控,在标准与管理上的质量把控,等等,并没有将诸如消费者问题、对产品/服务研发的痛点需求、市场厚利性机会、自身的优势、竞争对手的状态等市场要素作为产品/服务研发的评价要素之一,这就使得企业生产出的在生产要素评价上完美的产品,当放在市场要素体系去评价时,便显现出许许多多的问题,严重影响了产品的销售,极大地增加了市场导入的时间成本和花费成本。

其三,品牌构建中缺乏统一化、规范化和风格化。

因为在品牌建设方面缺乏系统思考和设计,没能科学地应用品牌建设的理论和方法,所以在已经完成的部分品牌构建中缺乏统一化、规范化和风格化,极大地影响了企业形象对外传播的效果,进而影响到品牌价值的市场转化的水平,导致企业没有形成差别利润和附加价值,最终无法为企业带来高附加值,可持续的厚利发展。

其四,造成了企业无法贯彻"以品牌规划指导市场活动"的指导思想。

企业无法建立起新品类拓展或新产品研发前的品牌规划机制,无法从制度上强化品牌规划在企业战略制定上的必要性、严肃性和法规性。没有明确品牌规划在战略导向和价值定位上的作用。

二、品牌内涵体系

首先,缺乏准确、清晰的品牌定位与品牌价值的描述。

品牌没有就"我是谁""我与别人有什么不同"做出一目了然的表达,使得消费者对品牌的定位始终认识不清,无法对品牌形成直观性认识与区隔性认知，直接影响到品牌知名度的提升；也没有对"我能做什么，我能为你带来什么"做出极具感染力的表达，使得消费者始终没有被品牌的价值所打动，直接影响到品牌信任度的形成。

如此一来，企业在品牌形象的设计和品牌传播的策划上，就没有围绕品牌内涵来展开，使得品牌形象与传播缺失灵魂，无法引发目标受众的共鸣。企业对品牌定位和品牌价值的阐述还仅仅停留在企业本身，还是从自身的角度来传递主张，没有建立一个与目标市场有关的品牌形象，使得消费者对此或是无感，或是无法形成品牌记忆与联想。最终产品属性未能转化为消费者所重视的利益点，没能给消费者一个充分的购买理由。

三、品牌形象体系

常言说，纲举目张。品牌形象的"纲"是什么，无疑，就是品牌的内涵，就是品牌定位与品牌价值，这是企业唤起消费者对品牌关注的撬动点，是消费者认识品牌的最直接、最重要的内容所在。但是许多企业在品牌形象的设计中，并没有将品牌内涵清晰地提炼出来，或是模糊不清，或是隐含在其他内容之中，让消费者无法一目了然，浪费了企业与消费者之间认识、认知的机会，降低了品牌传播的效率与效果。

品牌构建一般涉及三个维度的品牌形象呈现，分别是企业组织形象、企业产品形象和企业服务形象。许多企业目前仅有企业组织形象，如LOGO、标准字和官网，而缺乏产品形象和服务形象。不少企业在完成标志设计之后，即认为大功告成，不再进行规范的企业视觉识别系统设计，结果造成企业信息传播无法可依，杂乱无章。

更为重要的是，在品牌形象的构建上，没有将视觉识别、理念识别、行为识别、环境识别作为一个整体来对待。或是不完整，或是不一致，无法塑造出心目合一、知行合一的品牌形象。此外，在形象的设计中，缺乏调性与风格的统一性、延续性、合规性、艺术性，严重妨碍了对品牌调性、

第二章 为什么要系统性建设品牌——从本质到规律

品牌文化与品牌美学的表达与传递。所有这些都严重阻碍了消费者对品牌的好感度和信任度的形成。

已经完成的企业形象设计也存在品质不高，甚至显得粗糙和简陋的问题。许多企业的 LOGO 还只是企业名称的英文字母缩写，缺乏创意性、辨识性和设计感，不具备独特性、社会性和时尚性。在不同载体上应用时，缺乏统一的专业化规范，根本无法承担深层次传播企业品牌内涵的职责，最终导致企业形象的传播质量严重降低，甚至产生对形象内涵理解上的歧义，严重影响了品牌知名度和信任度的构建。

四、品牌传播体系

在调研中发现，许多企业因各种原因导致在品牌传播上存在以下几个方面的问题。

其一，没有既定的系统性传播方案。

企业在传播内容的设定、传播形式的确定、传播方案的拟订、传播计划的制订以及传播效果的测定方面没有既定的系统性传播方案，使得在传播上要么悄无声息，要么杂乱无序，要么漏洞百出。

传播缺乏精准性，对目标受众对内容的关注点、触媒的轨迹与习惯、对形式的偏好等问题没有准确和清晰的认识，最后导致鸡同鸭讲，或是内容不聚焦，跟谁都有关，跟谁又都无关，或是到达率低下，等等，一系列问题严重影响了传播的效率与效果

其二，品牌传播处于无序状态。

因没有制定指导品牌传播的基本策略和实施计划，所以在传播上处在盲目、零散的无序状态。表现为看不出阶段性的传播主题，看不出统一的传播目的，往往是为了传播而传播。

无序性还体现在传播的被动性上。因为没有既定方针和计划的指导，在传播上大多是被动性的，是在主管部门、行业媒体或社会媒体推动下进

行的。因此，在传播主题和内容上更多地体现了主管部门的业绩宣传和媒体的自身需求。

其三，内容缺乏可读性。

内容与目标受众的需要和喜好没有实现最大程度的结合；媒介、形式与目标受众的触媒习惯没能高度统一，传播手段没有服从于传播的目的与任务；传播没有形成系统性，呈现碎片性、随机性的特征，无法形成传播效果的积淀和整合，无法汇聚成更大的传播效应。

其四，对品牌传播的结果处于失控状态。

企业品牌传播没有建立起从规划到策划，再到计划的管理体系，造成传播的零散性和被动性，因此对传播的效果缺少必要的跟踪和关注，没有准确的评价与干预。因此不能及时发现传播中表现出来的问题并做出调整，以至于当传播带来良性效果时没有乘势而进，提升传播效果，在传播带来负面影响时没有及时纠正和调整，出现了问题还茫然不知。

五、品牌营销体系

很多企业没有从消费者的角度和市场竞争的角度来做好价格、渠道、服务等营销要素的规划，没有按照品牌导入期、成长期、成熟期和衰退期来制定相应的营销策略；同时对消费者资源也没有进行统一的管理，没有将消费者资源由外部资源转化为内源性资源并很好地加以利用。

此外，存在只注重产品、不重视体验，只重视销售、不重视服务的问题。没有做到对产品体验、消费体验、服务体验和文化体验的不断优化。

（1）在产品体验上，没有在可用性（功效性、耐用性、安全性）、易用性（便捷性）、友好性（舒适性、生态性）、美观性（时尚、漂亮）、独特性（别致、新颖）等方面达成完美的统一。

（2）在服务体验上，没有做到不断优化与客户在产品交易和使用场景下各环节的心理体验，无法创造出匹配品牌承诺的正面感受和价值感知，严重影响了品牌美誉度和忠诚度的构建。

（3）在消费体验上，没有给消费者提供价格合理、购买渠道便利的消费体验，还无法帮助消费者减少购买决策和等待的时间，降低购物风险，增加消费过程的愉悦感。

（4）在文化体验上，没有实现在品牌的价值观念、生活态度、审美情趣、个性修养、时尚品位、情感诉求与产品的物质效用方面的高度统一，无法让消费者形成价值认同和情感依赖。

六、品牌支撑体系

今天的品牌建设是涵盖全体员工、全面流程、全部岗位的一项系统性工程，但是，很多企业依旧将品牌建设定位为一种市场型的职责，职能定位在类似销售部或市场部或企划部这样的部门。因此，无法从战略、研发、生产、管理、销售全产业链的角度进行统一规划、统一执行、统一管理、统一转化，也就在营销的过程中无法形成品牌的合力。最后会出现诸如研发与市场需求不对应，生产与产品体验不对应，管理与营销能力不对应，营销与品牌文化不对应，服务与经营理念不对应，等等，一系列问题，使得品牌建设失去机制与体制的支撑，最终让品牌成为一座空中楼阁。

例如，没有构建以用户为中心的组织体制和以用户价值为中心的分配机制以及用户资源的管理平台，无法做到强化品牌的社会属性，难以推动以用户为中心的品牌营销战略的实施。

再有，没有建立生产、市场双重要素的研发与生产评价机制，以及研发、生产、管理、营销全产业链一体化联动机制，无法做到对产品的需求适配度、市场适应度、体验适宜度进行持续的提升。

在企业内部的沟通、联动与响应方面，没有建立起客户反馈与舆情管理的一体化管理机制与工作体系，无法建立起用户信息通报、汇总、分析、处理的连署、联动快速响应机制。

对内没有搭建起营销信息资源管理与共享平台，对外没有搭建起用户关系管理及整合营销平台，也没有建立起无围墙和无障碍的资源管理、营销管理"一张网"的模式。

在用户资源管理上，没有建立用户资源内源性转化与管理机制，对用户关系无法进行统一、规范、及时、有效的管理、维护和提升，无法进行统一的采集、识别、转化、整合、利用，最终也就无法将企业升级为资源型组织。

七、品牌管理体系

在实施品牌系统化构建的进程中，科学、严谨、规范、扎实的品牌管理体系始终为企业品牌的成长起到保驾护航的作用，但是许多企业在品牌管理制度化、职能化、规范化和常态化等方面表现出不少的问题。

其一，没有制定相应的品牌管理条例，在品牌的构建、运用、维护、评价上无章可循，导致企业在合规传播、合规营销等方面处于失控的状态，面临潜在风险，主要表现在以下几个方面：

（1）在品牌构建上，没有制度引导下的计划实施；

（2）在品牌运用上，没有制度带来的统一性和规范性；

（3）在品牌维护上，没有制度监督下的长效性；

（4）在品牌评价上，没有制度规定下的标准性。

这样一来，就造成了企业品牌构建上的盲目性，在品牌运用上的随意性，在品牌维护上的无序性，在品牌评价上的缺失性。

其二，在品牌管理部门的设置上缺失或职能化不强。

大多数中小企业没有专门的部门管理品牌，一般都由市场部、企管办、总经办，甚至是销售部代为执行品牌管理职能；品牌管理部门有责无权，即使有专门的品牌管理部门，也没有岗位职责标准和工作流程，有的甚至仅是一个协调性的部门，对影响品牌运作的其他职能部门并无指挥权，有

第二章 为什么要系统性建设品牌——从本质到规律

责无权使得品牌运作效果不良。

其三，缺乏优秀的品牌管理人才。

在调查的企业中，几乎没有专职、专业的品牌总监或经理，高层管理者也大多出身于技术和市场方面。他们大多对品牌的宏观认识水平不高，普遍缺乏微观处理能力，甚至将品牌工作等同于广告工作。

其四，缺乏有效的督查与评价。

因为在管理制度上和专门管理人员上的缺失，所以对品牌管理工作的计划、进度、效果、问题及应对缺乏有效的督查和评价，使得品牌管理形同虚设。因此，在具体的品牌管理上难以形成制度化、岗位化、考核化管理，使得管理没有常态性、专业性和长效性，由此品牌资产在构建、升级、维护、增值方面效果低微。

其五，对企业无形资产的保护意识较差。

对企业无形资产的保护就仅仅是申请专利。其实，除了知识产权的保护还有产品的市场营销保护，例如，对商标的保护，对核心技术的保护，对品牌形象的保护，等等。缺乏对企业无形资产的保护意识，使得企业自身的竞争优势很容易被对手模仿或抄袭。

其六，品牌危机管理水平堪忧。

如今，品牌所处的环境和市场是动荡不定的，存在诸如经济动荡、科技进步、潜在威胁、消费者偏好改变及市场权利重构等诸多问题，因此，在品牌的创立、维护和发展阶段都可能出现危机。由于企业在品牌管理上缺乏有效的督查和评价，因此无法在品牌危机管理上建立起有效的预警机制、处理机制和康复机制，就无法从根本上为品牌筑起防火墙，无法在危机处理上做到预案在先、应对及时、措施得当、效果显著。

放下和回头是重要的法门。如今，需要我们"放下"的是以往基于或产品或渠道或信息的单点价值竞争思维，摒弃长期以来以我为主、忽视消费者关系的营销模式。需要我们"回头"的是，去看一看消费者，看一看他们有哪些需求还没有被很好地满足，还有哪些潜在需求我们可以挖掘和利用；看一看市场还有哪些空白等待着先知、先觉者去填补。

毋庸置疑，对企业未来的考验就是，看谁放下得彻底，看谁回头得真诚。谁还在迷信自己过去的成就以求"自信"，抱着以往的模式以求"确定"，对消费者依然是"犹抱琵琶半遮面"，对品牌依然是"东一榔头，西一棒子"，谁就必将遭到消费者的遗弃，遭到市场的淘汰。

在这个大背景之下，我们要深刻地洞察消费者的心理及行为轨迹，不断地去把握品牌的内在本质和发展规律。从人性特征和时代特征出发，从品牌的规划、内涵、形象、传播、营销、管理、支撑、资产八个方面落实，脚踏实地、循序渐进地完成系统性的品牌建设，真正获得消费者的满意与喜欢，赢得消费者的心智与选择。

第二章
为什么要系统性建设品牌——从本质到规律

【延展阅读】

关于天津品牌经济的分析及建议

（2015年9月）

在天士力获得工信部"工业品牌培育示范企业"称号之后，特别是《天士力：以中药现代化、国际化奠定产品卓越的品牌根基——天士力申报"2014年品牌培育示范企业"的报告》提交后，根据天津市委研究室的指示，对天津品牌经济的现状与未来发展提供系统性的分析与建议。

一、现状分析

（一）30年来，天津品牌经济迟滞不前

在历经经济体制与模式的转型之后，以飞鸽自行车、北京牌电视机、可耐冰箱等一大批国内知名品牌为代表的天津原有的品牌基础损失殆尽。此后，作为天津经济主体的天津经济技术开发区，则是一个以工业现代化为基础，创建"21世纪亚洲最大、中国最好的现代化工业区"为目标的经济集群。

开发区内的企业绝大部分都是生产制造型企业，即使像"康师傅"这样的知名品牌，也只是将生产部分放在天津，而与品牌营销相关的部门则设置在北京等地区。这种现象已经成为天津经济中一种持续性的状况。因此，一直以来，在天津品牌氛围稀薄，品牌意识淡薄，品牌建设落后，品牌系统支撑更是无从谈起，这一切导致天津品牌经济的基础薄弱。全国性知名品牌寥寥无几，具有国际属性的品牌更是凤毛麟角。

（二）多数企业品牌建设尚处于耕耘阶段

以笔者于2014年参与主持的一项由市科委牵头所做的《天津市科技小巨人企业品牌战略研究》为例，在对2053家小巨人企业进行的初筛性

调查中发现：形象健全且良好的企业有 819 家；有形象，但不健全的企业 401 家，无形象，但有推广的企业 71 家；无形象且无推广的企业 762 家。从结果中看到，企业视觉形象健全且良好的不足 40%，而品牌形象还仅仅是品牌系统性建设中最初的一个环节。

随后，根据品牌系统建设的内在发展规律，我们将天津市科技小巨人企业品牌发展分为四个阶段：蛮荒状态、播种阶段、耕耘阶段、成熟阶段。同时根据"天津市科技小巨人企业品牌现状调查问卷"的问题选项，设计了与之相对应的评价分值标准。

调查结果显示，处于品牌系统建设的播种阶段的企业，占比为 29.4%；处于耕耘阶段的企业，占比为 70.6%。这说明耕耘阶段是目前天津市科技小巨人企业品牌系统建设的主体阶段。

二、存在问题

（一）小巨人企业尚处在品牌构建的初期

对天津市科技小巨人的调研结果折射出目前天津企业在品牌系统性建设方面存在的具体问题。

（1）在科技小巨人企业的创始人和管理者中，大多数没有建立起品牌系统性认识，对品牌在市场竞争中的价值认识不足。

（2）在品牌建设上尚处在务虚的状态，还没有深入到市场层面。品牌元素的构建还停留在"有"的层面，还没有深入到"用"的层面。

（3）大多数企业都没有专门的品牌管理部门，表现为无专门部门、无专业人员、无专职考核、无专项制度的"四无"状态。

（4）在品牌形象上还停留在企业商标的层面，在品牌管理上还停留在危机处理的层面，在品牌传播上还停留在广告宣传层面，在品牌营销上还处于价格促销的层面。

（5）大多数企业在用户关系的构建方面还没有上升到企业竞争的核心范畴内。

(6)在品牌传播方面处于无规划、无计划、无策划的阶段。

总之，大多数科技小巨人企业还处于品牌构建的初级阶段，还没有将品牌作为企业的一种资产进行管理。

（二）老牌企业面临新市场形势下的品牌营销转型

对于20世纪90年代创办的企业，在历经20多年的发展之后，其中的佼佼者已经成为本地或是全国的知名品牌。但是，面对新的市场竞争形势，面对互联网经济的冲击，原先的单纯依靠产品卓越的品牌发展模式受到了严峻的挑战，使得原本就不够系统、不够牢固的品牌建设基础出现了停滞，乃至动摇的危机。

1.固守旧意识，迷恋确定性优势

本能地排斥新的、较为复杂的营销模式，依然习惯于旧模式，同时在心理上尚未摆脱旧模式所带来的利益回报，因此，那些曾经持续领先的大企业，至今还秉承着工业时代的思维——对确定性优势的迷恋和捍卫。这种迷恋犹如精神的可卡因，降低了企业对外界变化的敏感度，麻痹了企业的竞争危机意识。

老牌企业意识上的守旧，使得在产品研发上闭门造车，自娱自乐；在渠道推广上过分依赖价格和政策杠杆；在品牌传播上依然自话自说，单纯依靠广告轰炸、以我为中心的现象还非常严重。导致不能塌下心来认认真真地去构建实实在在的用户关系。

2.没有真正建立起全员营销的品牌战略

用户意识、用户关系还停留在市场部门、售后部门，使得在用户关系的构建上严重滞后。在研发上，产品缺乏清晰的市场定位；在决策上，不经过必要的市场调研和分析；在管理上，各自为政，孤岛现象严重；在营销上，依然以产品和价格为主要驱动，无法真正占有用户心智资源；在售后上，依然存在就事论事、得过且过的现象，无法建立起快速、高效的用户反响机制。

3. 在品牌构建上，缺乏系统性、一致性和长期性

虽然包括品牌形象在内的品牌构建已经初见成效，但在具体的应用中还缺乏系统性、一致性和长期性。对于新品牌的创建，不是在品牌发展规划的指导下系统、及时地进行，使得品牌建设与品牌发展节奏无法协调一致，影响了品牌影响力和驱动力作用的发挥。

4. 品牌管理不健全，随意性较大

（1）品牌管理制度不健全。

主要表现是：在品牌构建上，没有制度引导下的计划实施；在品牌运用上，没有制度带来的统一性和规范性；在品牌维护上，没有制度监督下的长效性；在品牌评价上，没有制度规定下的标准性。这样一来，就造成了企业品牌构建上的盲目性，在品牌运用上的随意性，在品牌维护上的无序性，在品牌评价上的缺失性。

（2）品牌管理部门缺失或职能化不强。

在品牌管理职能化方面，没有专门的品牌管理执行机构，一般都是由市场部、企管办、总经办，甚至是销售部代为执行品牌管理职能。即使有专门的品牌管理部门，也没有岗位职责标准和工作流程，有的甚至仅是一个协调性的部门，对影响品牌运作的其他职能部门并无指挥权，有责无权使得品牌运作效果不良。

（3）缺乏优秀的品牌管理人才。

高层管理者也大多出身于技术和市场方面，缺乏对品牌战略构建的系统性认识，因此对品牌的宏观认识水平以及微观处理能力显得不足，甚至将品牌工作等同于广告宣传。

（4）缺乏有效的督查与评价。

因为在管理制度上和专门管理人员上的缺失，所以对品牌管理工作的计划、进度、效果、问题及应对缺乏有效的督查和评价，使得品牌管理形同虚设。最终使得品牌资产在构建、升级、维护、增值方面效果低微。

第二章 为什么要系统性建设品牌——从本质到规律

（5）没有建立品牌危机管理机制。

绝大部分企业在品牌危机管理上还停留在一事一论、被动应对的危机处理上，没有建立起从信息采集、舆情监控到危机预警、危机处理和品牌修复的品牌危机管理体系，因此无法做到预案在先、应对及时、措施得当、效果显著。

5. 品牌传播存在盲目性，效果不显著

（1）没有既定的系统性传播方案。

企业在传播内容的设定、传播形式的确定、传播方案的拟订、传播计划的制订和传播效果的测定方面没有既定的系统性传播方案，使得品牌在传播上要么悄无声息，要么杂乱无序，要么漏洞百出。

（2）品牌传播处于无序状态。

因没有制定指导品牌传播的基本策略和实施计划，所以在传播上处在盲目、零散的无序状态。表现为看不出阶段性的传播主题，看不出统一的传播目的，得不到品牌传播的蓄积效应、联动效应、叠加效应。

无序性还体现在传播的被动性上。因为没有既定方针和计划的指导，品牌在传播上大多是被动性的，是在主管部门、行业媒体或社会媒体推动下进行的。

（3）对品牌传播的结果处于失控状态。

因为传播的零散性和被动性，所以对传播的效果缺少必要的跟踪和关注，没有准确的评价与干预。

6. 品牌营销存在系统性，缺乏战略及策略的引导

（1）没有建立起长效的用户沟通机制。

没有设立用户关怀委员会，没有将用户资源有效地转化为内部资源，无法将用户需求转化成产品研发资源，将用户意见转化成管理和决策资源，将用户价值观转化成品牌文化资源，将用户美誉和忠诚转化成品牌资产资源，将用户社区转化成营销平台资源，将用户口碑转化成品牌传播的资源。

（2）品牌营销方式落后，无法适应新时代营销需求。

在营销的目的上，还是停留在产品推售上，并不是以占有用户心智资源为市场营销的核心。在品牌传播上，还停留在单纯的企业形象和产品信息的传播上；在营销途径上，还停留在媒体、渠道和终端上；在营销效果上，没有建立起自身的品牌推荐经济学模式和"推荐指数"评价体系。

（3）没有真正实现整合营销传播。

品牌传播与营销活动之间缺乏战略指导性、策略一致性、活动关联性、形式联动性和效果叠加性。没有建立起从战略指导到策略制定，从规划指引到策划撬动，再到计划执行的营销管理体系。没有建立起从价值吸引到品牌认知，从社群构建到内容传播，从口碑推荐到促进销售的品牌营销模式。

三、应对建议

打造品牌经济，必须充分发挥企业的主体作用以及市场配置资源的决定性作用。但是，仅靠市场机制自发作用还远远不够，政府的政策扶持和导向作用不可或缺。这方面，国际上有一些值得借鉴的经验。

（一）政府层面

在中国的经济发展中，离不开政府的引导和带动，特别是无论是在社会层面、行业层面，还是在企业层面都是"品牌洼地"的天津，现阶段更离不开政府组织、协调和推动。

1. 组织机构

（1）建立"天津品牌经济推动委员会"。

在市工信委属下成立"天津品牌经济推动委员会"，作为政府推动天津品牌经济系统建设的职能机构。在该机构下，设立政策研究、专家咨询等专门委员会，为政府针对品牌经济建设的立法或政策扶助提供决策支撑。

（2）成立"天津市品牌协会"。

以知名品牌企业以及品牌服务类公司发起成立天津市品牌协会，作为天津市品牌经济建设的推动平台和行业机构,承担与品牌建设有关的组织、协调、监管和服务等职能。

2. 政策支持

(1)制定《天津市品牌经济发展战略规划(纲要)》。

组织各相关部门和企业、服务机构制定"天津市品牌经济发展战略规划",作为指导天津品牌经济发展的大纲。

(2)出台扶助品牌建设的优惠政策。

出台对企业或服务机构与品牌系统建设相关的扶持政策,鼓励相关单位在品牌系统建设方面的理论研究、系统建设、支撑体系的探索。

(3)召开"天津市品牌经济工作年会"。

每年召开天津市品牌经济工作会议,对上一年度的品牌经济工作进行总结,对下一年度的品牌经济工作进行规划,发布《天津品牌经济年度报告》,对有特殊贡献的企业和机构进行表彰。

3. 资金支持

成立"天津市品牌经济发展基金",支持与品牌建设有关的重大科研项目,对具有典型意义的企业进行资金扶持和奖励。

(二)行业层面

(1)建立"天津市品牌经济研究中心(所)"。

聚集全国及天津市品牌经济的学者和行业专家以及企业品牌一线人员,成立"天津市品牌经济研究中心(所)",负责与天津品牌经济发展相关的课题研究。

(2)建立"产学研一体化基地"。

政府拨发专项基金遴选品牌建设基础较好的企业,联合高校、天津市品牌经济研究中心建立品牌建设"产学研一体化基地",帮助企业专项解决在品牌系统建设中的重大课题,并将解决方案在全市企业中进行推广。例如,"品牌危机管理系统""品牌营销及品牌价值评估系统"的技术实现和系统集成。

（3）编制《天津市企业品牌系统建设指南》。

集合产学研的力量，编制《天津市企业品牌系统建设指南》，对企业进行品牌系统建设提供标准、流程和策略的指导。

（三）社会层面

在全市范围内营造品牌经济的氛围，形成支持本地品牌的社会共识。

（1）组织市民"名企游"。

结合企业原有的工业旅游设施，组织市民到本市知名企业参观、游览，让市民近距离地了解企业，感受品牌文化。

（2）媒体评选"天津品牌经济十大年度事件"。

（3）媒体举办"你心中最喜爱的品牌"活动。

组织本市各大主流媒体，举办"天津品牌经济十大年度事件"和"你心中最喜爱的品牌"评选活动，吸引市民对天津市品牌建设的关注和了解。

（4）将天津劝业场改造成为"天津名牌产品专卖场"，集中展示、售卖天津名牌产品。同时方便外地游客放心、便捷、集约式了解和购买天津品牌产品。

（四）企业层面

开展"创建天津新十大标志品牌"的活动。

遴选10家品牌建设基础较好的企业，开展"创建天津新十大标志品牌"的活动，以"一企一策"的方式，为其制定切实可行的品牌发展规划和具体实施方案，作为天津品牌经济的代表，并向全国推广。

（此报告在天津市国资委主办的《环渤海经济瞭望》杂志上发表）

第三章

需要怎样的品牌——从价值到资产

消费者忠诚的是价值,而不是品牌本身。

——作者题记

three / 第三章
需要怎样的品牌——从价值到资产 / CHAPTER

我们需要怎样的品牌？对于这个问题的答案也许仁者见仁，智者见智。如果我们追根溯源，也许不难发现，无论是对于企业，还是消费者，基于品牌的需求都源于这两个字：价值。没有价值，企业又如何到市场中去转换成价格，又如何赚取相应的利润；没有利润企业又如何持续研发，扩大再生产，又如何去履行企业的社会责任？

但是，必须要指出的是，价值只是起点而不是终点。对于企业而言，价值只是手段而不是目的。我们需要的品牌是能够以价值换取资产的品牌。因此，企业塑造品牌的最终目的是通过价值的市场转化为企业带来高附加值、可持续的厚利发展。因此，让价值转化成资产，这才是品牌的终点所在，也是品牌的内在本质与发展规律。

第一节　品牌价值是"干"

商业的根本属性是交易，而交易的基础和前提是商品的价值。按照马克思经济学的观点，价值又分为使用价值和交换价值。使用价值是产品本身固有的能够满足人们某种需要的功能，是交换的基础。当产品凭借它的使用价值去跟消费者进行货币交换时，产品就成为商品，即具备了交换价值。

2004年，美国市场营销协会（AMA）再次更新营销的定义："市场营销是一项有组织的活动，它包括创造价值，将价值通过沟通输送给顾客，以及维系管理公司与顾客间的关系，从而使公司及其相关者受益的一系列过程。"

由此，我们看到，消费者价值再次成为营销的新基准。营销就是创造价值，传递价值。

对于消费者而言，如果品牌没有使用价值，消费者用什么来满足生理与生活的需求；如果品牌没有附加价值，消费者又用什么来获得那些与众不同的愉悦感、满足感，乃至自我实现、自我超越的成就感和荣耀感。

因此，我们可以这样认为，商业逻辑的根本就是价值的交换。这其中，品牌确定了对价值的选择和评价，而营销是对价值实现和交付的过程。至此，必须要指出的是，今天我们所谈论的"价值"已经不是以企业为中心的价值，不是企业单方面向消费者提供的价值，它必须是消费者的价值，是基于消费者需求、消费者利益的价值；而其价值的商业逻辑也已经变为，企业先为消费者创造价值，然后才能为自己赢得价值。

第一家在美国上市的中国广告公司创始人江南春先生，在历经15年的沉浮之后发出感悟："所有东西，'是'即'成'、'非'即'败'是非观念的背后是什么？你要看清商业的本质，任何企业的发展都是以利益客户为基本中心的。说到底，利他才是真正的利己。"（摘自《江南春：我用80亿美金，换了一个教训》。）

因此，所有商业价值的创造都要基于消费者心理与行为的轨迹，都是基于消费者对价值的认识、认知、认可和认定。品牌价值的定位都应该紧紧围绕消费者的需求。这对于许多企业来说都是一个新课题，但我们别无选择。

杰瑞·麦卡锡（Jerry McCarthy）教授在1960年提出的4P理论，即产品（Product）、价格（Price）、渠道（Place）、宣传（Promotion），就是一种从企业自身出发形成的营销理论。如今，当产品的前提已经是，其功效要与消费者的需求形成精准对应，价格要符合消费者对产品价值的认同，渠道要满足消费者对便利性的需要，宣传要符合消费者的触媒习惯和沟通语境的时候，这个风行半个世纪的4P理论，就要加上"消费者价值"这个前提，不然，

第三章 需要怎样的品牌——从价值到资产

即使你把一件你认为设计完美、价格合理、广告动人的产品直接送到消费者的门口，他们也不一定会买账，会使用。

陈春花在《讲透数字时代的战略认知、逻辑和选择》中指出，要将"顾客价值"上升到战略的高度："战略思考的起点都是从消费者的需求出发，战略的落脚点一定是要为顾客创造价值，再通过技术的应用创造性地去实现。没有顾客价值，所有战略都是空的。顾客价值才是解开战略选择谜题的唯一钥匙。"

业界专家在4P理论的基础上，提出了4C理论，实质上是转换了营销的主体和基点。产品对应客户价值(Customer Value)，价格对应客户成本(Customer Cost)，渠道对应客户便利（Customer Convenience），宣传对应客户沟通（Customer Communication）。

那么对于消费者来讲，品牌的价值属性又体现在哪些维度呢？

我们认为，总结起来至少有三大方面：功效属性、价值属性和利益属性。功效解决消费者问题，满足消费者需求，进而为消费者创造价值，价值的赋能最终为消费者带来切实的利益。

有两个非常"接地气"的例子，可以帮助读者理解这三大属性。

曾经有一则蓝天六必治的广告家喻户晓："牙好，胃口就好，吃嘛嘛香。"如果我们从品牌的三大价值属性上看，"牙好"是产品功效属性，"胃口就好"是价值属性，"吃嘛嘛香"是利益属性。

再如，房子本身解决的是居住问题，即功效属性；学区房是居住之上的附加值，属于价值属性；而利益属性则是，能让你家的孩子上重点学校，或者让房子卖出更好的价钱，获得更好的收益，属于利益属性。

在价值创造与评价之间是价值形成的路径，对此我们认为，品牌的价值一定要符合普适性、必要性、独占性和持续性。品牌价值的四大特性，如图3-1所示。

图3-1 品牌价值的四大特性

其一，品牌的价值要具备普适性。从社会问题中捕捉市场机会，使得品牌的价值尽可能满足多数人的需求，为品牌价值交换提供广泛的目标群体和较长的生命周期。不然，品牌价值的市场转化的规模就会受到很大的局限，就不会为企业创造出更大的经营空间。

所以，当你的产品核心功能满足的是大众需求，那么该产品的潜在用户数量就会很大；相反，产品的潜在用户数量就会很小。每个人都有购物需求，但是并不是每个人都开公司，所以C2C模式的淘宝用户数远远大于B2B模式的阿里巴巴用户数。这是由品牌价值的定位所面向的用户群体的大小决定的。

最早是苹果公司把电脑定位在专业应用领域的，但是不能兼容，空间界定得非常窄。随后，IBM公司让它变得兼容，市场变得更大了。后来，康柏将电脑变成了个人用品，应用的场景与人群又得到了扩大。再后来，戴尔让电脑成为个性化定制产品，联想把电脑做成大众消费品，人人买得起，让电脑产品的价值普适性越来越广泛。

我们来看这样一个公式：产品效果 = 使用人数 × 使用频率 × 使用时长。当产品的核心功能确定下来之后，产品的这三个指标可能出现的最大

three / 第三章
需要怎样的品牌——从价值到资产 / CHAPTER

值也就基本上可以确定了。为什么呢？产品的核心功能满足的用户需求决定了产品的潜在用户数。也就是说，品牌价值定位的幅度决定了产品目标用户的数量，而使用人数又直接影响到产品的市场效果。

不容忽视的是，消费者首先是一个独立的生活者，每个人都会有自己的生活理念、生活方式、生活习惯、生活圈子。因此，一旦大规模生产实现了产品极大丰富，互联网解决了消费个体应用数据的采集和分析的难题，智能制造满足了定制化生产的需求，那么，消费者的需求注定会朝着个性化的方向发展。当消费者的需求逐渐被细化，品牌价值的个性化越来越显著的时候，品牌价值也出现小众化、精细化的变化趋势。

音乐零售商 CDNow 早在 1998 年就发布了 My CDNow 站点，为消费者提供个性化的页面。在这个页面上，根据消费者的爱好、过去的购物习惯以及对艺术品和 CD 的估价，为消费者购买音乐提供相应的建议，并让消费者写下他们日后可能要购买的 CD 的名称。这种个性化页面的访问率很快就增加了 200%。CDNow 的首席执行官曾自豪地说："My CDNow 站点真正是我们 60 多万消费者的音乐商店。"

海尔提出了"您来设计，我来实现"的新口号，由消费者向海尔提出自己对家电产品的需求模式，包括性能、款式、色彩、大小等。

对于窄众品牌，企业想要寻求更大的发展，势必要增大利润空间来支撑企业的发展。这种情况更适合于具有高科技含量、坚实的技术壁垒，以及很高的文化积淀的品牌。这样才能让品牌拥有更高的附加值，具备更强的市场拉动力，最终实现更大的市场溢价空间。

其二，是品牌价值的必要性。要满足消费者的痛点需求，以获得对产品的刚性需要，使其具有不可或缺性。

在 1911 年之前，启动汽车的方式跟启动拖拉机的方式是一样的，拿一根 Z 型"车钥匙"，连接活塞，手摇活塞来吸入空气的同时按住压缩器，此时火花塞点火引燃气体，汽车启动。但这种方法具有一定的危险，就是在启动一瞬间,"钥匙"有可能从与手摇相反的方向弹出,手腕会因此扭伤甚至是烫伤。凯迪拉克的创始人亨利 M 利兰就曾因此受伤,于是著名的工程师查尔斯 F 凯特林在 1911 年发明了点火系统。

假设,我们发明一种具有车门自动开关功能的汽车,貌似给消费者带来了便利性,但如果车商用这个"创新"去与消费者交换更高的价格时,消费者很有可能不会买账。因为自己开一下、关一下车门并不费事,完全没有必要单单为此而多支付费用。

其中的根本原因是,对于消费者而言,与"自动开关车门"相比,能够"轻松、便捷,重要的是不受伤痛的自动点火"更精准地对应和满足了他们的"痛点"需求。所谓的"痛点",从正面来讲,就是消费者急需的、急盼的。从负面来讲,就是让消费者长期感到麻烦的、痛苦的。"痛点需求"的作用就在于它能加速消费者对产品的认识和认知,加深消费者对价值的认可和认定。

如果你去买包子,排着长队,排到你的时候被告知:"包子没了!"然后问你:"有烤红薯,你要吗?" 如果要了烤红薯,这就说明要填饱肚子才是你的痛点需求,而包子则不是。

如今,单纯追求市场占有率的时代已经过去,营销的本质回归到抓住消费者的真实需求这个"牛鼻子"之上了,当品牌通过产品或服务能够帮助消费者解决痛点需求时,就能从消费者那里实现更多、更高的价值与价格之间的交换。

其三,为品牌价值的独占性。品牌价值要想打动、撬动消费者的关注与购买,品牌价值还需要具备独占性。没有独占性,品牌就不会赋予消费者一个必选的理由,也就不具备品牌价值的必要性;没有独占性,就很容易被复制,甚至被超越;没有独占性,就可能陷入同质化竞争的"红海"之中,这对于品牌的后来者是一条不归之路,也就不具备品牌价值的持续性,最终也就无法赢得竞争。

第三章 需要怎样的品牌——从价值到资产

价格竞争的基本形式就是价格战，长期的价格战大多会以牺牲利润、牺牲产品和服务质量为代价，因此也就无法为企业带来可持续性的利润增长。海尔因此坚定地提出：要打价值战，不打价格战。

至于品牌价值的独占性，江南春先生曾经将特劳特先生的定位理论简化到两个方向：要么开创特性，要么开创品类。

当"吃烤鸭就上全聚德""怕上火就喝王老吉""困了累了就喝红牛"，阿里巴巴等于电商、腾讯等于即时通信、百度等于搜索、滴滴等于专车、喜之郎等于果冻的情况下，如果你还想做同品类的事，那你就一定要开创一个新特性。

西门子是油烟机之王，但是西门子是德国品牌，是根据德国人的烹饪习惯设计的。中国人做饭厨房油烟大，于是，电器老板开创了一个"特性"，就是"大吸力"，最终获得了消费者的认可和选择，赢得了中国的广大市场。

当这个行业陷入同质化竞争的时候，通过开创新品类，研发出一种全新的产品或服务，也同样能赋予品牌一个独占性的价值。例如，在天猫、京东已经将电商门户做到极致的情况下，唯品会开创了专门"特卖网站"这一新品类。当康师傅在方便面领域的霸主地位已经无可撼动的时候，曾经的五谷道场重新划出了一个方便面的新品类：非油炸。

从2014年开始，小贷业务竞争变得越来越激烈。"飞贷"做出一个选择，即做全球首款的手机贷款App飞贷。下载这个App后，消费者用3分钟、4个步骤就可以申请到最高30万元的贷款。仅仅用了半年，就成为中国第四大互联网金融贷款企业。

如果说品牌价值的独占性更多的是基于自身的战略定位与优势而确定的，那么差异性则是根据竞争对手的情况而确定的。假设是一个手机品牌，那么在"拍照手机用OPPO，性价比最好是小米，时尚人士用苹果，商务人士用华为"的情况下，你的差异化又体现在何处呢？这种品牌的差异化就是要在消费者心智中留下一个与众不同的品牌联想，告诉消费者一个选择你而不选择别人的理由。

"饿了么"刚进入市场的时候，已经有百度外卖和美团外卖，这两家平台知名度都非常高。百度是流量之王，美团有 1 亿 App 用户。当时，美团估值 70 亿美元，"饿了么"只有 7 亿美元。那么，"饿了么"还有没有机会？当然有，答案就在差异化上。

在消费者心智中，百度等于搜索业务，美团等于团购、酒店和电影票业务。于是，"饿了么"将自身价值的差异化定位选择在更为专一的"外卖"业务上。

最终，"饿了么"依靠这种差异化的价值定位，在消费者心智中留下了"饿了么"就等于外卖的品牌联想。到了 2017 年 7 月底，"饿了么"在中国白领外卖市场的交易额就已经排在了第一位。

在实际的市场竞争中，品牌价值自身的独特性往往就是与竞争对手之间的差异性。有一个很好的例子可以加深大家的理解。

在网约车和专车的竞争初期，前者打出了"如果人生如战场，至少车上躺一躺，全力以赴的你，今天坐好一点"；后者打出了"在夹缝中求生存"的价值诉求。问题是他们的价值主张都不同程度地体现在"乘车舒适"这个诉求上，没有形成独特性和差异性。此后，专车方面及时进行了调整：不心存侥幸，就不会身处险境。这样一来，就重新回到自己独特的差异化价值主张——专业、安全。

必须指出的是，无论是品牌价值的独特性还是差异性，都源于品牌价值的必要性。因为，如果消费者对你给出的所谓的品牌价值根本就是"不需要"或是"伪需要"的话，这个价值无论怎么独特，怎么具有差异性，也是于事无补，最终品牌也不会被消费者选择。当然，这种必要性是源于对消费者"痛点"需求的满足。换言之，只有消费者的"痛点"需求才能换来对品牌价值的刚性需求。

此外，还要注意价值性与独占性之间的关系。如果仅有价值性没有独

第三章 需要怎样的品牌——从价值到资产

占性,你就无法让消费者在纷扰的选项中最终决定选择你,就会陷入同质化竞争的"红海"。

在滴滴网约车与神州专车第一轮的竞争中,滴滴的品牌价值主张是:"如果人生如战场,至少车上躺一躺,全力以赴的你,今天坐好一点。"神州的品牌价值主张则是:"在夹缝中求生存,打的也是乘车舒适性的概念。"这样一来,彼此就没有了差异性。后来,神州做出了改变,强调专车的专业性和安全性,如此就形成了自身价值的独特性。同时,仅有独占性没有价值性也不行,因为独占性是形式,价值性才是本元。

在此特别要指出的是,消费者所忠诚的是价值,而非品牌本身。消费者对品牌的所谓忠诚其根本是源于对品牌价值的忠诚,而非是对品牌本身。当柯达无法为消费者提供数码相机这种产品价值的时候,当索尼无法为消费者提供 MP3 这样的产品价值的时候,特别是当诺基亚的 Symbian 系统平台无法再为消费者提供像安卓和苹果系统那样好的智能体验的时候,消费者义无反顾地抛弃这些曾经是各自领域的霸主。

其四,品牌价值还要具备持续性。所谓的百年品牌一定是能够持续地满足消费者与时俱进的需求,这样才能拥有持续性的品牌价值。而这一切都源于企业源源不断的技术创新。我们以奥迪为例,看看这个百年品牌的技术创新之路。

奥迪品牌诞生在 1909 年,在 1910 年正式更名为"Audi"(奥迪),至今已经有 110 年的历史。

1911 年奥迪就采用了铸铝发动机、干式气缸套、四轮制动等技术与工艺,质量和性能都居于领先地位。

1921 年,奥迪推出了世界上第一款左舵车,时至今日,左舵驾驶依然是世界的主流和标准。

1923 年,奥迪在六缸发动机里安装了世界上第一个空气过滤器。最早应用空气动力学,流线的车身设计独领风骚。

1927 年，奥迪推出第一款 8 缸发动机豪华轿车。

1931 年，奥迪在世界上第一个推出前驱技术，至今 80% 的汽车仍然采用此项技术。

1934 年，奥迪首次将发动机安置在驾驶座后方。中置引擎布置方式从此问世。

1936 年，奥迪在德国第一次系统引入了车辆安全碰撞，树立汽车安全的划时代标准。

1980 年，世界上第一款四轮驱动轿车诞生，全时四驱系统令车四驱化成为现实。

1982 年，世界上最低的风阻系数车型诞生，风阻系数达到惊人的 0.30，引发低风阻潮流。

1986 年，奥迪让世界上最快的机械魔兽从此诞生，从静止加速到 100 千米仅用 2.3 秒。

1989 年，世界上第一款柴油直喷轿车诞生，柴油直喷技术在世界上第一次成功应用于量产轿车。

1994 年，奥迪全球独创的全铝豪华车身轿车诞生，引发汽车轻量化革命。

1999 年，世界上第一款扭矩传递能力达到 310 牛米的变速箱在奥迪诞生。

2002 年，奥迪多媒体交互系统 MMI 诞生。

2003 年，双离合变速器诞生，直接换挡变速箱第一次装配在奥迪汽车上。

2004 年，奥迪 A4 成为使用 FSI 燃油直喷技术的第一款量产车型，奥迪 A3 首次搭载涡轮增压燃油直喷 2.0 TFSI 发动机。

2005 年，更安全的奥迪侧向辅助系统诞生。

2008 年，新奥迪 A6 系列车型全球首次装配 3.0 TFSI 发动机。

2008 年，奥迪推出驾驶模式选项系统，让汽车拥有不同的驾驶乐趣。

……

第三章 需要怎样的品牌——从价值到资产

在打造品牌应用价值的持续性的同时，致力于品牌价值观的持续性。因为，核心价值观是品牌与消费者之间建立信任、美誉、忠诚，乃至和谐关系的心智要素，只有持之以恒，才能获得消费者对品牌的深入的认识、深刻的认知、深度的认可与深远的认定。

乔布斯重回苹果不久便推出了著名的"不同凡想(Think Different)"广告。该广告宣扬了乔布斯认为苹果应该坚持的价值观，即"改变"。在乔布斯逝世近三年后，苹果CEO蒂姆·库克在接受美国著名商业杂志《快公司》（Fast Company）的专访时仍然强调，苹果其他东西都可以变，但核心价值观不能变，即坚决不能墨守成规，要大胆创新，摆脱传统思维束缚。

品牌之所以成为品牌是以价值为始，没有价值便不能称之为品牌，也无法成为真正的品牌；而品牌价值产生的逻辑就是由企业所拥有的核心技术转化为高品质的产品或服务，再转化为消费者的利益。由此，品牌的价值取向是基于消费者需求的变化。对于这种变化，品牌只有更好地理解之、贴合之、顺应之、融入之，最终满足之，才能与消费者建立起亲密的品牌关系。对于优秀的品牌，则可以引领之、倡导之、改变之、创建之，从而让消费者成为品牌的追随者。

第二节 产品卓越是"根"

任何处于竞争态势的事物都要具备两种能力：一是核心竞争力，二是持续发展力。对于企业的市场竞争也是如此。从企业自身来讲，产品和服务以及它们共同成就的品牌无疑是核心竞争力，而创新则是企业的持续发展力。用持续的创新力为消费者不断地提供具有高品质的产品和服务，同时，对消费者需求不断地进行深入挖掘，不断地提出价值主张并逐个实现，价值的创造和价值的传递总是让消费者喜出望外且充满期待。

那么，品牌作为企业的核心竞争力，其市场竞争的价值又体现在哪里呢？我们将"品牌"二字拆分开来解析。

"品"代表什么？代表产品的品质，即包括产品的功效性和安全性在内的产品质量。"牌"是什么？狭义讲，是招牌，也即品牌形象；广义讲，是消费者关系。因此说，品牌的核心价值构成就是"卓越的产品品质＋亲密的消费者关系"这双重要素。

根据《美国营销策略谋划》的研究结果：91%的顾客会避开服务质量差的公司；其中80%的顾客会另找其他方面差不多，但服务更好的企业；20%的人宁愿为此多花钱。美国哈佛商业杂志1991年发表的一份研究报告显示："再次光临的顾客可为公司带来25%～85%的利润，而吸引它们再次光临的因素首先是服务质量的好坏，其次是产品本身，最后才是价格。"

这其中，产品卓越是基础，是根本。正如前文所析，在马斯洛"人类基本需求层次理论"中，与产品质量有关的需求是最广泛的塔基需求。也就是说，无论时代如何变迁，人们都不会愿意花钱购买功效低下、安全性差的产品，这是人性使然。即使是在互联网营销大潮席卷整个市场的今天，作为互联网的原住民们，他们也将产品质量视为品牌选择的首要条件。据艾瑞咨询于2016年3月发布的《90后VS80后时尚品牌偏好研究报告》和知萌咨询于2017年5月发布的《中国品牌消费行为调查报告》中的数据显示，有将近一半或以上的80后、90后在注重品牌的首要选项方面都不约而同地选择了产品质量。

无疑，质量是品牌本质的内涵要素，是品牌核心的价值体现，是所有品牌价值的前提和基础，是企业品牌战略的第一保障；是消费者认知品牌的第一印象，是消费者认同品牌的第一感受，是消费者认可品牌的第一评

第三章 需要怎样的品牌——从价值到资产

介,是消费者认定品牌的第一选择。

无论是三星手机爆炸事件,曾使三星电子在2016年9月21日早盘暴跌5%,随后跌幅更是高达7%,出现自2012年以来的最大跌幅,还是iPhone 8系列上市后出现的手机燃烧事件,曾经让苹果市值蒸发了500亿美元,这一切都说明品牌是占据消费者心智和赢得市场竞争的核心要素。

必须要指出的是,今天的产品品质已经不是单纯的产品质量,而是包括产品的市场适应度、产品的需求适配度、产品的体验适宜度,产品的个性化、定制化,以及与环境和社会的友好度在内的综合性的要素评价。就像大众汽车,尽管产品质量上并无大碍,但车辆在正常驾驶期间排出的氮氧化物竟然是标准的40倍。问题就出在了社会友好度上,因为负面消息使得公司股价曾暴跌30%,一个季度的亏损就高达17亿欧元,最终付出了高达数百亿欧元的代价。

由此可见,产品品质是品牌的根本,只有卓越的根本才能长出品牌价值伟岸的"枝干"。

任正非说:"在大机会时代,千万不要机会主义。"这句话背后的含义就是对基于产品创新与品质的坚守。

华为在全球设立了16家研发中心,拥有17万员工,其中研发人员7万名,博士1万名,公司级院士14名,各领域的专家2000名。近三年以来,约有700名世界顶尖科学家加入华为。华为轮值CEO郭平在新年致辞中称:"28年来,我们从几百人对准一个城墙口冲锋,到后来,几千人、几万人、十几万人对准一个城墙口持续冲锋,从不畏惧,决不屈服,英勇奋斗。我们现在每年投入1000多亿人民币(研发约500亿元、市场服务约600亿元),仍然对准同一个城墙口。"

直至今天华为才有了与美国抗衡的底气与实力。

在我们打造卓越的产品的同时,我们还要正确认识牌产品品质与市场营销之间的关系。说至此，需要说一说曾经风靡一时的概念"互联网+"。许多非常一般的产品被互联网营销瞬间"捧红"，成为一个个令人眼花缭乱的"爆款"。许多传统企业为之困惑过，乃至迷失过。到底是产品重要，还是营销重要？笔者一直在思考：对于传统企业，我们拿什么去跟"互联网+"，又去跟"互联网+"什么？

早在十几年前就有"先有市场，再有工厂"概念，它曾经创造出的市场辉煌让人赞叹不已；而如今，这个曾经风靡一时的概念和曾经的辉煌却始终没能成就一个伟大的企业。对于今天的互联网企业又何尝不是如此。也许很多人有认识上的误区，以为互联网思维的核心价值在于营销。360公司董事长周鸿祎则认为，如果说互联网催生了许多伟大的企业的话，那么这些伟大的企业一样都是基于伟大的产品，而不是伟大的营销。互联网的方法论归根结底就是基于产品的方法论。

陈春花在《企业提升营销能力的六个方向》一文中说："中国企业在产品研发能力和产品实现能力方面比较欠缺。当产品的研发与实现跟不上的时候，再多的传播也是没有意义的。在这方面，很多企业都有过教训，像一些初创企业，整个传播的渠道可能都已经做好，但是产品方面却没跟上去。营销活动的第一个落脚点是产品的研发和产品的实现，要先把这件事落实好。"

诸如皇太极、雕爷牛腩这些曾经的"网红"们如今早已是，明日黄花。一方面，雕爷牛腩价位属于中档餐饮的价格，但是口味对比同类竞品并没有十分鲜明的特色，又只有四道主菜，不仅客单价略高，菜品口味也一般。因此，当消费者吃过之后便很难有再去吃的动力。另一方面，网络营销过度与消费者预期形成落差导致了消费者心理期望过高，部分消费者在线下实际消费后发现与预期感受存在一定差距，这也就使得消费者二次进店消费率不高。

究其原因，产品品质是问题的关键。餐饮行业的消费者对产品的追求

/ 第三章
需要怎样的品牌——从价值到资产

是够不够好吃,"网红"餐饮的营销效果固然不错,但如果菜品不佳,只会加剧负面口碑,一样会失去顾客。

即使是海底捞这样的企业,虽然是以优质服务作为赢得竞争的法宝,但依然要"回到原点"。2019年4月2日,海底捞创新之源海底捞国际控股首席战略官周兆呈博士在谈到"企业创业与创新"话题时强调:"海底捞的创新之路就是回归原点,即环境、卫生、食材、口味、服务——餐饮行业最基础的五大因素。"

的确,对于互联网思维,无论是用户至上还是注重体验,其前提都是为用户提供优质的产品和服务。

酷六网的创始人李善友在谈起自己的创业失败史时曾说:"当时从搜狐和新浪出来创业酷6的时候,没有什么产品概念,融资,跑大客户,跑媒体,跑政府,这是他认为做CEO最主要的事情。后来才发现,他最大的错误是根本没有产品意识。他后来反思道:'如果上天给我一个机会,我愿意屁股坐在产品经理和工程师旁边。'因为,不是凭借产品获得的东西,就算是一时获得了,有一天也会失去。"

由此可见,无论是对于传统企业还是互联网企业,其市场价值交换的前提都是基于为消费者提供优质的产品和服务;对于互联网模式,没有一个让消费者既满意又喜欢的产品,那么吸引消费者、汇聚消费者并形成商业模式就是一句空话。一旦产品品质出现问题,即使今天有几个亿规模的消费者基础,明天都有可能一无所有。

正因为如此,无论是马化腾还是周鸿祎,无论是乔布斯还是雷军,都是企业最大的产品经理。因为在他们看来,对品质的无限追求才是对消费者最大的尊重,才能换来最好的消费者体验。这样才会最大限度地将消费者"黏"在自己的平台上,才能够让消费者最大限度地反哺企业,共同创造和提升产品价值。

在"传统企业+互联网"的过程中,一定不能迷失自我,更不要舍本求末，不能因重视互联网所带来的营销新变化而忽略了对产品品质的打造。这样不仅不能获得"互联网+"所赋予的翅膀，反而背离了互联网核心的理念和精神。就像那些所谓的"网红餐厅""爆款产品"，好看、好玩、好听是他们带给消费者的附加价值。"漂亮的营销外衣"确实能吸引顾客第一次消费，但不能指望用来满足顾客第二次、第三次的原始的需求。因此，也就无法构建起品牌的核心竞争力和持续发展力，也就无法完成一个品牌从知名度到信任度，从美誉度到忠诚度的真正成功。

"+互联网"，用什么+？+什么？我们给出的答案是：用传统企业卓越的产品去加互联网理念与模式下的消费者关系。

最后必须要指出的是，产品虽然是品牌之根，但它并不是品牌的全部。产品更多的是满足消费者的需求，是满意；而品牌是让消费者产生偏爱，是喜欢。只有偏爱、喜欢才能赋予品牌以信任度、美誉度，乃至忠诚度，才能使品牌拥有溢价的资格和能力，才会最终为品牌带来非同一般的市场转化与财务贡献。

第三节　消费者关系是"花"

"成功的背后蕴藏着娃哈哈的企业及市场文化内涵，即'想消费者之所想，急消费者之所急'。娃哈哈之所以能够成为深受广大消费者喜爱的大众品牌，正是因为它恰如其分地体现出了'大众'的确切含义——它与消费者贴得很近很近，这正是娃哈哈取得成功的核心所在！"

这是笔者在多年前为娃哈哈的"营养快线"的营销案例所撰写的题为《与消费者贴得很近很近》的"编者按"中的一段话。从中我们看出，与消费者的关系的远近是决定一款产品能否取得市场认可的关键所在。

第三章
需要怎样的品牌——从价值到资产

扎克伯格先生在演讲时强调:"你必须拥有心系他人的目标。"其实,对于品牌也是如此。

但是,在与消费者之间关系的问题上,许多中国企业都存在着根深蒂固的认知偏差。

中国一个行业企业家代表团访问30多家美国企业。在这30多家美国企业当中最年轻的一家有76年的历史,最老的一家有156年的历史。在访问过程中有一个非常奇特的现象,值得深思。

中国企业家询问美国企业家的时候提及最多的两个问题是:你的企业有多少人?销售额有多少?

美国企业家提及最多的两个问题是:你有多少用户?你对顾客价值的贡献所占的比率是多少?

这些活了70多年甚至百年的企业最关心的问题到头来还是顾客,还是顾客的价值以及对顾客价值的贡献,这实在值得我们反思。

在最初的4P理论的基础上,营销的维度变得越来越复杂,直至"4P+4P+2P"的10P理论出现。

前4P:探查(Probing)、分割(Partitioning 即 STP 的市场细分)、优先(Prioritizing 即 STP 的目标人群)、定位(Positioning 即 STP 的产品定位),是战略。后4P:产品、价格、渠道、促销,是战术。最后2P:公共关系(Public Relations)和政治权力(Political Power),是新的营销技巧和力量。

在这10P以外,科特勒又重申了另一个"P"的重要性。那就是"人(People)",这才是所有"P"中基本的和最重要的一个。

毋庸置疑,一切市场行为都是围绕"人"展开的,产品价值最终是需要消费者来转变成市场价值的,因此消费者是整个营销链条中最为重要的结果呈现的环节。"人家的产品和你们家的差不多,还便宜好多。"这句大家耳熟能详的话其实是在说明一个现象,即在产品竞争时代很多产品的确都"很像",但在今天和未来,"像"已经不代表一样。一样的是产品,不一样的是与消费者之间的关系。

在2000—2018年"全球100强品牌榜单"中，我们发现，19年间，一直保持在全球品牌榜单中有36家公司，分别是：阿迪达斯、亚马逊、苹果、宝马、百威啤酒、思科、花旗银行、可口可乐、高露洁、迪士尼、福特、通用电气、吉列、Gucci、现代汽车、惠普、IBM、宜家、英特尔、家乐氏、LV、麦当劳、奔驰、微软、雀巢咖啡、耐克、松下、百事可乐、飞利浦、三星、SAP、壳牌石油、索尼、星巴克、丰田、大众。

这些品牌有一个共同的特征，就是每一家品牌人们都耳熟能详，在各种生活场景中都有关于这些品牌的消费者接触点，企业正是借助这些接触点，不断向消费者传递品牌内涵，最终都成为与消费者之间关系最近的品牌。

在产品竞争时代，只要是在功效性和安全性上获得消费者的满意就可以形成购买，但是在产品过剩的时代，单从产品本身层面能够让人们满意的产品已经很多。因此，在满意的基础上"喜不喜欢"就显得尤为重要。就像一个人寻找恋爱对象，可以列出让他"满意"诸如身高、相貌、学历、收入、家庭背景等的硬性条件。如果以这些条件放眼去寻找，从理论上讲可以有成千上万的符合者。那为什么最终选择了"那一个人"呢？那个人一定是在这些令你"满意"的条件之上，还有许多让你"喜欢"的东西，诸如气质、修养、共同的价值观等。

满意是消费者对产品功效的信心，对安全使用的放心，对服务过程的舒心，对享用过程的开心；而喜欢则是基于对品牌形象的认知，对品牌文化的认同，对品牌行为的认可，对品牌价值的认定。在产品竞争时代，企业大多是对自己的产品"是什么"进行承诺；而在品牌竞争时代，企业需要对消费者的感受和体验进行承诺（就像在就餐的选择上，现在"吃什么"已经不是决定性因素，而"在哪吃""跟谁吃""怎么吃"成为人们决策的重要考量因素）。因为，在对产品选择上，基于条件的理性判断、基于

第三章 需要怎样的品牌——从价值到资产

情感的感性吸引已经发挥出更为重要的作用。

全球经济一体化，好产品的稀缺性，品牌信息的不对称性都已不复存在。单纯的产品卓越已经无法赢得市场。无论是消费者的体验感受，还是情绪反映都已成为市场营销中的重要资源；消费者的需求、创意、意见和口碑都将成为品牌价值的导向和构成；企业的管理、研发、生产、营销都要以消费者为先导而展开。

2004年，美国市场营销协会（AMA）对营销重新定义："市场营销是一项有组织的活动，它包括创造价值，将价值通过沟通输送给顾客，以及维系管理公司与顾客间的关系，从而使公司及其相关者受益的一系列过程。"从中我们可以看到，"维系管理公司与顾客间的关系"成为营销中非常重要的一个维度。

1985年，美国营销学专家巴巴拉·本德·杰克逊提出了"关系营销"的概念。他将营销活动看成一个企业与其消费者、供应商、分销商、竞争对手、政府机构和社会公众发生互动的过程，营销的核心是建立、发展、巩固企业与这些组织及个人间的关系。他特别强调，只有与用户建立了紧密而长期的关系，才能持续从中获利。

说到与消费者的关系，有一个问题值得我们深思：对于传统的制造型企业，从"顾客是上帝"到"以人为本"，再到现在的"以消费者为中心"，尽管这类口号已经高呼了十几年，为什么一直以来都是一个伪命题，都无法真正做到让消费者喜欢呢？这其中根本性的原因是什么？也许，根源就在于企业与消费者或是客户之间的关系发生了根本性的变化。

对于传统企业，无论是资源导向，还是技术导向、渠道导向，它与消费者之间关系的建立是置于产品研发、生产、销售之后，即企业获得利益之后（传统企业处理消费者关系的部门往往都是"售后"服务部）。因此，传统企业对消费者关系的定位是：销售利润的提供者，售后问题的提出者，经营成本的构成者。在这种定位之下，每当消费者在售后提出问题或进一步服务的需求时，企业会本能地认为，反正我的货已经卖出去了，后面的事情就是消费者在找企业的麻烦，在增加企业的成本。滞后的、居高临下的客户关系势必导致他们最终与消费者之间的关系在信息上是不对等的，在地位上是不平等的，就更别提"亲密"了。因此，才会有那么多的投诉无门、欲哭无泪。

其中有一个重要的原因，就是在传统营销中，消费者关系在很大程度上是缺失的。上广告——铺货——促销，曾经的中国营销三板斧成就了一大批传统营销时代的中国品牌。一般由公司的市场部承担。这些营销工作在传统企业里，基本上都集中在顶部认知的管理，所有的营销创新都集中在推出更有吸引力的信息传递；而交易管理是由销售部具体负责，或者由合作的销售渠道来完成。因此，在传统企业里，维护消费者关系这个职能也同样是缺失的。在海尔也曾经是"只有人管销售，没有人管客户"。

新兴的互联网企业的商业模式与传统企业完全不同，关系与交易能力不再受空间的限制。从观念上，无论是"用户至上"还是"注重体验"，那些所谓的"互联网思维"其实都是围绕着"关系"而展开的。

他们一般是先创建一个线上应用平台，通过免费满足消费者的基础需求来吸引流量，然后再用极致的体验留住人气，随之再去发现、引导、创造新需求，将消费者转化为客户，最终合力打造出平台的商业价值，再"一起"去吸引更多的客户。在这其中，消费者或客户成为品牌价值的基点和基础，参与了品牌价值从孕育到成长的全过程，倾注了智慧和情感，他们始终是品牌价值共同的创造者和支撑者。

当我们以关系作为一个战略维度来审视那些现象级的互联网公司的时候，你就会发现有这样几种关系。

（1）粉丝关系。小米手机绝对是与粉丝关系最密切的品牌，因此成为中国粉丝经济的旗帜企业。

（2）社群关系。小红书是着眼于爱美女生的关系，打造美妆分享的社群。

（3）会员关系。盒马鲜生就是"玩"会员，它把"会员关系营销"提升到了一个新高度。

（4）拼团关系。业界认为，拼多多是基于"关系"的刻度创新，从微信社交关系中获得企业发展的动力。

由此可见，在互联网经济中，关系不仅仅是一种售后服务的体现，也不是营销中那些不得不面对的问题，关系已经成为互联网品牌在战略层面上的核心竞争力与持续发展力。

在咖啡领域，品牌是星巴克最优，性价比是麦当劳最优，那么，新崛起的A咖啡的核心竞争力是什么呢？是"关系"，是消费者之间的关系。A咖啡将自身的定位设立为社交饮品，通过大量的"买几送几"的营销手段让消费者手中"囤积"大量的外卖咖啡券。于是，群体性集中消费模式应运而生。我们经常会看到这样的一种场景：在团队开会时，桌子上会有一大堆的小蓝杯，开会者几乎一人一杯。

A咖啡试图抓住的就是一种"关系场景"。

正因为如此，新兴企业对消费者或客户关系的定位是：产品需求的提出者，商业价值的共建者，销售利润的贡献者。他们与消费者或客户之间关系的建立是置于产品研发或者平台打造之前或之中的。正如360公司董事长周鸿祎在其首部著作《周鸿祎自述：我的互联网方法论》中指出的，互联网思维有四个关键词，即消费者至上、免费模式、消费者体验、颠覆式创新。由此可见，消费者至上是互联网思维的灵魂、核心。

阿里巴巴在美国上市时，特意选择8名客户上去敲钟。马云对此解释道："这不是要表达什么信息，而是一种自然的行为。首先，我们一直相信'客户第一，员工第二，股东第三'，这是我们的信念。让8名客户上去敲钟，是我们30位合伙人全体通过的。其次，我们努力15年就是为了客户的成功，这是我们的目的所在。"这从一个侧面印证了马云一个朴素的观点："给谁干"永远会比"怎么干"重要得多。

因此，传统企业已经到了必须要重新审视消费者关系以及如何对待消费者关系的历史关口。

首先，要彻底扭转"以我为主"的思想观念。对此，任正非在2019年5月接受媒体采访，在谈及华为的"以客户为中心，为客户创造价值"的哲学之后特别强调："客户心甘情愿把钱给你，你必须要提供好的商品，为他提供需要的服务。所以，秘密就这一条。"

互联网企业认为，不管有没有付钱，只要是我的使用者，我就给他提供最好的产品或者服务；传统企业则认为，企业为付钱的客户提供产品或者服务，不付钱就没有权利使用产品，没有权利享受服务。再如，互联网企业认为，我们做什么，取决于消费者需要什么，不然我们的商业价值从何而来；传统企业则认为，做什么产品是企业自己的事，无须跟消费者打报告。还认为，只要我们生产出高品质的产品，消费者就一定会接受，就一定会购买。

随着产品的极大丰富，消费者的选择空间日益扩大；随着信息的多元化和便捷化，消费者对产品及品牌的了解已经摆脱了不对称和不对等的境地；随着互联网社区文化的盛行，使得基于消费者口碑效应而形成的推荐模式，已经成为品牌营销中的最重要的引擎。正如马云所言，"原来的大企业都是帝国思想"。但是，这种强势的、以我为中心的观念在21世纪是不会成功的。

这是因为，无论是消费者的体验感受，还是消费者的情绪反应都已成为市场营销中的重要资源。消费者已经真正做到了"当家做主"，成为消费链条中的主体。那种曾经让传统制造企业风光无限的"先有技术和工艺，再有产品，再做渠道，再打广告"的经营模式已经成为明日黄花。这样一来，产品的卓越与否已经不再是决胜市场唯一的必杀技，与顾客

第三章 需要怎样的品牌——从价值到资产

亲密的程度成为又一个衡量和考验企业核心竞争力和持续发展力的重要标志。

其次，市场竞争的态势也随之从最初的以市场跟进为导向，什么好卖就做什么的产品同质化竞争的"红海"竞争模式，以及以差异化为导向，人家没做什么，做不好什么，我就做什么的"产品+服务"差异化的"蓝海"竞争模式，发展到以市场需求为导向，以"创造消费者价值"为核心，需要我做什么，我就做什么的"绿海"竞争模式。以消费者为导向已经成为企业竞争策略与品牌营销模式构建的支点。海尔的张瑞敏先生一再强调：企业的上级是谁？员工的上级是谁？就是消费者。所以，给消费者创造了价值，就有薪金；没有消费者价值，就没有薪金。红海、蓝海、绿海竞争示意图，如图3-2所示。

需求导向
创造消费者价值
需要做什么，就做什么

绿海竞争

跟进导向
产品同质化竞争
什么好卖，就做什么

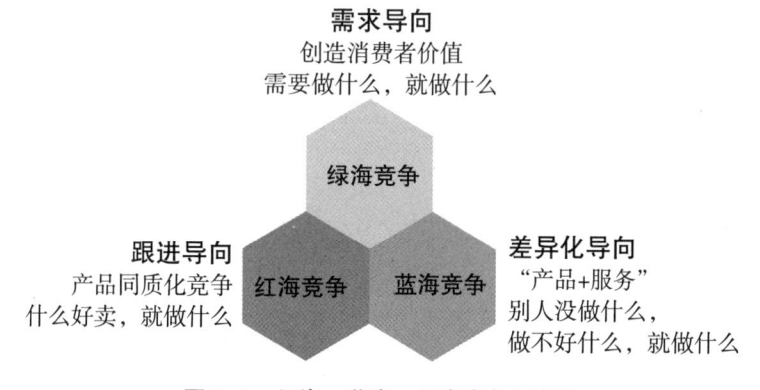

红海竞争　蓝海竞争

差异化导向
"产品+服务"
别人没做什么，
做不好什么，就做什么

图3-2　红海、蓝海、绿海竞争示意图

为此，我们认为，未来以消费者为中心，以构建亲密型消费者关系为路径，以创造消费者价值为目的的企业发展模式将会是：根据消费者的需求或潜在需求，以及市场的空白点，结合自身的资源优势、研发优势、生产优势和渠道优势，确定并制造出能够满足消费者需求或潜在需求的产品，然后通过消费者自己的方式，以消费者的语境和语言，将产品、品牌信息传递出去。同时，结合产品和品牌创造出与目标消费者价值观、生活方式相一致的，与他们息息相关的，又是他们喜闻乐见的内容，完善他们的知识需求，营造他们的氛围需求，顺应他们的情绪需求，以此来建立起亲密型的客户关系，形成对市场强大而持续的行销力和溢价力，构建起强大的品牌资产。

由此可见，企业对消费者的争取必将成为市场竞争的主旋律，消费者资源也必将成为企业经营的核心资源，消费者心智也必将成为市场营销的不二靶向。企业要义无反顾、时不我待地向唯"人"主义转变。从顶层设计上，将消费者和企业视为品牌的共同主体，让品牌具有消费者、企业的双重基因。

最后，让我们牢记董明珠女士的这段明示：

"销售就是建立关系，建立感情，一切成交都是为了爱。

情感的关系大于利益关系和合作关系，要与顾客有深层次的情感交流，最终让他喜欢上你。

销售时传递给顾客的第一印象：我就是你的朋友，所有顶尖高手都是会把客户当家人的人。"

由此，我们总结出，品牌价值的核心要素是卓越的产品品质与亲密的用户关系，如图3-3所示。

品 功效+安全=产品品质	卓越的产品品质	满意 喜欢 依赖 忠诚 信仰	品牌价值核心要素
牌 形象+体验=用户关系	亲密的用户关系		

图3-3 品牌价值核心要素示意图

第四节 品牌资产是"果"

毋庸置疑，企业的首要发展诉求是赚取一定的利润，不然就没有投资回报，就没有税收贡献，就没有创新研发，也就无法满足消费者不断变化的需求，无法为消费者创造更具竞争力的价值；而利润的获得需要价值之间的市场转化。市场转化的路径有很多，比如打价格战，搞促销能够在一定阶段内、一定条件下拉动市场转化，为企业带来利润，但从资产的角度看，这种市场转化是不可持续的，不是高附加值的，最终是以牺牲经营利润、产品研发和服务质量为代价的。正如任正非先生所指出的那样："低价格、低质量、低成本会摧毁我们未来的战略竞争力。企业必须有合理的盈利，才会去持续投资研发。没有适当的利润积累，实际上是在战略上破坏这个产品。"

对于企业为什么要做品牌，品牌能给企业带来什么，大家仁者见仁，智者见智。在笔者看来，品牌就是帮助企业通过广泛而深入的认知转化实现高附加值、可持续的市场转化；而这种市场转化，无论是因品牌溢价所带来的财务贡献所形成的有形资产，还是因品牌影响所带来的非财务贡献所形成的无形资产，都会使企业的资产总值得到有效的提升。只有获得相应的利润，企业才能可持续性地发展。

我们需要明白的是，无论是产品卓越还是消费者亲密，对于企业来说都是手段，而通过两者的合力提升经营效益，提高企业的市场溢价能力，构建企业的无形资产，最终实现厚利性的持续发展，才是品牌建设的最终目的。这也是为什么说品牌营销是最高级别的市场竞争模式的依据所在，也是与诸如促销等其他营销方式最根本的区别。

所谓品牌资产是指只有品牌才能产生的市场效益,或者说,产品在有品牌时与无品牌时的市场效益之差。品牌的名字与象征相联系的资产(或负债)的集合,它能够使通过产品或服务提供给消费者的价值增大(或减少)。

品牌资产分为有形资产和无形资产。有形资产是通过品牌溢价来实现的。据统计,我国的很多品类产品价值相当于发达国家的40%~60%,例如,顶级空调品牌溢价权值仅为大金空调的60%,顶级冰箱品牌的售价仅为欧洲米勒冰箱的6.25%,产能第一的手机品牌售价仅为苹果的65%,顶级商务服饰品牌售价仅为国际同类品牌的40%,顶级运动品牌的售价是国际同级品牌的60%。再比如,在我国一条普通贴牌的牛仔裤的出口价只有5~6美元,但同一条牛仔裤贴上VIGOSS的标签,就可以卖到20美元。通用电气采购中国的格兰仕微波炉,然后贴上自己的牌子,价格马上就比原来高出好几个档位;耐克从中国制鞋厂花120元买走的运动鞋打上"耐克"品牌,售价就蹿到700多元;索尼彩电曾经在中国一年50万台的销量所获得的利润,超过了中国所有国产彩电品牌的利润总和。

这一切都要归结于品牌的力量。有研究表明,有70%的用户需要使用品牌来指导他们的购买决策,有50%或更多的购买行为是品牌驱动的,有25%的用户声称如果购买他们所忠诚的品牌价格则无所谓;其中有72%的用户愿意多付20%的钱、50%的用户愿意多付25%的钱、40%的消费者愿意多付30%的钱来买自己喜欢的品牌。

那么,品牌的有形资产又是怎样形成的呢?

有学者将品牌资产分成浅层构成和深层构成。浅层构成是品牌知名度、信任度(形象贡献),它们是品牌资产构成中最基础的两项。知名度、信任度仅仅是品牌成功的基础,并不能构成竞争者难以复制的优势;而深层构成则是品牌美誉度、品牌忠诚度和品牌溢价能力。品牌美誉度是产品能够为品牌主带来更多的市场份额和丰厚的利润的(财务贡献)。

第三章 需要怎样的品牌——从价值到资产

一般来讲，品牌知名度是指某个品牌被公众知晓和了解的程度，是评价品牌名气大小和影响"广度"的指标。品牌美誉度是指某品牌获得公众信任、好感、接纳和欢迎的程度，是评价品牌声誉好坏和"深度"的指标。品牌忠诚度是指某品牌被消费者多次选择和购买的稳定程度，是评价品牌的"深度"指标。品牌溢价则是愿意为品牌支付的超常花费，为企业带来厚利性利润。

这朵绚丽的由品牌美誉度、忠诚度和品牌溢价三个"花瓣"构成的亲密型消费者关系的"花"所结出的正是品牌资产的"果"。

其中，品牌美誉度是在消费心理和行为中人们对某一品牌的满意和喜欢的程度，高美誉度是品牌成熟的表现。美誉度是通过长期的、细心的品牌经营，坚持不懈地保持良好的品牌形象，持续优化消费者的品牌体验（形象体验、产品体验、服务体验、文化体验）建立起来的。

一般来讲，品牌美誉度源于品牌的知名度和信任度，因为消费者只有对产品在认识、认知的基础上获得初步的信任时才会形成购买。但是，只有使用后在消费体验、产品体验、服务体验乃至文化体验方面达到一定的良好状态时，消费者才会在对产品满意的同时喜欢上品牌，之后才会形成赞誉。因此说，品牌知名度和信任度不一定带来美誉度，而同样忠诚度不是与知名度，而是与美誉度之间存在必然的逻辑关系。这是因为，从某种意义上讲，知名度具有两面性，就像是知名度可以"名垂千古"，也可以"遗臭万年"。有不少的所谓"恶俗"品牌广告采取的策略正是"宁可挨骂也要让你知道"。

品牌忠诚度是指消费者在购买决策中，多次表现出对某个品牌有偏向性的（而非随意的）行为反应，也是一种心理（决策和评估）过程。品牌忠诚度的形成不完全依赖于产品的品质、传播、品牌联想，它与消费者针对产品应用的特性和偏好密切相关，因此，可以通过不断优化产品体验，让产品购买和使用变成一种深度的心理依赖和审美，以及固化的消费习惯和生活方式，最终演化成对品牌的长期忠诚。

心理、情感、习惯的认同是基于消费者极佳的品牌体验。首先是产品体验，即对产品功效性、安全性、便捷性的满意；其次是服务体验，即对品牌的人性关怀、问题解决、沟通方式感到满意；再次是形象体验，即对品牌形象所体现的审美形成高度认同；最后是文化体验，即对品牌的世界观、价值观、集体人格形成高度认同。

品牌的忠诚度会反映在消费者的购买心理和行为中，例如，顾客重复购买次数（成正比），顾客购物决策时间的长短（成反比），顾客对价格的敏感程度（成反比），顾客对竞争产品的态度（成反比），顾客对产品功效的态度（成正比）。因此，有数据表明，与品牌印象相关的购买（忠诚购买、情感购买、满意购买、习惯购买）高达82%。还有一个"二八理论"，即80%的业绩来自20%的老顾客。维持一个老客户的成本仅仅为开发一个新客户的1/7。

品牌忠诚度的贡献首先是延长产品或者企业的生命周期。波士顿咨询集团曾经研究了30大类产品中的市场领先品牌，发现在1929年的30个领袖品牌中有27个，在1988年依然勇居市场第一。如吉列（始于1895年）、万宝路（始于1924年）、可口可乐（始于1886年）、雀巢（始于1938年）等。同样，我国的不少老字号在今天的市场竞争中依然有着品牌优势，如全聚德、同仁堂等。这就说明，品牌一旦拥有了广泛而深刻的心理认同、情感认同和习惯认同，或是深入地融入了消费者的生活方式中，即使其产品已历经更替，但其市场地位却可以经久不衰。

一说到品牌的无形资产，按照传统的定义往往是指企业拥有或者控制的没有实物形态的可辨认非货币性资产。无形资产具有广义和狭义之分。广义的无形资产包括货币资金、应收账款、金融资产、长期股权投资、专利权、商标权等，它们没有物质实体，而是表现为某种法定权利或技术。但是，从品牌对企业发展所形成的无形推动力，最终提升企业核心竞争力

three / 第三章
需要怎样的品牌——从价值到资产 / CHAPTER

和持续发展力的层面上，品牌的无形资产价值还应该体现得更为广泛。例如，为企业经营所带来的独特的优势，对于新产品事半功倍的业务增长，具有较高性价比的新兴市场的拓展，吸纳各种优质资源提升市场竞争能力，提升资本市场的盈利能力，形成长期稳定的市场份额，等等。

从独特优势来看，它可以体现在对原有产品价值与市场的拉动。有关英国王室最年轻的成员夏洛特公主的事例就非常能说明问题。在她刚出生的时候，据CNN财富网站报道，来自世界领先的独立无形资产评估和品牌战略公司《品牌经济》(Brand Finance)的数据表明，夏洛特公主对英国的经济将会有50亿美元的促进作用。如果我们将夏洛特公主视为一个品牌的话，她是具备所谓的"独特优势"的，并且这种独特优势的确为产品价值和市场拉动起到了无法比拟的作用。这种作用在夏洛特公主只在公共场合出现过两次（一次是出生，一次是受洗）的时候就已经显现了。只是她的出生，就给英国经济带来了价值1.5亿美元的进账。Brand Finance的首席执行官David Haigh曾证实："来自夏洛特公主、乔治王子，尤其是凯特王妃的非正式代言，每年都能为消费品牌带来数百万美元的利益。"特别是公主出生时披盖的那条蕾丝襁褓，在她的父母带着她在全球媒体前亮相后，这条围巾的销量就开始涨疯，这家英国皇室御用的老牌公司G H Hurt &Sons的一位高级管理人员表示，小公主的出场为公司带来了巨大的订单。一直到今天，与她有关的时尚产业和各种行业，都被证明存在"夏洛特影响"的巨大效应。

在吸纳各种优质资源提升市场竞争能力，促进新产品事半功倍的业务增长，具有较高性价比的新兴市场的拓展力方面，苹果的案例最具有代表性。以苹果iPod为例。它的设计在苹果公司，其微型硬盘、解码器、PCB板等由日本东芝、韩国三星和荷兰飞利浦等国际知名企业提供，电池、充电器、触摸滚轮和耳机等主要由中国的企业提供。同时，苹果公司将iPod的代工生产资格给了4家中国台湾企业；在销售上，苹果公司分别整合利用了沃尔玛、专卖店、经销商和代理商不同的渠道资源。这些合作商要么拥有技术优势，要么拥有低廉的劳动力，要么拥有区位优势，最终合力为苹果打造出小巧、轻盈，在美国市场上亮相时售价仅为299美元的iPod。单单2005年全球销售量就高达1500万台。这不仅压缩和封闭了其他公司类似产品的生存空间，还为苹果公司带来了惊人的超额利润。

这说明，优质品牌可以吸纳各种优质资源，构建产业竞争壁垒，提升自身的核心竞争能力和持续发展力。最为重要的是，品牌可以增强企业在全球范围内对产业链的充分利用和有效整合能力。因为，一旦成为世界级品牌就会占据整个产业链的顶端，就可以整合全球的产业链优质资源为其所用。如此一来就会进一步提升品牌的竞争力，形成更加坚固的品牌壁垒，甚至形成垄断性优势。这些优势最终会体现在为新产品的研发和推广创造出非常具有竞争力的性价比，为新市场的拓展提供强有力的冲击力。

《营销简史：一文读完百年营销史》中这样描述："竞争战略发展到极致，又出现了市场垄断学说。企业发展的极致就是占据行业和产业的制高点，掌控价值链或者关键渠道，提高市场壁垒和进入门槛，排挤潜在竞争对手，提高客户的转换成本和对客户的议价能力，从而达到垄断市场的目的。"

从提升资本市场的盈利能力方面，品牌无形资产体现在品牌所具有的可以用货币金额来体现乃至授权交易的价值上，而这些价值可以以品牌授权的形式形成交易。品牌授权已有100年的历史，被称作21世纪最有前途的商业模式。国际授权协会LIMA委托耶鲁大学和哈佛大学年度统计的报告显示，品牌授权已经成为1600亿美元的产业。在世界500强企业中，就有1/3是通过品牌联盟的方式实现扩张的。

"可口可乐之父"、董事长罗伯特·伍德鲁福说过："只要可口可乐这个品牌在，即便有一天公司在大火中化为灰烬，那么第二天早上，全世界新闻媒体的头条消息就是，各大银行争着向可口可乐公司贷款。"2002

第三章 需要怎样的品牌——从价值到资产

年可口可乐的市值达到1600多亿美元，而实际账面资产仅有160亿美元，90%的资产是无形资产。据报道，海尔集团通过签署《商标使用许可合同》(按销售额的8%收取商标许可费)，每年从上市公司G获得数千万元的品牌许可收入。交通银行北京分行曾推出"知识产权质押贷款"，可以用商标专用权进行1000万元以内的贷款，说明品牌作为一种资产已经被保守的银行界所接受。从形成长期稳定的市场份额上看，品牌可以为企业带来厚利的发展空间，这样企业就可以以更大的投入为产品研发赋能。依靠强大的产品研发力量，不断地创造出具有自主知识产权的核心技术，满足消费者的潜在需求，创造消费者的应用价值，直至形成独占性的竞争壁垒，最终为形成长期稳定的市场份额提供品牌支持。

这其中核心技术是关键。毋庸置疑，全球产业链都是由实力雄厚的跨国品牌主导。发展中国家的企业由于缺少核心技术，主要从事制造加工环节的生产。然而，无论加工贸易还是贴牌生产，制造加工环节付出的只是土地、厂房、设备、水、电等物化要素成本和简单活劳动成本，虽然投入很大，但在不同国家间具有可替代性，企业为争取订单，常常被压低价格。以富士康为例，富士康从苹果手机只能分享3.6%的价值，按零售价计算不足2%，付出的却是生态、健康，甚至是生命。

这就是苹果公司为我们带来的启示：单纯地扩大企业规模和资产重组都无法改变既定社会分工网络和产业链的构成，也就无法实现高附加值、可持续的效益增长。因此，只有以品牌为支撑抢占产业链的制高点，为企业发展打造出具有竞争力的无形资产，才能在竞争中让自己的产品或服务变得与众不同，才有资格整合世界级的产业链优质资源，才能赋予品牌高附加值、可持续的竞争力量。这是中国企业赢得世界竞争的必由之路。

第四章

如何铸造品牌——从规划到支撑

消费者与企业是品牌的共同主体。

——作者题记

第四章 如何铸造品牌——从规划到支撑

品牌系统性建设的路径是在企业整体发展战略指引下，建立起以市场要素为导向的品牌规划体系；在品牌规划的指导下，研发符合"生产要素+市场要素"双重评价标准的，具有很好的战略适合度、市场适应度、需求适配度、体验适宜度和社会友好度的高品质产品，构建科学、合理的品牌架构，制定清晰、精准的品牌内涵，打造独特、系统的品牌形象，搭建多媒融合、多方互动的品牌传播平台；在品牌价值驱动下，不断优化产品与服务体验，形成品牌美誉度、忠诚度和市场溢价，最终构筑强大的品牌资产。

第一节　以品牌价值为核心的战略导向

企业的发展需要战略的指导，战略是企业发展的方向与方针顶层设计。所有决定企业生死存亡的问题都应该属于战略的范畴，品牌也不例外。这是因为，企业生存与发展的核心目的是获取利润，而利润是通过市场来实现的。如何利用自身价值？在哪些领域和市场发挥自身价值？针对哪些竞争对手，以自身的哪些优势来实现高附加值、可持续的市场转化？这些问题的本质就是品牌。对此，需要我们做出的回答就是品牌战略。

营销大师菲利普·科特勒在《营销智慧》一书中指出："品牌营销是一套完整的客户价值创造体系，引领公司获取独特的竞争地位，它的核心是保持企业持续增长，它的本质是市场驱动型战略。"

品牌绝不仅仅是一种营销的手段或方式，更不仅仅是企业宣传的一种形象，它解决的是企业从发展方向的确定到自身价值的打造，再到价值转化的实现，它回答的是"企业是谁？""要想成为谁？""要做什么，不做什么？""企业能够给市场带来什么，能够满足客户什么，创造什么？"这些决定企业生存与发展的核心问题。它所解决的是企业如何将内部的综合实力转变为外部的市场竞争力，最终为企业赢得高附加值、可持续的未来发展的根本性问题和决定性问题。

"企业是谁？""要想成为谁？"这是企业宏观的战略定位问题。

陈春花、廖建文在《消费者主义，数字化时代的战略逻辑》一文中，将企业宏观的战略定位在纵向上分为推进者（II）、革新者（IF）、颠覆者（RI）和引领者（RF）四种角色，在横向上分为连接者、重构者、颠覆者和新生者。

（1）推进者。在原有的产品基础上，依靠现有技术的不断迭代，基于消费者真实的需求和痛点，满足消费者不同层级上的需求。如智能电视、智能牙刷等（电视与牙刷都是原有的产品品类，只是通过智能技术实现功能上的进一步赋能）。

因为是基于原有产品品类的渐进性改进，市场风险不大，故而在商业现实中存在数量众多的"推进者"。例如小米，就是通过对消费者需求的精准把握，以及产品更新上不断地小步快跑，持续为用户提供丰富的产品和服务。

（2）革新者。依然是基于现有技术的渐进性升级与组合，通过对消费者内心的渴望和期待精准的理解，来引领市场需求的变化。

因为，能够通过渐进技术来引领需求的机会并不多，同时要求企业对消费者有着独一无二的理解力和号召力，在现实的商业竞争中，"革新者"的数量很少。最典型的例子是苹果公司的iPhone和iPad。这两款产品本身并没有采用"前无来者"的技术，而是通过对一系列渐进技术（触摸屏、操作系统、指纹识别等）的组合，革新了我们对于手机和电脑的认知与应用。

（3）颠覆者。基于突破性的技术创新，基于消费者真实的需求和痛点，

第四章 如何铸造品牌——从规划到支撑

通过降低技术成本,在经济可行的范围内推出前所未有的产品或服务,来满足消费者更高的期望。

因为是基于突破性或是激进性的技术创新,对企业的综合实力有着较高的要求,所以相对应的市场机会不是很多,相应的企业较之"推进者"也要少很多。例如,"对症下药"一直以来是人们的迫切需求,为此华大基因通过降低技术成本,在深圳推行免费的"无创产前基因检测"服务,使得奢侈的精准医疗成为公共卫生项目。

(4)引领者。代表用突破性技术创造来引领潜在的消费者需求。若想成为"引领者",需要企业执迷于突破性技术的研发,同时对未来充满想象力,勇于引领全新的生活方式。

通过"潜在""执迷""想象""勇于"这些词语,我们不难领会,要想成为引领者,需要满足很高的要求,这就使得能够身列其中的企业更是凤毛麟角。例如,无人驾驶汽车是用智能驾驶技术重新定义出行,Echo智能音箱是用智能语音交互技术重新定义信息、内容与零售服务。

微软CEO纳德拉在《刷新》一书中说,在推行"云为先"战略时,反对的声音不绝于耳:"我们一直在赚钱,而现在出现了一个'云'的鬼东西,我们不想为它分神!"由此可见,企业到底是谁,或是选择成为谁,取决于企业的创新基因以及能不能舍弃确定性优势,能不能义无反顾地走出舒适区。

(1)是更倾向于调查分析消费者已有(而未被满足)的需求,还是感知和引领消费者的潜在需求?

(2)更倾向于沿着现有技术的轨迹不断更新升级,还是期望用技术的彻底创新来重新定义产品和服务的逻辑?

(3)是否一直持续跟踪技术的更新,并擅长利用技术的更新迭代来改进现有产品,对其进行升级换代,并不断地将其应用于自身的产品,使其对业务产生积极的影响?

（4）是否始终具有追求突破性技术的准备，并将收入/利润中的大部分用于具有突破可能性的研发工作，并为此给予长期的投入？

（5）是否始终具有长远的眼光和文化的定力，能够抵挡来自内部的阻力和压力？

（6）是否具有强烈的愿景和集体的精神，希望用技术的力量来改变世界？

无论是推进者和颠覆者，还是革新者和引领者，都是基于自身的内在价值逻辑定义的。如果我们将视角转换成横向的关联与连接，又能够从另外的一个维度来定义我们的战略定位。

（1）连接者。同时在"跨界"和"连接"上寻求突破，但并不赋予行业新的意义或定义新的价值主张。

连接者做了横向的"跨界"和"连接"，但没有在纵向上进行"赋新"。例如，"得到"并没有重新定义教育，也没有重新定义知识学习，但它把音频技术跟传媒跨界连接起来，把所有名师连接起来，最终获得了一个商业规模。其实，"快手"也是如此。

（2）重构者。是通过连接行业外部的新资源，给原有的行业带来新的格局和视角。

重构者们没有做"跨界"，但在原有行业里实现了"赋新"和"连接"。比如平安金融、e袋洗等。

（3）颠覆者。是同时在"赋新"和"跨界"上突破，但不连接原有系统之外的其他资源或要素。

比如，滴滴就是重新定义出行领域的一个颠覆者。它在跟顺风车连接，做内容的"一条"也是如此。

（4）新生者。是同时在"赋新""跨界"和"连接"三个维度上进行突破。比如，永辉超市、无人车。

值得一提的是，因为数字时代实施战略的空间可以不断地重新设定，

第四章 如何铸造品牌——从规划到支撑

所以会带给企业更大的发展空间，企业可以重新定义空间；而有欲望、有需求、有冲动对空间进行重新定义的，更多的是小企业。只有行业被重新定义，才会有新的发展空间，小企业才能够有机会弯道超车，赢得发展机遇；而对于大企业来说，一定不要过度迷恋确定性优势，要努力跳出舒适区，不然，一旦行业的边界被突破，游戏的规则被打破，大企业就会很快遭遇到巨大的挑战，导致转型的艰难。

在回答了"企业是谁？""要想成为谁？""要做什么，不做什么？"这些战略定位的问题之后，我们要面对的是"企业能够给市场带来什么，能够满足客户什么，能够为客户创造什么？"而这些就是品牌定位的问题。

正如陈春花、廖建文在《消费者主义，数字化时代的战略逻辑》一文中最后强调的那样："尽管企业可以根据自己对于消费者需求的理解，以及技术应用的倾向，选择成为推动者、颠覆者、革新者或引领者，但是战略思考的起点都要从消费者的需求出发，再通过技术的应用创造性地加以实现。"

因此，无论企业如何确定其战略的定位，最终都要回到品牌的基点，即满足消费者需求，为消费者创造价值。对此，我们要改变以往在品牌认识上"静止、片面、孤立"地看待品牌的形而上学的做法，突破以往在品牌认识上的局限与偏见，从战略的高度来看待品牌，将品牌战略置于与企业自身发展战略同样的高度。我们认为，企业的战略应该有两个核心的构成：一是企业的内部战略，解决的是企业综合实力构建的问题；二是企业的外部战略，解决的是如何将企业综合实力转化为市场竞争力，直至转化成利润的问题。

如果仅有企业自身发展战略，那么企业往往会成为单纯的以产品为核心的战略导向。以产品为导向的营销更多地表现为以企业自身为主导中心（企业发展战略，资源优势，以及对市场的主观判断），以产品要素为核心导向（如产品研发、专利技术、工艺设备等），以产品交换为营销取向（主要是以产品本身的价值，如功能性和安全性，与消费者进行利益交换）。

价格竞争是以产品为竞争主体模式下的最基本的竞争形式，也是最容易应用的竞争形式。因为产品的模仿、复制和跟进，导致出现同质化竞争，进而形成价格战的血拼，最终大多以牺牲利润、牺牲产品和服务质量为代价。因此，也就无法为企业带来可持续性的利润增长。

价值竞争是以消费者为主导中心，以市场要素为核心导向，以价值交换为营销取向，以塑造品牌为竞争手段。企业的营销模式只有进入以价值为主体的品牌竞争才会让企业摆脱惨烈的价格竞争，才能赋予产品更为丰富的价值内涵，才能让消费者对产品价值寄予更多的期望。最终才会让产品赋予消费者更高、更好的价值体现，因此为企业带来可持续性利润获得和厚利空间，正如菲利普·科特勒所言，品牌的核心是保持企业持续增长。

从价格杠杆到价值杠杆，充分体现了这个时代的市场竞争特征与消费行为特征，正如董明珠女士所强调的那样："买与不买，永远不是价格的问题，而是价值问题，要不断向消费者塑造产品的价值。"还是那句话：价值认同，价格就不是问题；价值不认同，价格永远是问题。

品牌战略还决定了是渠道竞争还是消费者竞争。渠道营销是以渠道经销商为主体，以销售政策为杠杆，以市场终端为营销中心，以媒体推广为驱动，以促销活动为手段的营销方式。消费者最终是依靠信息（广告）引导，通过渠道找产品，而渠道则凭借终端优势，聚集消费者，批发消费者。在渠道为王、信息为王的时代，渠道的价值毋庸置疑；但必须指出的是，渠道营销是以经销商为中心展开的，企业与消费者之间的关系是间接关系，而经销商或终端与消费者之间的沟通大多是局限于产品本身，而非企业或品牌。

第四章 如何铸造品牌——从规划到支撑

经销商与企业之间是纯粹的商业关系，对品牌没有产权的责任和义务。因此，能赚钱就卖，不能赚钱就一走了之。他们不会去花费人力、物力、财力去替企业构建消费者关系。同时，让他们与消费者面对面、零距离去做传播形象、影响心智的工作，又远非他们的专业擅长。因此，构建消费者关系，一定不能指望以渠道为中心而展开。

无论是产品营销还是渠道营销，在实际的市场竞争中，都是基于产品自身的基本属性，加之持续不断的价格竞争而展开的。这样一来，企业与消费者之间交换的价值单一，利润提升空间较小，极易使企业陷入同质化的"红海"竞争，最终引发竞品之间的价格大战，企业的利润空间不断被挤压，严重阻碍企业的可持续性发展。

品牌战略就是以品牌作为核心竞争力，以此获取高附加值的市场化利润，最终实现企业的持续发展的经营战略。如上所述，既然品牌是企业的外部战略，它首先要面对和解决的是企业之外的市场问题；而市场又是由消费者组成的。如果从消费者的角度看，消费者之所以愿意与企业完成从产品/服务的价值到价格的交易，其核心是源于企业能够提供可满足他们的需求、可为他们创造利益的使用价值和附加价值。

从品牌战略角度讲，其总体方向就是以品牌价值驱动市场营销。总体方针是：在战略导向上构建以消费者为核心的品牌营销战略；在系统建设上，要打造以价值生态圈为中心的品牌营销系统；从营销模式上，实现"产品卓越+客户亲密"双轮驱动的品牌营销模式。必须指出，品牌战略的核心导向应该是，基于消费者需求的品牌价值及其机制竞争，即以消费者为主导中心，以市场要素为核心导向，以价值交换为营销取向，以消费者关系为竞争支点。这是品牌战略制定的指导思想，是顶层设计，是最高原则。

因此，品牌战略一定是紧紧围绕消费者的需求与利益来制定。

尤其是在以消费者为中心的时代，构建良好、亲密、忠诚的消费者关系成为市场营销的主题，于是，市场营销进入"产品卓越＋消费者亲密"双轮驱动的时代。在新的市场竞争模式下，与消费者亲密的程度成为又一个衡量和考验企业竞争力和发展力的重要标志。那么，谁来承担起构建亲密消费者关系的重任？非品牌莫属！品牌职责就是要充当企业与消费者之间的桥梁、纽带，品牌的任务就是为企业构建起良好的消费者关系。产品通过品牌到达消费者，就是一个建立关系的过程。消费者关系的好坏，就是品牌营销的过程体现和结果体现。

消费者关系已经成为企业的核心竞争力，它决定了企业的持续发展力。如此具有战略意义的核心资源，企业一定要牢牢地掌握在自己的手中，要通过亲力亲为，做到真正地了解消费者，满足消费者，亲近消费者，黏住消费者。不然，核心资源一旦掌握在渠道或其他人的手里，市场对你来说就好像是水中月、镜中花，就会受制于人，就会风险四伏。因此，对于企业，消费者关系的构建与管理在很大程度上决定了企业的发展命运，也同样是具有战略意义与价值的。

综上所述，在"企业＋品牌"双战略指引下，企业就会进入"以消费者为主导中心（立足消费者需求，解决痛点问题），以市场要素为核心导向（基于市场空白、竞品区隔的差异化竞争），以价值交换为营销取向（不仅仅是售卖产品，同时要输出品牌文化和生活方式，创造消费者价值），以塑造品牌为竞争手段（塑造品牌附加值，通过美誉度、忠诚度和品牌溢价构建品牌资产）"的品牌营销模式中来。如此才能为企业赢得高附加值、可持续的未来发展。

其实现路径就是通过规划、内涵、形象、传播、营销、管理、支撑、资产八大体系的建设来完成品牌系统性建设，品牌系统性建设八大体系，如图 4-1 所示。

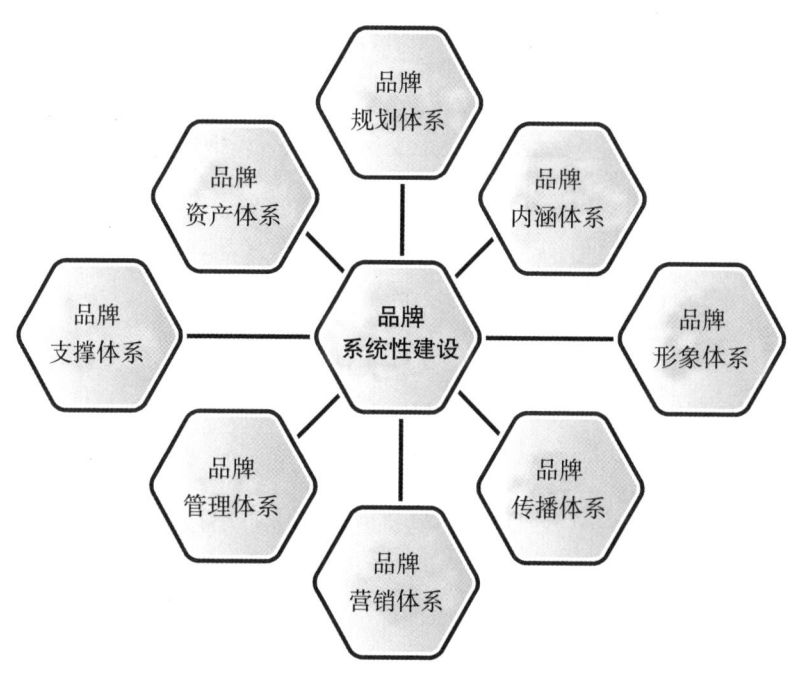

图 4-1 品牌系统性建设八大体系

第二节 以市场要素为指导的品牌规划体系

笔者在为企业做品牌培训、咨询和规划制定的时候，经常被问到这样的问题：做品牌规划有什么用？品牌规划是虚的，我们需要的能落地的方法是什么？不错，品牌具有百分之百的市场属性，是市场问题就得落地，品牌不能成为市场竞争中"留之无用，弃之可惜"的东西。

品牌在落地之前我们至少要搞明白这几个问题：从哪儿落？往哪儿落？怎么落？你是从 10 米高的台阶上落，还是从 100 米的楼上落，还是从 1 万米的高空中落？再有就是你是往平原上落，还是往山顶上落，还是往江河湖海中落？从哪儿落、往哪儿落直接决定了我们怎么落。10米，一蹦即可；100米，要有防护措施；1万米必须得有降落伞。这会直接影响到落地后的结果：是平稳落地，还是受伤，还是一命呜呼。

"从哪儿落"决定了定位，"往哪儿落"决定了方向，"怎么落"决定了路径和策略。因此，品牌系统性建设就是要从品牌战略规划开始，为品牌识别出战略机会，界定出市场空间，寻找出价值共鸣。

那么，如何来确定我们应该干什么，能够干什么呢？首先，我们要在认识上建立起一条这样的逻辑链。

首要的是要符合企业整体的战略定位。比如，某某企业是做大健康产业的，那好，品牌规划就应该在大健康的领域中来识别战略机会，界定战略空间，寻求价值共鸣。不能偏离原有的整体的战略定位。

尽管企业多元化战略有着这样那样的优点，但不可否认的是，也同样存在原有经营产业上的、市场整体上的、产业进入与退出的诸多风险。因此我们认为，并不是所有的企业在任何时期都可以选择多元化战略来发展自己，盲目的多元化只能导致不必要的失败。企业是否选择多元化发展模式需要一定的客观条件和契机。核心能力是企业多元化战略成功的必要前提。张瑞敏先生说过，"企业发展的关键不在于是否要进行多元化，而在于到底有没有能力进行多元化"。

2019年8月26日晚间，昔日"鞋王"富贵鸟发布公告称，重整遭法院驳回，被宣告破产。值得注意的是，富贵鸟法人代表同时担任着25家企业的法人代表。在福建石狮法院有关金融合同违约的案子中，富贵鸟股份和富贵鸟矿业，在56项合同纠纷里都是共同的被执行人。

《经济参考报》的评论指出："这不能叫多元发展了，而是过多过滥。那些他们根本不了解，也在能力上不擅长的领域，一旦出现环境巨变，就会重创他们自身。"

在这里，"能力"也就是核心能力，一个企业只有围绕核心能力向其

第四章 如何铸造品牌——从规划到支撑

他领域延伸才能有更大的机会获得成功。以医药行业为例,在纷纷进入大健康领域之后,截至目前,真正成功的品牌似乎只有"云南白药"牙膏和"王老吉"凉茶。但是,如果我们进一步探究就会发现,即使是这两个硕果仅存的品牌,也不是由原来的企业打造出来的。王老吉是加多宝公司将原本一个区域性的、应用领域狭小的凉茶品牌打造成一个全域性的、老少咸宜的知名品牌;而云南白药牙膏的崛起则是由第三方专业机构通过对赌协议,从渠道到传播提供一揽子的服务来实现的。

为什么会这样?因为这些医药企业的核心能力主要体现在医药研发、生产和营销上;而医药营销更多地通过专业渠道与学术营销完成,与快消品营销的路径、方法和工具有着很大的区别。因此,无论是管理团队固有意识的转变,还是执行团队的专业能力的转型升级,还是对另外一个看似熟悉却又极其陌生的市场环境以及新的消费人群的特征、需求的认识与把握,对新的渠道、终端资源的利用,都需要经历一个由观念转变到知行合一,再到赢得市场的漫长过程,需要付出很大的时间成本、摸索成本、转变成本和实践成本。其实,上述两个貌似成功的案例有一个共同的特点,就是将多元化战略衍生出来的大健康产品交给快消营销公司去经营。这就足以说明问题。

从国际品牌方面表现出来的状况也是如此。

20世纪60年代,美国企业大规模实行多元化经营,导致公司资源分散,顾此失彼,品牌的核心竞争力受到严重挫伤。全球500强企业中,单项产品销售额占企业总销售额比重70%~95%的企业占500强企业总数的98%,其品牌的核心竞争力来自最擅长的行业,而不是面面俱到的多元化品牌。

特别是在我国历经40年的机会化生存之后,企业专业化生存的时代已经来临。这就要求企业回归到自己核心能力领域内,以更加专业化的战略应对来构建企业的核心竞争力和持续发展力。

所谓机会，源于问题。重大的社会问题，就是巨大的历史机遇。（摘自营销公众号"致良知四合院"。）

在确定了与企业整体发展战略的对应性后，让我们将视角回到市场，乃至社会，从中去发现问题，通过问题导出需求，通过需求导出机会（例如，为什么会有卖水的机会，是因为人有饮水的需求；为什么人有饮水的需求，是因为人如果不饮水身体就会出现问题）。

我们为什么要从社会中去找所谓的"问题"？一般来讲，能称之为"社会问题"的都具备两大特征：覆盖层面广，影响人群多；延续周期长，无法短时间内彻底解决。因此，由社会问题所引发的市场空间也随之具备了两大特征：目标人群规模大，痛点需求显著；产品或服务生命周期长。

以健康问题为例。随着中国经济几十年的高速发展，过度疲劳，心理高压，营养过剩，不良的生活方式，等等，让健康已经成为中国社会的重大问题。因此，"没有全面健康就没有全民小康"。与此同时，将健康问题后置于疾病的治疗阶段，无论是政府、社会、医院和患者都已经重负难当，倡导全周期、全过程的大健康理念应运而生，将健康治理前提至养生、保健环节已经成为大势所趋。如此一来，许多医药企业纷纷拓展产业布局，占据大健康市场，从社会问题中抢抓市场机会。

在识别了战略机会之后，下一步是要进行战略空间的界定。

在"大健康市场"这一战略机会之下，儿童健康则是整个家庭关注的重中之重。对于儿童来说，食品会比药品更容易被接受，"吃零食"几乎是所有孩子的偏好。因此，儿童健康食品成为一个值得开发的战略空间。

中国儿童产业研究中心的数据显示：

2011年中国0~12岁的儿童市场总规模约1.15万亿元，2015年提升至2万亿元。二孩政策全面放开后，远景规模则可达3万亿元。未来几年儿童市场将保持15%左右的高速增长。

中童研管理咨询公司的数据显示：2015年，我国婴幼儿食品市场规模

第四章 如何铸造品牌——从规划到支撑

达 900 亿元。

《2012—2015 中国婴幼儿食品行业研究及市场投资决策报告》显示：2015 全国婴幼儿辅食市场规模为 100 亿元。

夸克（中国）顾问市场研究公司的数据显示：上海、浙江、广东等经济发达地区城镇小孩的家庭年平均零食消费额为 1400 元左右。

在界定好市场空间后，下一步需要找到你和消费者之间的价值共鸣点。消费者的痛点是什么？你独特的价值是什么？

如前所述，"痛点"需求源于"重大"问题。那么，我们看看在儿童健康方面的"重大"问题是什么？其实很简单，如果我们搜索"中国儿童健康五大问题"的话，答案很快就会浮出水面：龋齿，视力不良，肥胖，上呼吸道感染，消化不良。正因为是"五大"问题，它所涉及的人群最多，彻底解决问题的时间会很长，家长对此问题解决的需求也就成为刚性需求。由此可以推论，这"五大问题"所对应的相关领域，正是儿童健康食品最大的市场空间。以此作为市场战略的方向，必将与家长之间形成最大的价值共鸣。

在以上的外部分析的基础上，我们要回到自身来审视一下在市场机会与自身优势之间的对应性，最终在"想要做的（愿景、使命决定的）"与"应该做的（消费者需求决定的）"、"应该做的"与"能够做的（资源能力与产业条件决定的）"之间做出一个客观、正确的判断。

在品牌规划上，再好的市场机会也不一定是你的发展空间。这就需要将机会与自身的优势及竞争对手的状况来进行"对标"，目的就是找出既符合自身优势，又能与竞争对手形成差异化竞争的那个"机会点"。

我们以一家具有大健康产业方向的医药企业为例。健康食品一般都是基于药食同源的材料制成，因此，在产品研发方面医药企业比一般的食品企业具有更为专业的研发能力；同时，医药企业与食品企业相比，拥有更为严苛的质量标准及管理体系，更加符合价值对儿童食品品质的较高要求。医药企业拥有成熟的有效成分萃取技术与工艺，可以更好地提取原材料中的有效成分，使得儿童健康食品的功效有更好的保障。这样一来，医药企业生产的儿童健康食品就拥有了更好的专业背书。

当然，劣势是医药企业对儿童食品市场非常"陌生"，在市场营销方面存在严重的短板；而这个问题完全可以参照"王老吉"凉茶和"云南白药"牙膏的模式，将产品委托给一家专营儿童食品的营销公司来进行销售。

与自身优势进行"对标"之后，下一步是将市场机会与竞争对手"对标"，与竞争对手形成差异化竞争的态势。

被誉为"竞争战略之父"的迈克尔·波特在1980年出版了《竞争战略》一书。关于与市场对手的竞争，波特教授提出了三种基本的竞争战略：

其一，总成本领先。就算你的产品跟我一模一样，但我比你便宜，所以我就能赢你。

其二，差异化。如果大家都一个样，那我就通过个性化价值、增值型服务来创造差异，实现盈利。

其三，聚焦。在某个细分市场实现总成本领先或者差异化。

所以竞争战略的本质是差异化，一家企业只有两种战略选择：要么低成本，要么高价值。

首先，我们要看看竞争对手是怎么做的？如果他们没做，那我们将成为这个品类市场的引领者；如果他们做的是低端，那么我们就做高端；如果他们的产品幅面较窄，我们就做更为丰富的产品品类。

以洗发水为例，当许多企业都在生产洗发水的时候，我们就要研究在对洗发水普遍的需求中还有没有特定的需求，还有没有潜在的需求。于是，柔顺、去屑、营养、造型、黑发、防脱发等，在洗发领域里出现更为细分的品类，便有新的品牌"独领风骚"。

这样一来，就从同质化的"红海"竞争演变到差异化的"蓝海"竞争，从而避免了陷入同质化竞争的陷阱，成为价格战的牺牲品。

four / 第四章
如何铸造品牌——从规划到支撑 / CHAPTER

让我们继续回到儿童健康食品这个话题。目前国内儿童食品产品品类和规格比较单一，产品口味选择较少，包装陈旧，同质化严重，质量参差不齐，因而市场的空白点还很多；同时，因为目前这个行业在中国进入门槛较低，本土儿童食品企业数量虽超过万家，但大部分都无法拥有自己的品牌，许多企业还停留在对原始产品的初级加工上，亟待提高产品的科技含量，进行儿童食品深加工。行业中的企业品牌度较低，为大品牌进入提供了契机与空间。由此可以判定，当前儿童消费市场正处于企业与家长共同发展的阶段，未来儿童食品市场必将愈加规范，品质为品牌营销提供发展空间，行业发展将聚焦在锤炼品牌和加强行业监管方面。

由此我们可以得出以下结论：儿童健康的需求日益增大，儿童食品市场空间很大，儿童消费属于理性与非理性交互性消费，消费可持续性较强，属于市场厚利区。因此，开发儿童健康食品市场是我们"应该做的"。

开发儿童健康食品，符合医药企业的大健康发展的战略机会，可成为重要产业构成；同时，市场先入者品牌度较低，同质化严重，质量参差不齐，为品牌性产品留出了较大的市场空间。如果医药企业与知名的儿童食品营销公司合作，将共同形成巨大的品牌背书效应，具有先天竞争优势。因此，开发儿童健康食品市场是我们"能够做的"。

我们以上海通用创建"别克"品牌的案例来再强化一下对于品牌规划体系建设中"从问题到需求，从需求到机会，以机会对照自身优势和竞争状况"的认知逻辑。

2003年，上海通用借助罗兰·贝格开发的"消费者价值元素分布图"（一种用来定期追踪消费者价值观变化的工具），得出了别克品牌消费者价值的三项集合元素：

（1）从十几项备选的中高档轿车市场存在的"问题"因素中，选出消费者对中高档轿车需求的"关键词"：舒适、空间、动力、档次等。

（2）从消费者反馈中得出别克的三大主要优势："宁静舒适＋动力"、

"大气尊贵+追求成功热情"、别克关怀。

（3）区别于现有竞争对手对"领导者、科技、驾乘体验"等方面的诉求寻找自身"大气、尊贵""追求成功的热情"的独特诉求点。

通过进一步的比对、遴选和提炼，上海通用确立了关于别克的品牌定位与核心主张，即追求成功、大气尊贵。

综上所述，以企业战略为导向，以痛点问题为圆心，以刚性需求为半径，以市场厚利区为落点，以自身优势为支撑，以竞争产品为参照的品牌内涵体系的规划模式形成。借此，确定品牌竞争的核心竞争力和持续发展力构建的着力点。

品牌规划体系路线图，如图4-2所示。

```
企业发展总体战略
      ↓
社会/行业问题
覆盖人群广·生命周期长
      ↓
消费者需求
痛点需求·潜在需求
      ↓
市场机会
厚利·可持续性
      ↓
自身优势
外部优势·内部优势
      ↓
竞争态势
独占性·差异性
      ↓
品牌内涵
品牌定位·品牌价值
```

图4-2　品牌规划体系路线图

第三节 以四级分布为主要形式的品牌架构体系

品牌架构是指品牌组合的组织结构，这一结构用来明确组合中各层级品牌的角色和各品牌之间的关系，以及不同的产品–市场环境。品牌架构主要是回答一个企业需要多少个品牌、品牌之间是什么关系这两个问题。它所解决的是以下四个方面的问题。

（1）企业发展战略通过怎样的品牌架构落地于市场。

（2）以怎样的品牌架构参与市场竞争，并据此制定合理的产品线规划，最终以最佳的投入产出比获得最大的品牌收益。

（3）在企业的收购与并购中，如何处理好外来品牌与原有品牌的关系，达到提升效益、规避风险的目的。

（4）在市场传播与营销中，如何有效地避免品牌间的认知干扰，让目标消费者更为清晰、准确地认识、认知品牌的价值与形象，更为深刻地感受、感染到品牌的信仰与文化。

在众多的品牌类型中，去繁就简，梳理出四个主要的品牌架构的关系及层级，帮助大家对品牌架构形成一个既全面又简要的了解。

1. 企业品牌

企业品牌可分为集团品牌和公司品牌，即母品牌和子品牌，它们之间代表着资产隶属关系。母品牌一般为子品牌承担着品牌背书的作用，因此常被称作担保品牌。一般分为显性担保、隐性担保和零担保。企业品牌的确认是在企业成立初期来进行设定，通常同它所在的产业领域或提供的特定产品与服务相联系，在随后的经营过程中不会轻易进行调整。

母品牌和子品牌均属于企业品牌，它的名称都是企业名称。母、子品牌之间是以资产关系为纽带，是投资者与被投资者之间的关系。在企业品牌进行跨地区的品牌传播与营销时，其品牌价值与文化应保持相对稳定，以便在消费者心智中形成长期、固定的品牌认知。丰富、凸显企业品牌的内涵是一个长期的过程，需要其他的品牌予以相应的支撑。

2. 产品品牌

在产品品牌中有品类品牌（主品牌）和产品品牌（副品牌）之分。前者所指是一个大类的产品，而不是具体指哪一个产品；后者则是具体的产品品牌，即副品牌。在很多情况下，企业品牌也可同时兼任产品品牌中的主品牌。主副品牌可同时以一个整体展现；而副品牌不一定长期存在，可随时退出市场。相比来讲，主品牌是一个长期的品牌，旗下企业可以根据市场需求和竞争的变化，不断推出新的副品牌，淘汰老的副品牌。主品牌往往要具备较强的市场影响力；而副品牌则要求识别性强，能够彰显产品本身的属性。

母、子，主、副四级品牌架构体系，如图4-3所示。

以企业投资关系为主体的母子品牌体系

以产业、产品关系为主体的主副品牌体系

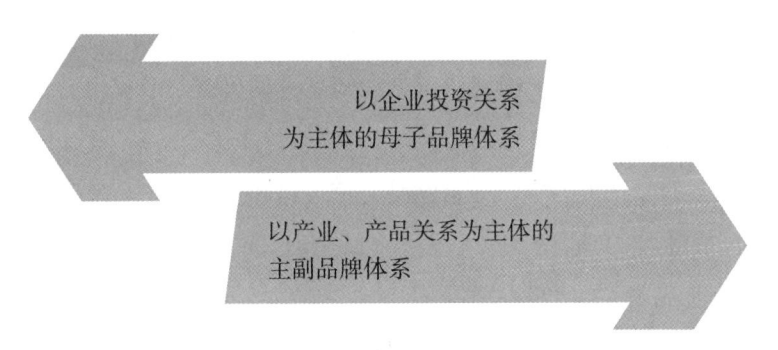

图4-3 母、子，主、副四级品牌架构体系

品牌架构是从战略的角度解决如何整合内部资源，与目标受众沟通，以传递清晰的品牌内涵、强化品牌影响力、促使品牌增值的问题。换言之，品牌架构主要在以下几个方面发挥作用。

第四章 如何铸造品牌——从规划到支撑

（1）建立统一的、强大的品牌，合理配置企业的资源。

品牌架构可以清晰地理顺企业、事业领域产品或服务之间的承接关系，在企业战略的指导下，确定品牌梯次发展的优先顺序以及相应的资源投入。当然，这也包括被收购品牌与原有品牌的融合。

（2）平衡品牌资产，充分地开发品牌。

品牌意味着无形资产，平衡品牌资产意味着充分地开发品牌价值以提高其在核心市场的影响力，并将其影响力扩展到新的产品市场。这个任务主要通过品牌结构来实现。无论是品牌的水平延伸还是垂直延伸，都必须服务于该宗旨。

（3）让品牌传播更为清晰，降低品牌风险。

一个包罗万象的品牌形象是不易被消费者认知的，合理的品牌架构可以更加直观、形象地表达产品的特点和个性，让消费者一看就可联想到具体的产品特点和个性形象，同时可以降低传播与营销的费用，以及因品牌担保给母品牌带来的风险。

目前，有四种品牌架构规划形式被企业广泛采用：单一品牌、多品牌、背书品牌和复合品牌。对于很多企业而言，品牌架构是伴随着企业不同的发展阶段、不同的产业布局、不同的品牌构成、不同的市场竞争环境，以及自身具备的资源能力的现状或变化而自然形成的，并非是出于前瞻性的设计。

在企业发展初期，市场占有率和品牌影响力都处在市场导入期，并且企业还不具备多品牌运作的实力和水平，因此，在这个阶段一般采用单一品牌战略，即企业品牌既是母品牌同时又是产品品牌中的主品牌。在企业发展初期，企业的形态多为单一公司模式，故没有具有投资关系的子品牌出现，因此企业的品牌架构是单一的，只是企业的母品牌。当企业进入成长期后，根据业务的需要开始出现产业领域细分，以及产业上下游或不同业务职能的细分，而形成集团公司的时候，子公司就会应运而生，于是在企业品牌方面出现了母子品牌，在产品品牌方面出现了不同品类下的主副品牌，在这种情况下，多品牌架构由此形成。

当企业进入成长期以后，根据企业发展战略的需要，产业布局会逐渐外延，跨领域的投资也会随之产生，于是复合式品牌架构、多元独立品牌架构便成为这个阶段企业品牌架构的主要形式。

对于与中国市场经济共同成长起来的中国企业，在发展的原始阶段（自然生长期），因缺乏对品牌及其架构的认识，以及企业发展阶段的特征，很少也很难对品牌架构进行前瞻性的设计。当企业发展到成熟期后，对于新拓展的产业板块，以及新收购的子公司，究竟要采用怎样的一种品牌架构模式就需要企业进行认真的考量，要依据品牌架构设计的规律进行科学的选择与规划。一般需要从以下几个方面予以分析。

（1）母子、主副品牌间的价值内涵关联性。

随着企业产业领域的外延，母子、主副品牌之间会出现关联密切或疏松等不同情况，上下级品牌的关系直接影响到品牌之间的背书关系，进而影响到消费者对品牌的认知效率与效应。

（2）母子品牌间的担保价值和风险评价。

对具有价值内涵关联性的上下级品牌，是否就一定要确立彼此的强关联？要从正负两个维度去综合评估：一是上级品牌到底能为下级品牌带来多大的担保价值；二是考虑不成熟的下级品牌会为成熟的上级品牌带来多大的连带风险。

（3）参照行业成熟品牌的成功经验。

品牌构架设计不可忽视行业特点。如果企业不是行业的领头羊，参照国外同行业的品牌发展历程或国内同行的品牌架构则是一种比较便捷的方法。

例如，新希望集团通过资本手段进入乳品行业。参照同行业的最佳实践，液奶制品一般按大类分为纯奶、风味奶、酸奶与乳酸饮料四类。在纯奶和风味奶品类中，无论是蒙牛、伊利还是光明、完达山，均采取了与企

第四章 如何铸造品牌——从规划到支撑

业品牌相同的产品品牌；而在乳酸饮料方面，各主要厂商均采用了复合品牌形式，如伊利优酸乳、伊利优酸爽、光明心地酸奶拌。市场的后来者可以充分借鉴这些大品牌的实践而设计自己的品牌结构。

（4）品牌投入的性价比评估。

品牌从建立到被消费者认识、认知、认可、认定，需要一个漫长的过程与积累。这对企业资源的投入提出了更高的要求，特别是多品牌战略，势必要增加企业的投入。

（5）不同阶段发展战略和市场竞争的需要。

在企业不同的发展阶段有不同的战略需求，在此情况下，或是在市场的同质化恶性竞争下，企业必须合理识别其关键业务与核心竞争力，并通过品牌架构的设计与完善来强化其核心力量，通过品牌架构的调整适时进行整合、舍弃和延伸。

最后，将常用的几类品牌架构和适用的情况及其优缺点，做一下简要的介绍。

1. 单一品牌架构

单一品牌架构主要有以下几种形式：

（1）一牌一品。指一个品牌下只有一种产品的品牌战略，这种品牌架构有利于树立产品专业化形象。如王老吉、金嗓子。

（2）一牌多品。指一个品牌下拥有多个产品的品牌战略。如宝马、奔驰。

（3）一牌多品类。指一个品牌旗下涵盖相同领域的多个业务品类的品牌战略。如海尔、康师傅。

单一品牌战略的优点有以下几个方面：

（1）把所有的品牌建设费集中在一个品牌上，节省开支，集合企业资源打造一个强势品牌。

（2）新品推出时，借助母品牌的影响力，以低成本迅速占领市场。

（3）众多产品共用一个品牌，反复出现在消费者面前，有利于品牌价值的不断提升。

一个品牌形象对外，有利于消费者清晰地认知和记忆品牌。

单一品牌架构的缺点有以下几个方面：

（1）品牌涵盖产品太多，跨度太大，稀释品牌个性，有损品牌专家想象。

（2）品牌旗下某一品牌出现问题，一损俱损，损害母品牌及其他产品声誉。

（3）一个品牌较难表现旗下不同产品的各自优势特点。

2. 多品牌架构

多品牌架构主要有以下几种形式：

（1）一品多牌和一品一牌。联合利华的红茶、冰激淋、洗衣粉是一品一牌，洗发水、牙膏是一品多牌。

（2）一品类多牌。一个品类多个品牌。比如，洗发水品类里的海飞丝、飘柔、潘婷等。这种品牌架构最大的特点是精准定位，比如海飞丝的"去屑"，飘柔的"柔顺"，沙宣"护发专家"，它们同属宝洁的子品牌，并且不会"城门失火，殃及池鱼"。

再如，大众汽车集团的子品牌有大众、奥迪、宾利、斯柯达、西雅特、布加迪、保时捷、兰博基尼。

多品牌架构的优点有以下几个方面：

（1）凸显品牌个性，满足消费者差异化需求，增强品牌竞争力。

（2）降低企业经营风险，当某个品牌遭遇危机时，不会株连其他品牌。

（3）鼓励企业内部竞争，有利于提高工作效率。

多品牌架构的缺点有以下几个方面：

（1）多品牌架构往往是强者的游戏，打造一个品牌的代价是高昂的，没有充足的财力做支持，企业很难支撑。

（2）不利于企业资源共享。

（3）品牌结构过于复杂，增加品牌管理的难度。

3. 复合式品牌架构

一般是"企业品牌＋事业品牌＋产品或服务品牌""企业品牌＋主品牌＋副品牌"。在复合式品牌架构中，企业品牌属于担保性品牌或背书式品牌。

实施担保性品牌架构应该注意以下几个方面：

（1）企业品牌应该具有很大价值，拥有较高的品牌知名度、美誉度，能惠泽旗下的产品品牌。

（2）企业品牌只起到让消费者信任的作用，驱动消费者购买的重心还是产品品牌。

（3）企业品牌如果同产品品牌的个性内涵相距甚远，则不宜采用担保品牌战略。

雀巢公司使用"雀巢"品牌的商品都是与营养有关的，而巧克力食品由于与雀巢"滋养全世界"的定位有背离，因此使用了"KitKat"作为产品品牌。同样，在调味品市场，雀巢公司使用的是"Maggi"品牌。在这种情况下，雀巢的角色就是一个提供背书的母品牌。

4. 多元独立品牌架构

多元独立品牌战略是指每个品牌都以单独面目示人，企业品牌深藏其后，消费者也几乎感受不到母品牌的存在。

该品牌架构适用于以下几种情况：

（1）产品品牌的影响力超出企业品牌。如斯沃琪集团拥有浪琴、欧米伽、雷达、天梭。

（2）强势的产品品牌与企业品牌之间是投资关系。如肯德基与必胜客与其母公司百胜餐饮集团之间是投资关系，而前者的品牌影响力早已具备规模。

（3）弱化竞争品牌对产品品牌所隶属的母品牌的认知，避免为产品品牌的推广带来阻力。

（4）企业品牌与子品牌之间分属各自的产业领域，完全没有交集，属于跨领域投资的关系，彼此之间没有品牌价值的内在关联。

5. 联合品牌架构

联合品牌战略是指两个或更多品牌相互联合，相互借势，使品牌本身的各种资源因素达到有效的整合，从而创造双赢的营销局面的架构。一般属于没有投资关系的企业品牌之间的合作。

如"平安文旅荟"是由中国平安、碧桂园集团、华谊兄弟、海昌集团、艺术北京、砂之船奥特莱斯等多家企业联合打造的集国内顶尖影视、旅游、休闲、房地产和消费资源，针对各类主力消费人群的文化旅游联合品牌。

第四节 以品牌能力构建为中心的支撑体系

在品牌规划解决了"应该做什么"和"能够做什么"之后，我们需要按照品牌规划确定的方向打造优质的产品/服务。必须指出的是，品牌规划做得再好，如果没有一个以消费者为中心、以打造强有力的产品/服务为目的产业支撑体系，品牌规划也就无法落地，也就无法实现铸造品牌的目的。

郭广昌先生在《商业的常识，知否？知否？》的演讲中强调："要把战略规划落实到组织、人才、文化，这样才不会偏离你的常识，才能把你带上一条正确的道路。"

由此可见，如今的品牌支撑体系所涵盖的已经不是一个部门、一个环节、一组人的范畴，应该是以消费者需求和利益为核心，贯穿于全程、覆盖于全位、落实在全员、体现在全心的系统工程。

1. 组织体系

建立"消费者关系及资源管理委员会"，使其成为消费者营销战略的决策与指导机构和消费者资源整合与管理平台。其职责就是强化品牌的社会属性。推动以消费者为中心的品牌营销战略的实施，让更多的用户参与到发展战略、产品研发、市场定位、营销模式的决策与制定中，参与到品牌管理与维护中，构建起开放的、去企业中心化的、多元参与的品牌生态圈以及消费者资源管理与应用平台。

百事可乐为了更多地了解年轻人"当家做主人"的诉求，专门创建了一个全新的平台——"百事青年董事会"。参与董事会的都是来自各行各业的年轻专才，百事会把一些近期的市场计划与他们分享，让他们发表自己的建议和想法，让年轻人有机会与品牌进行面对面的沟通，甚至直接参与制定品牌的推广策略。

2. 管理体系

品牌管理的核心就是有效监管控制品牌与消费者之间的关系，使企业行为忠于品牌核心价值与精神，从而使品牌形成竞争优势，保持持续的竞争力。

对消费者关系进行统一、规范、及时、有效的管理、维护和提升，对消费者资源进行统一的采集、转化、管理、整合、利用。从消费者提出新品期望与产品需求开始，一直到市场调研、产品研发、品牌定位、营销策略、社群建设、内容分享、价值传播、信任扩散、产品购买、产品体验、口碑推荐、反馈征集、改进方案每一个环节，来完成与消费者的沟通与互动，将消费者的一系列外部资源更快地转变为企业发展的内部资源，并更好地加以利用。从有人管销售、无人管消费者的状况转变为人人都在管消费者，直至让消费者来管理企业，最终让企业成为一个由企业与消费者构成双重主体的、从外向内展开合作的资源型组织。

菲利普·科特勒在 1967 年出版的《营销管理》一书中指出，营销就是管理消费者的需求。这个观点创立了企业和品牌的一个思考路径。先想清楚消费者是谁，他们的需求是什么，然后再开发产品，设定盈利模式、销售渠道和传播渠道。

1999 年 Gartner Group 公司提出客户关系管理学说（CRM，Customer Relationship Management），差不多同时期提出消费者资产管理学说（CAM，Customer Asset Management），都将客户管理提升到营销中非常重要的高度。

如今，社交媒体已经成为一个天然的客户关系管理系统，能够让企业及时获取用户反馈信息，迅速做出反应，最终让企业获得了低成本组织的力量。小米成功的重要因素之一，就是将一群"发烧友"的消费者变成了粉丝，然后为粉丝构建了创造和参与的平台，形成了一个具有黏性的社群。这个社群不仅仅是消费者的集合，而且把消费者变成外部研发团队，通过社群构建与消费者的产品体验和互动，实现企业从研发到营销价值链的重新构筑。

从消费者资源整合与共享上，要建立起消费者资源统一管理机制、消费者资源汇总分析机制、消费者资源分享机制、消费者资源同意调配机制、消费者资源转化机制。在此基础上，对内搭建营销信息资源管理与共享平台，对外搭建消费者关系管理及整合营销数字平台，实现和消费者的"零距离"，逐步搭建起互联互动生态圈。基于前台、中台、后台的建设，建立无围墙和无障碍的资源管理、营销管理"一张网"的模式，实现资源有效利用，提高营销效率。

数字化用户管理体系模型，如图 4-4 所示。

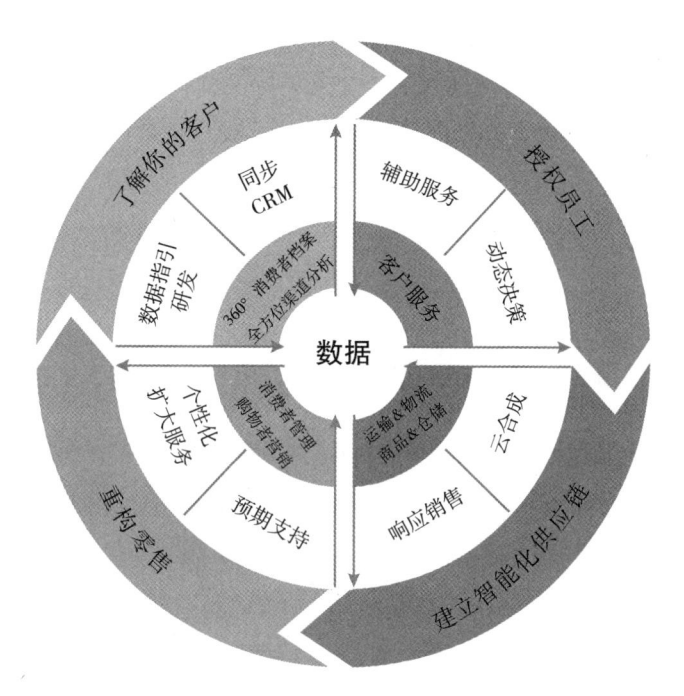

第四章 如何铸造品牌——从规划到支撑

图4-4 数字化用户管理体系模型

前台：运用可穿戴和移动互联技术，通过亲客户页面、服务模式的不断创新，聚合企业消费者生态圈的产品和服务资源，以个人云和家庭云作为平台布局大健康生态网，以统一的开放式门户实现平台集群性营销。

中台：通过电商系统，建设全渠道销售交易中台和全渠道营销服务中台，打通各子品牌之间的市场资源带，整合企业多业态、多模式的产品及客户资源，实现营销资源闭环共享、交叉营销，推动互动关联性营销和国内外联动性营销新模式的建立。同时，以大数据、云计算的手段为每一位市场营销人员提供人群特征、地域特征、需求特征等多维度的全貌数字化产品与服务，提高针对性、个性化服务能力。

后台：通过ERP项目的建设，建立合规、标准、可视、可控的"大统一、一体化"营销信息管理平台，支持"纵向到底、横向到边"的集团化营销管理。

特别是对于横跨多个产业板块的集团公司，在消费者资源上极易形成孤岛现象，而无法兼容和共享，这样就会造成消费者资源利用的极大浪费。因此，通过以上机制，确保在消费者资源管理与利用上打通纵向隔断，破除孤岛或深井效应，实现横向共享，从而极大地提高消费者资源的利用率，真正地构建起品牌生态圈。

海尔正是利用数字化、网络化来实现"企业无边界、管理无领导、供应链无尺度"的组织转型和经营转型。

消费者资源全面内源化管理模型，如图4-5所示。

图4-5 消费者资源全面内源化管理模型

3. 研发体系

以前产品的研发或是基于一项技术优势、一个发明专利，或是基于老板的一个想法、企业发展的一个需求。等产品出来了，才轮到市场和消费者出场。这样一来，企业就相当于替消费者做了主。

一方面，对于企业在产品研发上的"大包大揽"，如今的消费者已经越来越不买这个"账"了，他们往往会说完一句"凭什么？"然后扬

第四章 如何铸造品牌——从规划到支撑

长而去。因为,在他的周围还有许多与他的需求更贴近的产品在等着他呢。另一方面,企业在产品生产出来以后,往往还不知道要卖给谁,在哪儿卖,怎么卖。如此势必造成市场导入的时间成本、资金成本出现严重损耗的状况,导致产品营销始终找不准定位,打不开销路,甚至彻底失去抢占市场的机会。

在技术进步和竞争加剧的时代,产品同质化日益严重,产品的升级换代也在加快。此时,企业仅仅是把产品生产出来,告诉消费者产品有什么好处已经不够了。企业在生产产品以前,必须知道消费者需要什么样的产品,什么样的产品能够打动他们,让他们掏钱包。

要知道消费者的期待是什么,企业就必须要建立全面了解消费者的体系。将每一个与消费者的触点都转化为信息搜集与传递的起点,将从不同触点获得的信息进行整合统一,进而持续、系统地监测消费者的需求变化、体验变化。这样,企业才能够保持对消费者需求和感受的敏感性并积极做出响应。

正如肖明超先生所强调的:"我们要认真地倾听用户声音,从痛点中找新的垂直细分机会。"对于消费者不满意的问题,正是我们产品研发的课题。既不能选择忽略,也不能以增值服务等方式将问题"化于无形"。消费者在生活中使用一个产品,最不满意的方面往往就是新产品的机会。

尽管九阳创造了豆浆机这个品类,但在"需要提前泡豆"和"不易清洗"这两个问题上,经常会听到消费者的"报怨"。于是,美的以"免泡豆,易清洗"的新一代的豆浆机产品迅速撕开了九阳所占据的豆浆机市场。

这样一来,一个产品的孕育流程就被"倒"过来了,即先去挖掘和洞悉消费者的需求或潜在需求,再看这个需求是不是存在着市场的空白点,然后评估自己在研发、生产、技术、营销等方面是不是具有一定的基础和实力,能不能形成企业自身的核心竞争力和持续发展力。如果一切准备好了,新产品的孕育正式启动。在这个过程中,市场、消费者成为研发、技术、生产和营销的先导。这可以视为营销史上的一次革命，因为它倒转了生产与营销在企业活动中的位置。过去，市场是生产的终点；而现在，市场则是生产的起点。

娃哈哈先是发现了"白领营养早餐"这一市场空白点，然后由市场策划的团队选择两种大众最为接受的口味。产品推出后，又根据消费者的反馈，对数十项指标反反复复进行调试，最终诞生了现在这个叱咤市场的"营养快线"。

乔布斯指出："消费者并不知道自己需要什么，直到我们拿出自己的产品，他们就发现，这是我要的东西。"这说明洞察消费者需求的方式不止有一种，除了直接询问和搜集信息外，还可以依靠直觉和预判。因此，企业一定要具备对消费者潜在需求的预见力和影响力。正所谓，打败尼康的不是佳能，而是逆光也清晰的智能手机；抢夺移动市场的不是联通，而是随时在线的微信；打败康师傅的不是统一，是随叫随到的外卖小哥。所有的胜者一方，都是基于对消费者潜在需求敏锐的洞察与正确的预判，并在此基础上，明确自身的"产品意图"，即赋予消费者一个可以确认的"必需的价值"。

因此，在产品／服务研发上，要杜绝那种以企业为中心、以生产要素为单一评价体系的闭门造车式的研发模式；而是要构建以尊重市场意识、遵循市场规律、服从市场期望为宗旨，"生产要素＋市场要素"双重评价标准的研发体系。要建立产品研发的市场需求研究评估机制、消费者需求沟通响应机制、产品研发消费者听证机制、产品反馈优化改进机制、与消费者共同研发机制，确保对消费者需求信息的深刻理解和精准把握，或是直接将消费者对产品的需求转化为产品研发的构想，紧紧围绕"更好地满足消费者的痛点需求——需求适配度，不断地优化消费者应用体验——体验适宜度"这两大前提，让产品真的是为消费者所创，为消费者所造。

第四章 如何铸造品牌——从规划到支撑

大众汽车曾经建立的"大众自造"平台,在2011年至2013年5月底,就有1400万名消费者访问,贡献了25万个造车的创想,这些创想是研发人员所想不到的。

小米的生存法则是:因为米粉,所以小米。小米将一群"发烧友"的用户变成了粉丝,然后为粉丝构建了创造和参与的平台,小米每周更新四五十个,甚至上百个功能,其中有1/3是由米粉提供的。

正如2010年,美国密歇根罗斯商学院营销教授文卡特·拉马斯瓦米提出的"共同创造"理念:原本由企业独自完成的价值创造过程,随着技术上的可行性,变成更多角色共同完成,其中一个重要角色就是价值链末端的消费者。利用消费者的权力欲,吸引消费者参与到企业的生产经营中来,既可满足消费者的参与欲望,又可为企业创造价值。

4. 生产体系

从标准、技术、工艺、设备全方位构建质量保障体系,通过一定的制度、规章、方法、程序和机构等把质量保证活动加以系统化、标准化及制度化,以确保产品的高质量。同时,建立产品品质消费者评价机制、产品质量市场质询机制、产品体验关注优化机制、质量风险快速应对机制。确保针对消费者的体验和反馈能及时对产品进行完善和改进,对服务进行持续优化;确保一旦出现产品问题,能够接受消费者的质询,对质量风险能够及时应对、有效把控、妥善解决。

要让"保证质量"成为全体员工的集体精神与自觉行为,正如天士力在企业发展战略的实施纲要中明确指出的:"把一切行为准则统一到确保产品质量上来。让"质量为天"成为天士力人最强大的基因表达以及最强劲的内核驱动。"

更为重要的是,要构建以质量为核心内涵的品牌文化体系,以质量为核心诉求的品牌传播体系,以质量为核心体验的品牌营销体系,以高标准、高质量做品牌背书,在消费者心目中形成品牌与高品质之间的强关联与强联想。

5. 客情体系

菲利普·科特勒认为，企业应该通过采集、分析客户数据，制定新的产品和服务理念清单。要做到这一点，就必须要有工具的支撑，否则，"以消费者为导向"的宗旨就无法转化为实际的经营行为与能力。这其中有两大最为重要和必要的工具：信息和数据。

银泰百货通过数字化管控，让日常营运效率得到大幅提升。畅销品的补货率提升了30%，次销品的汰换率提升了60%。每个楼层的经理都可以了解，哪些专柜的热卖商品不足了，进行实时快速补货；哪些商品卖得不好，可以快速下架。实现了消费者可以自由选择场景，线上购物7天到店自提，或者线下购物定时达、任性邮的预期服务目标。

未来的消费者已经变得愿意向企业提供他们的消费数据，并期望获得更高质量的体验作为回报；而当一切转化为数据的时候，数据便成为企业管理与营销的重要工具。这是一个趋势性的变化。

但必须强调的是，对于企业来讲，信息和数据的生命在于服务用户。即通过企业与用户之间的每一个触点，基于产品应用或有用的场景和体验来获得用户全方位、多维度的心理及行为信息，然后将之转化为能够全面、真实体现用户特征和消费需求的数据，进而实现数据赋能、平台赋能，以此来指导展开研发、生产、管理和营销。最终构建起"用户数字化生态圈"，真正实现"知你所想，给你所要"以及听到意见有回复、处理流程有回应、解决结果有回馈、事后优化有回溯。

为此，企业要为员工配备能够随时获取关键信息以及分析并简化沟通的AI工具，让企业内的每个人都能随时分析，为他们提供个性化的体验，帮助他们更好地应对问题，并具备前瞻性的眼光。

沃尔玛提交了一份名为《一款带有生物识别反馈手柄的联网购物车》的专利申请，详细介绍了一种搭载大量传感器的购物车设计方案。这种购物车可以收集消费者的心率、温度，施加在握柄上的力度，氧饱和度，上一次抓住握柄的时间，甚至购物车的推行速度等数据。通过这些信息了解购物者对特定商店条件的反应，可以帮助员工及时发现需要帮助的消费者或者老年购物人群。

利用网络技术与人工智能更好地跟踪和应对消费者行为和购买习惯；利用算法来了解消费者心理喜好，从被动服务转向主动服务；根据在线浏览行为、购买历史、忠诚会员和位置等方面的细节提供个性化服务和建议，以改善销售和体验。依靠数据驱动企业响应性的产品研发与销售，能够迅速预见市场并将新产品首先投入市场，以更好地满足客户的需求；有助于优化工厂、仓库、商店和其他供应链要素之间的快速、灵敏的反应机制，进而发展和维持与消费者双向的、亲密的、持续的关系。最终，对外通过构建起开放的、去企业中心化的、多元参与的数字生态圈，实现数据化营销的价值期望——全生态共享增值，让企业成为一个从外向内展开合作的资源型组织。

6. 传播与营销体系

以消费者为中心做好品牌传播与营销。从神格化品牌向人格化品牌转变。在传播目标、主题、内容、媒介、形式等各个环节，都要沿循消费者的认知逻辑，从而降低消费者的品牌认知成本，减少消费选择时间，降低消费决策风险，最终更好地实现品牌的知名度和信任度。在营销上，紧紧围绕消费者的品牌体验这个核心进行品牌营销，从单纯注重产品销售向关注产品体验转变，以提升消费者美誉度、忠诚度为目的，通过不断地优化消费者在产品、服务和文化上的身心体验，营造口碑推荐，在不断扩大市场占有率的基础上，提升品牌溢价能力，最终获得持续、稳定的利润增长。

7. 评价与风控体系

要建立起品牌外部评价体系——消费者满意度、忠诚度调查制度；推荐指数、品牌价值的评估；品牌内部评价体系——管理评审、自我评价、标杆对比；问题处理案例数据库参鉴；品牌危机管理体系——信息采集、舆情分析、风险预警、危机处理、品牌修复、体系改进，全链式品牌危机管理体系。

通过上述机制，确保能及时了解消费者对品牌的满意和忠诚水平，以及对品牌的口碑和推荐水平，最终不断提升品牌资产水平。对品牌危机要从处理提升到管理，将危机应对前置，确保做到以预防为主，能够及时、从容、妥善应对危机。

构建全位、全员、全心的品牌支撑体系。"全位"是指由市场、销售、客服等与品牌相关的职能部门转变为全产业链部门。在产品竞争、渠道竞争的时代，一提到品牌、营销，自然会想到那是市场部或是营销部这些职能部门的工作；而今天，当品牌营销成为企业发展的核心战略，当消费者关系成为企业竞争的核心资源的时候，品牌建设与品牌营销就会贯穿于企业经营的全部过程，因此也就没有人可以置身事外。

陈春花说："企业营销概念并不是企业个别部门的概念，它实际上是整个企业集团军为整个销售目标发动的一场战争。"

"全员"是指从原先只局限于与品牌相关的职能人员转变为全体员工。要让全体员工对"一切以消费者为中心"的理念铭刻于心，融化于血液，做到"从来不需要想起，也永远不会忘记！"要让全体员工对消费者的尊重、对品牌的维护成为一个牢固的理念，常态的思维，诚恳的态度，自觉的行为。

创维集团曾在全员之中举办"金苹果广告传播奖"年度案例评选活动，目的就是要引发基层员工的创新意识，激发基层员工的创新智慧，鼓励基层员工积极参与，策动基层员工的创新风暴。使得员工由被动接受变为主动创造，由为别人实现创意变为让自己的智慧得到印证，最终让每一个市场终端都成为一个品牌营销的堡垒，让每一位营销人员都成为一名营销创新的大师。

第四章 如何铸造品牌——从规划到支撑

构建全位、全员、全心的品牌支撑体系，必须要有组织体制和分配机制的支持，否则就根本无法实现。海尔提出的"人单合一"的模式，就是通过对组织体制和分配机制的"推倒重来"，将每个员工的价值体现在他为用户创造价值的过程当中。每个部门、每名员工都直接面对用户，创造用户价值，并在为用户创造价值中获得自己的价值分享。实现部门与员工的价值与所创造的用户价值合一。每个人的薪酬来自用户评价、用户付薪，而不是上级评价、企业付薪。从组织体制和分配机制两大维度入手，将员工与用户之间的利益紧密地联系在一起，最终让每一位员工都成为品牌价值的创造者、品牌文化的践行者、品牌形象的维护者、品牌管理的参与者和品牌利益的受益者。全员品牌支撑体系，如图4-6所示。

图4-6 全员品牌支撑体系

综上所述，产品、用户、竞争是营销不变的"铁三角"，昨天是，今天是，明天依然是，这已经成为世界百年营销史上的观念循环。因此，我们要以满足消费者需求、赋能消费者价值为导向，从问题中导需求，从需求中导机会，以自身优势为支撑，以产业化竞争为策略，以"产品卓越+客户亲密"双轮驱动品牌营销模式为路径，打造以消费者的需求与利益为中心的全员、全程、全位、全心的品牌支撑体系，构建起品牌价值生态圈，不然，再正确的品牌战略和品牌规划，最终也会因无法落地而成为一句空话。

第五章

如何塑造品牌——从内涵到形象

品牌形象的塑造要紧紧围绕品牌的定位与价值展开。

——作者题记

第五章 如何塑造品牌——从内涵到形象

某集团旗下的一家三板上市的公司准备着手做一本企业宣传册,于是,他们找到集团品牌中心的设计部。设计部的主管问:"你们自己独特的优势有哪些?""不知道。""你们的消费者的痛点需求有哪些?""没研究。""你们能为你的消费者解决什么核心的问题?""不清楚。""那你们还是先找规划部吧,把这些问题都梳理清楚了,再来找我们。"

做宣传册是为了什么?无疑是要通过宣传册向消费者介绍我们,进而让他们相信我们,最终会选择我们。如何实现信任和选择?一定是你超出别人的实力,有能为消费者解决问题的能力,而这些恰恰就是宣传册必须要有的东西。如果我们把宣传册视为一种品牌形象的表达方式的话,那么宣传册中最主要的内容就应该是美国品牌管理大师罗诺兹和刚特曼所强调的,"品牌形象中的核心内容就是产品或服务差异化的集合",即所谓的品牌价值内涵。

第一节 以确定承诺为核心的品牌内涵体系

在对问题、需求、机会、优势、差异竞争等要素分析的基础上,确立了产品或服务的研发方向之后,就可以围绕上述的要素梳理出能够对应问题、满足需求、占据机会、符合优势、形成差异的品牌内涵体系,即品牌定位——你是谁?与别人有什么不同?品牌价值——你能做什么?能给别人带来什么?

基于品牌定位的角色认识。例如,我们对肯德基和麦当劳的基本认识是全球连锁的快餐品牌;而区隔性的认知是前者主要是以卖炸鸡为主,后者则以卖汉堡为主，这是他们的不同所在。再如美团，我是谁——美团外卖，与别人有什么不同——送啥都快。

基于品牌价值的承诺认知。例如，福特汽车最初的品牌价值主张是这样的：我能做什么——能生产大多数人买得起的汽车，我能给你带来什么——能让每个家庭分享到上帝赐予我们的快乐时光。再如，苹果的品牌价值主张是：我能做什么——提供大众强大的计算能力，我能给你带来什么——让每人拥有一台计算机。再如，华为的品牌价值主张是：我能做什么——提供有竞争力的通信解决方案和服务，我能给你带来什么——丰富人们的沟通和生活，持续为客户创造最大价值。

品牌定位就是品牌的角色，它的作用就是让消费者对品牌形成直观性的认识和区隔性的认知。品牌价值就是品牌的承诺，所表明和传递的是品牌能满足哪些需求，能创造哪些价值，它代表着品牌能够给予消费者的利益。是让消费者从品牌的价值到自身的需求之间产生联想，因此而形成关注和尝试。

确定品牌承诺是品牌内涵的重要职责之一。品牌承诺就是品牌在向消费者传递自身价值的同时，向他们所做出的基于品牌价值的承诺。品牌承诺分为产品品牌承诺和企业品牌承诺两个方面。产品品牌承诺侧重于产品的品质、服务和创新性，而企业品牌承诺侧重于企业的核心价值观、经营理念、使命、愿景以及企业实力、产业优势等。

特别指出的是，在品牌价值的构成中，"我能做什么"是对"满足消费者需求"的承诺，而"我能给你带来什么"是对"创造消费者价值"的承诺。在当今这个迭代转型的时代，无论是消费者还是企业在能力的构建上比任何时候都更需要快速地提升，都更需要外部力量的支持与赋能。

从消费者层面上讲，是为消费者自身的价值赋能，提升他们的生存与生活能力。在社会竞争能力之上，这就是所谓的创造消费者价值。举个简单的例子，当一个人生病之后，不仅要受到病痛的折磨，还会在不同程度

第五章 如何塑造品牌——从内涵到形象

上降低甚至失去工作的能力，给社会和家庭带来各种负担。如此一来，这个病人就降低或者失去了自身在家庭、社会中的价值。当通过治疗痊愈之后，这个人又恢复了创造价值的能力。这种价值的失而复得便是由品牌的价值所带来的。

对于B2B的企业来说，单纯地满足客户在某一方面的需求是不能与客户形成战略性合作的。因为当单一的需求不复存在的时候，合作的基础就会随之而失去。如果企业合作的基点是为客户创造它所定义的价值，与客户的成长紧密结合在一起，这种合作就可以成为一种战略性的、长期性的合作，因为企业的成长是无止境的。

1999年，GE的金融部门推出了"ACFC"活动，即at customer for customer（立足客户、服务客户），由GE的管理专家免费为客户进行6 Sigma的咨询、培训、实施辅导，结果有40%的客户参加了这一活动，并取得了明显的成效，这些客户因此与GE金融部门建立了战略伙伴关系。现在"ACFC"已成为GE的新口号，扩展到整个集团，成为GE营销的一个标志。

世界500强之一的瑞典利乐（Tetra Pak）公司，面对中国产业链下游"软件"环境差的状况，推出"关键客户管理系统（KAM）"模式。在输出产品的同时，更多地输出企业文化、管理模式、运营理念、营销思想、市场运作方法，为合作伙伴培养人才。在全面输入管理、研发、技术、加工、营销过程中，利用优势资源全方位整合客户存在的问题，改变了合作伙伴的软环境。

杜邦公司每年都要为重点客户免费提供一些面料新产品，鼓励客户进行产品设计创新，并协助其在全世界宣传推广，客户的成功带动了面料新品种的销售。

上海宝钢每年都要试生产新品，并将其免费提供给重点客户进行新产品开发。如"一汽"红旗借助宝钢免费提供试验钢板，实现了国产化。

江苏常州长江客车厂特别针对公交车投入大、投资回收期长的行业特点，邀请对自己资信情况非常了解的常州银行共同参与，帮助客户向本地银行融资，解决了客户发展的难题。

在品牌的内涵体系中，对于企业品牌，还应包括品牌的文化内涵，即愿景、使命、理念、价值观等，这是企业在文化层面上向内部或外部确立的一种品牌承诺（也可将之归纳至企业文化的范畴，同时兼有对内、对外的影响属性）。

所谓"愿景"是指品牌要实现的长远发展目标，即你想追求的梦想；"使命"则是在实现这一愿景的过程中，你要承担的责任和义务；"理念"是为了更好地实现愿景、担当使命，你所遵循的生存法则是什么；"价值观"是品牌的世界观和集体人格，即你看重什么？你的操守是什么？品牌正是通过上述品牌文化的建立来明确方向，修正言行，以此来赢得消费者对其在精神上的认同、共鸣及信任，乃至品牌信仰。

商业领袖的演讲中，"愿景""使命""价值观"这些词汇频繁出现。马云曾指出："方向感靠愿景，不迷茫靠使命，同舟共济靠价值观。"他曾说过，当年的阿里巴巴什么都没有，靠的只有价值观；而这些著名品牌的价值观底色无一例外地都充满着爱、仁慈、悲悯、同情等人文的精神。

星巴克董事会执行主席，美国西雅图超音速篮球队前老板霍华德·舒尔茨就曾强调："一路走来，我们所做的许多决定并不完全出于经济利益的考虑，甚至经常反其道而行之，归根结底，还是源于爱与慈悲。但恰恰就是这些决策最后让我们获得了巨大的商业回报。"

那么，我们在具体实践中如何梳理出令人满意的企业品牌的文化内涵呢？笔者提炼出确立企业品牌文化内涵核心的四大定位和六大原则，以此作为基准对企业品牌内涵进行专业性、系统性的梳理。

1. 四大定位

（1）哲学概念，品牌的世界观。它决定了品牌的自然观、社会观、人生观、价值观。

（2）生存法则，品牌的方法论。它决定了企业发展的战略、路径和方法，是核心竞争力和持续发展的基点。

（3）经营理念。它决定了品牌的定位与品牌的价值所在，是指导、统领经营行为的指导方针。

（4）品牌主张。它决定品牌所倡导的精神、践行的文化、给予的承诺。

2. 六大原则

（1）概念广泛性，即为未来发展预留足够的空间，具有较好的前瞻性。

（2）需求对应性，即能与目标用户的刚性需求形成精准的对应性。

（3）市场空间性，即健康平衡概念下蕴含着巨大的市场机会。

（4）内涵独有性，即能形成强关联性的品牌联想，并与竞争对手形成显著性区隔。

（5）理念贯通性，即能将品牌定位、价值以及产品理念形成一贯到底的逻辑性和统一性。

（6）母品牌一致性，即要与母品牌的理念保持高度的一致。

从产品品牌角度，对于消费者利益的承诺主要体现在三个核心层面：一是应用层面，包括产品功能、质量及价格；二是心理层面，即消费者在使用产品时的心理感受（安心、荣耀、愉悦、满足、自信等）；三是社会层面，即产品使用给消费者带来的社会身份认同感（财富、地位、成就）与社会身份归属感（阶层、族群、社交）。品牌所给予消费者的利益正是体现在上述三层价值的聚合之上。

产品品牌的价值定位的选项一般会有以下几种：

（1）利益定位。例如，华为的定位是"丰富人们的沟通和生活"，提供有竞争力的通信解决方案和服务，持续为客户创造最大价值。"主张的就是给客户带来利益价值。

（2）品质定位。例如，天士力野山参的定位是"根源长白，植循古法",跨越15载的天地精华。以道地产地、种植标准和生长年限证明产品的品质。

（3）情感定位。例如，哈根达斯的品牌主张是"爱她就带她去哈根达斯"。其诉求是一种情感的表达。

（4）人格定位。例如，褚橙的品牌表达是基于褚时健的人格力量，即"85年的跌宕人生，75岁再次创业，结出2400亩累累硕果。"让品牌从神格定位落地为活生生的人格定位。

总而言之，品牌内涵所传递的是消费者选择你的那个"理由"。这个"理由"实质就是品牌的竞争优势，既要优于对手，又不易被模仿；同时也是一种品牌向消费者做出的承诺。这种承诺让消费者清晰地识别并记住品牌与自身之间的利益关联，代表着品牌在其价值的实现上所需要承担的责任与义务，最终换取的是消费者对品牌承诺获得的信任以及对利益获得的期望。因此，无论是对价值的定位还是对利益的承诺，都是品牌驱动消费者对品牌从认同到喜欢乃至忠诚的核心驱动力。

第二节 以展现承诺为核心的品牌形象体系

品牌塑造的过程就是消费者对品牌从认识到认知，从认可到认定的过程。认识源于形象，认知源于言行，认可源于精神，认定源于情感。因此说，品牌形象是消费者认识品牌的开始。正所谓先入为主，因此一个正性的、清晰的、具有很高辨识度的品牌形象对于品牌的塑造是至关重要的。

美国市场营销协会对品牌的定义恰好说明了这一点："品牌是用以识别一个或一群产品或劳务的名称、术语、象征、记号或设计及其组合，以

第五章 如何塑造品牌——从内涵到形象

和其他竞争者的产品或劳务相区别。"

这种定义是将品牌视为一种特殊的符号。品牌形象传递的信息主要是用于完成品牌的识别,包括品牌属性的告知、品牌价值的承诺、品牌利益的联想,最终形成对品牌的识别与区隔,乃至对品牌内涵的记忆。

奥格威说过:"每一则广告都应该是对品牌形象的长期投资。"每一个产品都应该发展一个形象,否则就谈不上是品牌。在确立了品牌的内涵体系(品牌定位:我是谁,我与别人有什么不同;品牌价值:我能做什么,能给别人带来什么)之后,我们就要将之传播出去,以实现与消费者的初步沟通,达到相识、相知的目的。在品牌传播之前,需要我们将品牌内涵转化成具体的"形象",即以消费者能够感知到的方式将消费者选择你的"理由"向其进行表达和传递。这就是品牌的形象体系建设,即以品牌内涵为核心,以品牌识别和品牌区隔为目的,进行品牌形象识别系统(CI)的构建。

在品牌形象的构成中,不应该仅仅是外在的标识,其核心应该是它的定位与价值。品牌形象是由品牌的产品、理念、行为、文化等要素共同凝练成的一种形象,一种联想。因此,在品牌识别的角度,要紧紧围绕品牌价值内涵这个核心进行品牌形象设计。要对品牌的内涵体系以及产品、服务做出清晰、一致、规范的表达,让用户形成直观性的认识。在形象区隔角度,通过品牌形象设计,实现品牌表达差异化、品牌标识独特化、品牌印记持久化,最终塑造出个性化的品牌形象,让用户为此而形成清晰的品牌区隔性的认知。

值得一提的是,品牌形象的表达一定要传递出品牌价值的独特性、形象的鲜明性和长期的一致性。特别是在当今这个品牌众多的时代,品牌形象的个性化越来越显得重要。正如叶茂中先生在《如何选择一个好的品牌形象》一文中所说:"形象说穿了是表现一种个性,它可以是某种精神、某种情感、某种风格、某种氛围……"品牌形象塑造"要以维护个性内在的统一为准则……"

如上所述，品牌形象的塑造要从以下四个方面展开。

1. 视觉识别系统（VI）

包括名称、标志、标准字、标准色、象征图案、宣传口语等在内的文化系统，以及办公用品、产品包装、广告媒体、交通工具、衣着制服、旗帜、招牌、标识牌、橱窗、陈列展示等在内的应用系统。

视觉识别系统首先要遵循标准性，即以标准化的设计导向，视觉要素要实现标准化，达到形象展现与传递的一致性，以免给消费者带来认识上的混淆或模糊，因此，基于标准化的统一性至关重要。其次要具备差异性。品牌形象的传播有一个重要的任务，就是在消费者的认识中要与其他品牌形成有效的区隔。因此，基于个性化的差异性是必不可少的。只有与众不同的企业形象，才能够有利于识别认同，才能独具风采，脱颖而出。再次是要遵循品牌形象展现与传播的实效性。在设计上要追求简洁，确保企业的 VI 计划得以有效地推行运用，因此品牌形象展现与传播必须要能够操作且便于操作。同时要贴近人们的生活，具有强烈的亲和力，使消费者易认、易懂、易记。要能更好地完成传递品牌理念、彰显品牌调性的任务，避免消费者对其所传递的信息产生歧义。最后是艺术性。VI 的设计要符合大众审美标准和时代流行趋势，不仅要具有很强的艺术表现力，还应具有强烈的视觉冲击力，且形式完美，装饰性强，创意独特，使人赏心悦目，让人们在愉悦中牢记其品牌含义。

2. 理念识别系统（MI）

理念识别系统包括使命（企业存在的意义）、理念（企业的经营哲学）、愿景（企业的发展目标）、精神（企业的集体人格）、价值观（企业的价值取向、基本信念）、品牌价值（企业可以为用户或社会带来的价值）等。

理念识别是企业识别系统的核心，是体现企业自身精神内涵和发展方向的、指导企业构建核心竞争力与持续发展力的内在价值体系。它代表了企业的核心价值观、经营理念、品牌主张和行为规范。对外它可以推动消费者对品牌的深度认知，获得社会的普遍认同，进而形成信任度和美誉度；对内它可以形成文化凝聚力，成为企业行为的准则，规范员工的行为操守。

世界著名车企品牌文化一览，如图5-1所示。

图5-1 世界著名车企品牌文化一览

2001年，《华为人》报刊登了一篇题为《为客户服务是华为存在的理由》的文章，任正非先生在审稿时，将其改为《为客户服务是华为存在的唯一理由》。十几年来，任正非先生不厌其烦地反复用"唯一"这样的词汇来强调华为的企业理念——"以客户为中心，价值创造来源于客户"，并将此价值观深深植入华为人的心里。在利比亚战争枪炮正酣时，不管是政府军的网络坏了，还是反政府军的网络坏了，华为人都义无反顾地背上背包，冒着可能被冷弹、炮弹打死的危险去为客户解决问题。

这充分体现出华为人对"以客户为中心，价值创造来源于客户"理念的高度认同。

3. 行为识别系统（BI）

在企业内部系统方面，包括企业内部环境的营造、员工教育及员工行为规范等；在企业外部系统方面，包括产品规划、服务活动、广告关系及促销活动等。

特别应该强调的是，在理念识别与行为识别之间的"知行合一"。理念不应该只是口号而已，要切实地落实在品牌的行为上。正如，阿里巴巴集团CEO张勇所强调的，"价值观不是用来挂在墙上的，是不知不觉融入思考和行为之中的"。

麦当劳的企业理念是"质量、时间、服务、清洁、价值"。在经营行为上，为保证食品质量，所有原材料在进店之前都要接受多项质量检查，其中：牛肉饼需要接受的检查指标达到40多个；奶浆的接货温度不超过4℃；奶酪的库房保质期为40天，上架时间为2小时，水发洋葱的上架时间为4小时，超过这些指标就要废弃；产品和时间牌一起放到保温柜中；炸薯条超过7分钟、汉堡超过10分钟就要扔掉。

在服务上，麦当劳餐厅的服务生谦恭有礼，餐厅的设备先进便捷，顾客等候的时间很短，外卖还备有各类消毒的食品包装，干净方便。有些餐厅为方便儿童，专门配备了小孩桌椅，设立了"麦当劳叔叔儿童天地"，甚至考虑到了为小孩换尿布的问题。麦当劳的食品讲求味道、颜色、营养，价格与所提供的服务的一致性，让顾客吃了之后感到真正是物有所值。

在清洁方面，麦当劳制定了严格的卫生标准，如员工上岗前必须用特制的杀菌洗手液搓洗20秒，然后冲净、烘干。麦当劳不仅重视餐厅和厨房的卫生，还注意餐厅周围和附属设施的整洁，连厕所都规定了卫生标准。

4. 环境识别系统（EI）

内部包括环境清洁度、指示系统、配套家具、设施的风格与质量、通信设施、空气清新度、安全设施；外部包括生态植物、绿地、雕塑、吉祥物、建筑外饰，乃至组织环境风格与社区风格的融合程度。

环境所识别的是企业的"家"，是对人所能感受到的组织环境系统实行规范化、统一化的管理，是根据企业理念、企业特征、企业文化、企业

第五章 如何塑造品牌——从内涵到形象

行业特色，以及公众需求、方便性、习俗文化等要素进行环境设计与塑造。许多知名的服务型企业都非常注重环境的质量。如麦当劳、星巴克都以为顾客提供一个宜人的环境，让顾客进餐之余得到精神文化的享受作为自身品牌形象的要素之一。在一张"星巴克文化营销内在逻辑关系图"中显示，"环境植入"被列为星巴克咖啡文化与目标消费者沟通要素中的首位。业界甚至认为，咖啡品质的优异并不是星巴克的成功最为重要的因素，轻松、温馨的环境气氛的感染才是星巴克制胜的不二法宝。

国内一些优秀的制造业企业也深知品牌形象环境识别系统的重要性。以天士力为例，天士力在产区建设中始终坚持"产业+文化"双重的形象表达。目前，已经有两个产业园区成为国家4A级景区，两家是3A级景区，有两项景观申报了吉尼斯世界纪录。

作为一家中药制造企业，继承、创新祖先文化是天士力"三种人文化"首要的。因此，宣传中医药文化就成为天士力环境识别中的重中之重。其中，以堪称世界墙体浮雕之最的"中华医药图"最具代表性。它长达150米，高1.8米，于2001年3月获得"基尼斯大世界之最"的称号。浮雕上刻画了上百位古代医学界的仁人志士以及众多生动有趣的中医药典故，娓娓讲述了上下五千年中医药发展历程。整面雕塑展现了中国医药文明的发展史，中国医药科技的创新史，中国医药先贤们的奋斗史，折射出天士力人的民族自信和文化自信，彰显了天士力以弘扬民族文化、振兴中医药产业为己任的信念。

药用植物生态园占地面积1.6万平方米，栽培药用植物百余种，还有来自世界各地的名贵花木137种。生态园分为内外两部分：温室内中药材植物为自然种植；外部由南向北分为四个区段，按春夏秋冬四季的顺序进行排列，种有丹参、三七等药材原料品种，为天士力主要产品，还有芍药、白玉兰等极具观赏价值的药用植物。整个生态园达到"虽由人做、宛自天成"的艺术效果。园中还筑有三只铸铜猛虎，掩映其中，演绎着"虎守杏林"

的美好传说。药用植物生态园与世界医药之光、生命科学群英像、神农尝百草、悬壶济世、杏林千秋、百通图等中医药文化景观建筑一起，让天士力大健康城成为一座文化内涵丰富的现代中药博物馆。

以"责任、价值"为内涵的员工文化也是天士力品牌环境识别中重要的组成部分。在"明星大道"上，镌刻了集团创业功勋、岗位能手、技术标兵、销售状元及明星员工的脚印和名字。一排排光彩熠熠的金色脚印，仿佛让我们看到一群群执着的行者，一队队威武的士兵，在天士力创业、发展的艰辛历程中，披荆斩棘，风雨兼程，义无反顾，昂首前行！

象征着百川归海、天下归心的"归心坛"是根据天士力创始人闫希军先生的人才观制作的大型不锈钢雕塑。由一个直径6米的地球和三条支架构成一个硕大的石榴，顶端似一朵石榴花，具有生命繁衍之含义，同时也喻示着天士力的用才之胆，爱才之心，容才之量。"地球"分虚实两个部分，实为陆地，虚为海洋，与蓝天融为一体。陆地用5166个小球向中心聚集，辉映天宇，昭示着天士力"不求所有，但求所用"的人才观所造就的向心力和凝聚力。归心坛正面为太阳升起的方向，"丹心日日照汗青"，彰显了天士力人以弘扬中药文化为己任的赤诚之心，表达了天士力对人才的求贤若渴以及推进中药现代化、国际化和大健康事业的坚定决心，与明星大道一起永远激励着后来人为实现中国大药、世界大药的宏伟蓝图而奋力向前。

5. 信用识别系统（CRS）

品牌的建立和塑造必须以信用为基础。因此，信用是塑造品牌形象的重要维度，优质的品牌信用形象能够有力地提高企业的知名度、美誉度和忠诚度。信用有助于提高品牌防范商业风险的能力，能够吸引投资人与客户大胆放心与之合作；同时可以降低企业经营成本，提高产品周转能力、融资能力，提高资金的使用效率。信用已经成为品牌所构建的无形资产的一个重要组成部分，这种无形资产会伴随品牌信用的提高而

第五章 如何塑造品牌——从内涵到形象

扩大和增值。

品牌信用涉及企业的方方面面，涵盖了企业的所有经营活动，它包括企业信用能力、企业家信用、公众信用、经营信用、用户信用、媒体信用、银行信用、资本信用、政府信用等，品牌信用就是这些信用形式的综合反映。

从品牌识别的角度看，市场或是消费者主要是从以下三个方面来对企业的信用形象进行识别：

（1）文化。企业和管理者在经营活动中所表现出来的品德、性格、行为、作风等。文化是品牌信用最为重要的要素，它很大程度上决定了企业的信用行为和形象。

（2）能力。企业在营运、获利和偿债等方面的能力，以及经营者在经营、管理、资金运营、信用调度等方面的个人能力，也直接决定了品牌信用的等级。

（3）资本。包括企业的资本构成、资本关系、增资能力、财务状况等，决定了企业的信用规模。

品牌信用识别系统的构建主要是从社会化信用体系、企业信用文化体系、企业信用标准体系、企业信用状况评价体系、企业信用风险防范体系、企业信用信息披露体系、企业信用监督管理体系这七大体系入手，加强企业信用管理，提高企业的信用等级；强化信用管理的内部约束机制和利益激励机制。对内，有计划有步骤地建立品牌信用体系；对外，树立起诚信可靠的品牌信用形象。

通用电气公司在给其股东的一封信中，把企业诚信问题摆在了首位：诚信是我们价值观中最重要的一点。诚信意味着永远遵循法律的精神，但是，诚信也远不止是个法律问题，它是我们一切关系的核心。

在以往信息为王的时代，信息的传递非常不对称，消费者对品牌的了解基本上都是源于企业自身。企业充分利用信息的传递，如广告来博得消费者的信任。因此，那个时候的品牌都朝着"高大上"去"打扮"自己。

例如，在20世纪的广告宣传中，我们经常会看到的"国优、省优、部优、驰名商标"，品牌为自己戴上一顶这样的"桂冠"，就是让自己成为"神格"品牌，其目的就是借此赢得消费者的信任。在很长一段时间的广告宣传中，诸如"最大""第一""唯一"这样的极端用语是满天飞，严重地误导了消费者的认知。2015年9月1日，我国新版《中华人民共和国广告法》出台，明确规定了商品广告宣传中禁止使用以66个极限用语为代表的极端、极限用语。

如今，消费者喜欢的是"人格"品牌，有血肉、有态度、有情趣、有个性，才是新生代消费者心目中的品牌IP。通过品牌人格化让品牌的个性特征更强，辨识度更高，内涵传递更清晰，与消费者沟通的成本更低。

金融品牌"宜信普惠"放弃了使用多年的标语"急用钱，找宜信普惠"，换以"宜信普惠，这个朋友肯借钱"。这个拟人化的标语精准地表达了品牌核心定位与信息：宜信普惠就如同身边的好友一般，愿意帮助每一个朋友解决资金的问题，帮他们借到钱。一个"肯"字既传递了对朋友的爱，又彰显了自身的能力。让客户感到非常亲切和温暖。

说到品牌形象的呈现，我们不能不说到品牌形象的有力载体——广告。在很长时间内，广告是非常普遍且行之有效的品牌形象载体形式，曾经为品牌形象的表达立下了"汗马功劳"，可谓是"功盖千秋"（据说我国最早的有关品牌广告的记载是宋朝庆历年间，距今已将近1000年）。当中国经济从产品竞争时代、渠道竞争时代发展到信息竞争时代的时候，广告的力量便爆发出来。我们从一支好的广告中，就可以很好地获知品牌的定位、品牌的价值，乃至品牌的主张、品牌的精神，最终提升消费者对品牌认识、认知的效率与效果。

"您身边的世界银行"。在人人叫嚣高端、大气、国际化的时代，这条广告所传递的是汇丰银行要与顾客之间面对面、零距离的品牌定位。实现了国际化和亲切感的完美融合。

第五章 如何塑造品牌——从内涵到形象

红牛饮料在欧洲的广告语是："红牛给你翅膀"。它所传递的品牌价值，即能做什么——能给你翅膀，能给你带来什么——让你飞翔（形成联想的潜台词）。再如，中国的红牛广告语：能做什么——"困了、累了（可以）喝红牛"，能给你带来什么——（让）"你的能量超乎你的想象"。

"非同凡想"——1997年，曾被踢出局的乔布斯重掌苹果，借由这支广告，让迷失的苹果重新找到了自己的品牌主张。正是因为这条广告，让世界上那些梦想能够"与众不同"的人们，迅速集结在苹果的旗帜下，与苹果一起来改变世界。

"万事皆可达，唯有情无价"。这条广告语所强调的是"情之无价"，传递的是"与家人、朋友共享美好时光"这样的注重情谊、共享美好的品牌精神。成功地塑造了一个与Visa、美国运通及其他信用卡组织区隔开来的品牌形象。

必须指出的是，在品牌不同的发展时期，品牌形象所要传递的内容也有所不同。在品牌导入期，与消费者之间还是"生人"的关系，因此让消费者知道——你是谁，你跟其他品牌有什么不同（品牌定位），告诉消费者——你能做什么，能给消费者带来什么（品牌价值），是品牌形象传递的主要诉求。主要的目的是让消费者广泛而深入地认识品牌，扩大其知名度，提升其信任度。在品牌成长期，因为已经有消费者的卷入和体验，所以在传递品牌内涵的同时，品牌形象还需要传递消费者的品牌体验（消费体验、产品体验、文化体验和服务体验），目的是提升品牌的美誉度。在品牌的成熟期，则更多地传递品牌的文化、品牌的精神，乃至品牌的信仰。

戴比尔斯："钻石恒久远，一颗永流传"。

即体现了钻石的独一无二的品位和品质，同时也表达了钻石所赋予人们"对爱情忠贞不贰"的文化体验。

新盖中盖高钙片："一片顶过去5片"。真功夫："营养还是蒸的好"。

上述两条广告语均传递了消费者在应用了产品之后对产品体验的表达。前者是对产品功效的赞誉，后者是对产品制作方式的肯定。

天猫商城："上天猫，就购了"。

这条广告语所传递的是消费体验，即在天猫商城，应有尽有，服务周到，只要上天猫，能满足你所有的消费需求。

李宁："一切皆有可能"。

传递的李宁品牌的精神内涵，即只要有梦想，只要坚持努力，就能够实现更高、更快、更强的人生目标。

海尔："真诚到永远"。

传递出海尔将"真诚"奉为品牌信仰而矢志不渝。

品牌形象的载体形式有许多种，如企业宣传片、宣传册、海报、展览等，对此，叶茂中先生指出："不必拘泥于具体的人或物，而应注重载体与形象之间内在的关联和统一性。一个理想的形象载体应该具备几个方面的特点：鲜明、独特、贴切、统一，并且具有无限衍生性。唯其如此，形象载体也才会具有深厚、旺盛、久远的生命力。

在品牌形象的表现形式上，随着媒介多元化和信息碎片化，以及新的媒介技术的日新月异，人们接收信息的触媒习惯的改变，品牌形象的表现形式一方面越来越丰富，一方面也呈现出注意力被分散、传播记忆逐渐减弱的趋势。品牌形象进入由信息传递变化为内容传递的时代。当消费者面临更多选择的时候，单凭简短的广告信息已经很难再打动消费者，形成购买转化。消费者在很多时候需要对品牌形成更为全面、更为深入的了解，才能最终完成消费决策。

由此可见，未来的品牌形象更多地是以品牌内容的形式予以表现，而品牌之间基于内容影响力的竞争不会是凭借几次媒介引爆就一蹴而就的。企业必须从品牌营销的内容吸引力上去思考：如何赢得媒体和消费者的关注？如何让品牌成为媒体与生活者相互连接的媒介？在这一点上，基于强

第五章 如何塑造品牌——从内涵到形象

有力的、人性洞察的、有情怀的、富有创意的内容,才能够产生具有强大"吸引力"的品牌形象,从而获得品牌的认知和信任。

最后,必须强调的是,无论是以简单扼要的品牌信息为主的广告形式,还是更为翔实的品牌内容形式,对于品牌形象的呈现都要紧紧围绕品牌的内涵体系来展开,这是品牌形象的核心内容,也是品牌形象表达的主要任务。

第三节 企业文化是品牌内涵的灵魂所在

在以往的认知中,认为品牌文化才是企业对外的文化,而企业文化是对内的文化。其实,企业文化也是品牌建设重要的体现。如果品牌代表企业品质的话,那么企业文化则是代表企业的品格。没有好的品格何来好的品质,这一点对人是这样,对企业也是一样。因为所有的品牌建设都是人所创造的,人的因素是品牌背后起决定性作用的因素。

一个企业能不能始终保持创造力和竞争力决定了这家企业品牌价值能不能持续满足消费者的需求以及创造消费者的价值,能不能在激烈的市场竞争中始终保持核心竞争力和持续发展力;而这一切都要以企业的治理与员工能动性的状态为前提。

从社会治理到企业管理,文化的作用无法替代的。前者无外乎信仰、文化和法律三种途径,后者也无外乎价值观、文化和制度三种途径。信仰、价值观决定了人们的思想和理念,而法律和制度则决定了人们的行为和操守。但是,在这两者之间一定要有文化作为阶梯让前者"落地"到后者,体现在后者之中。另外,无论是社会治理还是企业管理,最佳的状态是由文化来完成80%的任务,而剩下的20%的任务则分别由另外两项来承担。

有坚定信仰的人毕竟是少数，但若是 100% 的人都直面法律，则会陷入法不责众或是顾此失彼的境地。最佳的状态是用文化影响下的自我约束来完成 80% 人的行为规范。

文化所塑造的是集体人格，就像是不同的家族有不同的家风一样。它代表了这个群体对待事物的共同的理念、态度、行为和操守。对于企业，没有文化的承接，企业的价值观是无法体现在员工的行为操守之上的，只有通过文化将价值观转化成一致认同和遵循的精神审美和行为准则，直至形成共同的集体人格，才能最终实现从价值观到行为的知行合一，实现从品牌理念识别到品牌行为识别的知行合一。

阿里巴巴集团 CEO 张勇在谈到企业文化的作用时指出："商业模式创新是创造生产力，组织能力创新是创造新的生产关系，最终交汇在人上点燃。文化是溶解剂和催化剂，能把所有东西融在一起。"

1. 质量文化

我们强调，产品卓越是品牌之"根"。这是因为，质量是消费者认知品牌的第一印象，是消费者认同品牌的第一感受，是消费者认可品牌的第一评介，是消费者认定品牌的第一选择。由此，质量也就成为品牌本质的内涵要素，是品牌核心的价值体现，是所有品牌价值的前提和基础，是企业品牌战略的第一保障；而产品质量没有深入人心的质量文化是绝对无法保障的。

海尔砸冰箱的故事至今依然作为企业重视质量的经典范例在流传。其实，海尔对质量的重视并没有停留在"故事"之上，而是形成一个个质量理念——"有缺陷的产品就是废品"，"谁生产不合格的产品，谁就是不合格的员工"，"质量改进是个没有终点的连续性活动，停止就意味着开始倒退"。正是在这种理念的指引下，海尔冰箱的质量始终得到消费者的广泛认可，最终于 1988 年获得了中国冰箱史上的第一块金牌。之后，企业将最初的质量文化又延展为"大质量文化体系"，即"质量"不仅指实

第五章 如何塑造品牌——从内涵到形象

物产品的质量以及狭义的质量标准——达到检验标准，也指无形产品——服务产品的质量，提出了"零距离服务"的理念，让达到用户的满意成为海尔"大质量体系"的重要组成部分。

这是因为，质量保障的首要因素是人，而人的行为受到意识、精神的支配；而质量文化就是在员工中培育出以质量为天的共同认知与集体精神。只有将对质量的守护转化成一种全体员工的意识自觉和行为自觉，并将其固化为企业的价值取向、行为准则、思维方式，才能筑起质量防护的精神堤坝和道德高地。

2. 创新文化

除了质量文化之外，创新文化也是品牌文化的灵魂所在。品牌之所以具备强大的市场竞争力，是源于其内在的品牌价值。这种价值的构成一定要具备四大属性。

（1）普适性。从社会问题中捕捉市场机会，使得品牌的价值尽可能地满足多数人的需求，为品牌价值交换提供广泛的目标群体和较长的生命周期。

（2）必要性。要满足消费者的痛点需求，以获得对产品的刚性需要，使其具有不可或缺性。

（3）持续性。通过不断创新，以持续挖掘、激发、满足消费者的新需求。

（4）独占性。通过独有性的核心技术来形成竞争壁垒，使其具有不可替代性。

这其中，独占性是赢得竞争的必要条件。因为没有独占性，品牌就不会赋予消费者一个必选的理由，也就不具备品牌价值的必要性；没有独占性，就很容易被复制，甚至被超越；没有独占性，就可能陷入同质化竞争的"红海"之中，这对于品牌的后来者是一条不归之路，也就不具备品牌价值的持续性，最终也就无法赢得竞争。

那么，品牌价值的独占性从何而来？无疑就是拥有自主知识产权的核心技术。有了这个杀手锏才能在竞争中形成难以逾越的壁垒，才有资格整合世界级的产业链优质资源，才能赋予品牌高附加值、可持续的竞争力量。这一切都离不开企业的创新文化。俗话说，失败是成功之母，所有的创新都源于"失败"。因此，创新文化实质上是"失败文化"，只有宽容失败，才是真正地鼓励创新。

在如何看待失败问题上，华为的理念与态度恰恰就是：宽容！在任正非看来，失败是另外一种形式的成功。"宽容失败"既不是华为的核心价值观，也不是某项制度之一，而是一种文化。在这种文化的带动下，华为给予科学家以足够的空间，让他们在既定的研发主航道上去研究思想，探索未来。尽管华为的产品研究成功率不超过50%，每年有几十亿美元被浪费了，但是华为宽容失败的机制，培养起一大批高级研发人才，他们在各个领域能独当一面，为华为创造了非凡的价值。

创新文化还体现在对趋势的洞察和对机会的把握上。诺基亚是最早研发智能手机的，柯达是最早研发数码相机的，索尼是最早研发MP3的。但结果是，诺基亚迷恋于当时的市场占有率，柯达迷恋于胶卷产品的高额利润，而索尼则是因为担心MP3产品的推出会严重影响其唱片业务，于是，他们就无一例外地错过了发展良机，最终被时代甩在身后。反观海尔，从1984年开始创业，历经名牌战略、多元化战略、国际化战略、全球化战略和网络化战略五大发展阶段，每个发展战略阶段的递进都是产生于上一个阶段接近波峰的时段，而不是出现在波谷期。据海尔大学的讲师介绍，海尔只在"三个问答"——"有用吗？""有用！""有什么用？""不清楚！""什么时候会有用？""不知道！"这样的背景下就做出了打造数字化营销生态圈的战略性决策。

我们不能说海尔在资源、技术、人才等硬件方面比那些世界级品牌要强，它们之间最大的差别是，在预见未来的同时，有没有敢于走出确定性的优势，迎接新挑战的锐气，抢抓新机遇的智慧与勇气，而这一切更多地是来自"'海尔之道'即创新之道"的文化驱动,以及对"没有成功的企业,只有时代的企业"的深刻理解。

3. 员工文化

员工文化是品牌形象的另一种维度上的体现,也是消费者认识品牌、认可品牌的重要内容。例如,消费者可以透过企业的员工文化以及对员工权益的保障来看待这家企业是不是一家负责任的企业,就像是中国人常说的那句话:"如果你连你的家人都不爱,你还能爱周边的人吗?"

2016年4月18日,一段"快递小哥被扇耳光"的视频引发网友热议。对于自己的员工的尊严和利益,顺丰集团很快就通过官方微博表示"会照顾好这个孩子,请大家放心"。在微博上上传的顺丰总裁的朋友圈截图更是引发大家关注,在截图中总裁声明:"如果这事不追究到底,我不配再做顺丰总裁!"

后来,在"顺丰"上市的现场,人们发现在敲钟的环节站在总裁身边的竟然就是那位在这次事件中被打的快递员。在整个事件中,顺丰为公众呈现出顺丰快递有态度、有温度、有血肉、有人格的品牌形象。通过这次事件,公众对顺丰品牌形象好感度有了大幅的提升。

在2017年4月的一天,星巴克举行了一场员工交流会。在交流会上,星巴克的高级管理人员了解到其中一些员工(他们称之为"伙伴")亲历了父母患病,甚至经历过父母的逝去。

在几个月前,星巴克对中国的伙伴做了一次调查,发现父母的身体健康是他们最为关心的,他们也很担心自己的经济承受能力。于是,就在当天,星巴克在中国宣布了一项重要举措:从2017年6月1日起,星巴克为所有符合条件的全职中国员工,全资提供父母重大疾病保险。

为什么公司要做如此巨大的投入(这也许要投入数百万美元),为这么多员工的父母购买这份保险?

对于这个问题,星巴克董事会执行主席霍华德·舒尔茨的回答是:"不是每一个商业决定都是出于经济利益的考量。所以对于星巴克这样一家公司而言，当我们听到了伙伴们发出的请求，我们是无法拒绝的，这是我们迈出的里程碑式的一步。"

4. 消费者文化

品牌是企业与市场构建联系的桥梁，是与消费者建立心智情结的纽带。因此，企业的消费者文化也是品牌内涵中不可或缺的组成部分。企业消费者文化中核心的问题是，你如何看待消费者，消费者在企业的价值链条中是什么样的角色和地位，这就决定了企业对待消费者的态度和言行。

在传统经济的漫长过程中，"消费者是上帝"已经被高呼了很长时间。但是，中国的消费者似乎很少能够真正体会到这种"待遇"，这句令消费者耳熟能详的句子，更多时候还停留在一句口号之上。这是为什么？其中最重要的原因就是企业在对消费者定位、角色及其价值认知上的偏差。传统企业与消费者之间关系的建立是置于产品研发、生产、销售之后，即企业获得利益之后的。在传统企业看来，消费者是销售利润的提供者，售后问题的提出者和经营成本的构成者。因此，在与消费者完成了交易、获得了利润之后，消费者再提出服务上的问题，在企业看来，这是在找麻烦，是在增加成本，其结果可想而知，因为"反正我的货已经卖出去了"。

还有的企业，在品牌导入期还能够坚守品牌的价值与承诺，坚持自身的价值观与经营理念。当进入品牌的成长期或成熟期的时候，开始被"胜利"冲昏了头脑，特别是在资本的裹挟之下，在业绩的压力之下，就开始"忘了初心"，一切以企业利益为导向，不是出于降低成本的需要而降级质量标准，就是在履行服务承诺是出现推诿的行为，以"店大"的心理开始"欺瞒"顾客，以"营销"的名义开始"算计"客户，逾越了诚信的经营红线。

曾经有一个"将牙膏口扩大1毫米"的案例被当作"金点子"风靡全球营销界，笔者当时也对此顶礼膜拜过："瞧人家这点子，怎么想的？"后来做"品牌系统性建设"的课程体系时又想起了这个案例。谁知，当笔

第五章 如何塑造品牌——从内涵到形象

者对这个案例"百度"时,呈现出来的结果却出乎笔者的意料。

这家名为"美国默克尔牙膏公司"的企业,在被所谓"金点子"催生了一年的经营业绩增长之后,销量就开始大幅下降,三年之后便宣告倒闭。原来,家庭主妇渐渐地感受到牙膏支出的增加,当"恍然大悟"之后,便彻底抛弃了这家企业。

这家企业将消费者完全定位为销售利润的提供者,如此一来在销售业绩的增长需求面前,就不惜以增加消费者开支为营销策略,以侵害消费者利益的方式来提升自身的营销业绩。殊不知,"金点子"也许会赢得销量,失去的却是消费者的信任与信赖,自然也就更失去了消费者的忠诚。正所谓,"在道上混,终究是要还的!"

当时代发展到互联网经济时代,互联网企业与用户之间关系的建立移至产品研发、生产之前,并且始终是平台价值的共建者和支撑者。因此,在互联网企业看来,消费者已经不仅仅是销售利润的贡献者,更为重要的是,消费者首先是产品需求的提出者,是商业价值的共建者,也正因为如此,在互联网意识的众多维度中,"用户第一"才会被推举为第一位。

这就是中美两国在消费者文化上的区别所在。

从2001年,任正非就提出"为客户服务是华为存在的唯一理由"的理念。海尔创始人张瑞敏也曾反复强调:企业的上级是谁?员工的上级是谁?就是用户。所以,给用户创造了价值,就有薪金;没有用户价值,就没有薪金。阿里巴巴在美国上市时,马云邀请多位用户上去敲钟,当记者采访时他说:"这不是要表达什么信息,而是一种自然的行为。我们一直相信'用户第一,员工第二,股东第三',我们努力15年就是为了用户的成功,这是我们的目的所在!"小米在成立之初就旗帜鲜明地亮出自己的价值观:因为米粉,所以小米。

尽管华为、海尔和小米它们的产品不同、品牌的定位不同,但是"以消费者为中心"是它们在不同中的"共同点",这成为它们的品牌内涵中最为重要的一个信条。

印第安人曾经有句谚语：走得太快时就要停下来等一等灵魂。对于企业，它的灵魂就是品质、创新，就是那个被称作"上帝"的消费者。

第四节　企业社会责任是品牌形象的基石

毋庸置疑，在企业整个发展历程中无时无刻不与社会发生千丝万缕的联系，因为企业也是社会中的一个单元体，企业每一天都生存在与所有人共生的一个大环境、大生态中。比如，生产的原材料和员工来源于社会，资源和能源来源于社会，投资和利润也与社会密切相关，因此，企业在经济性、营利性和独立性之上还有社会性的属性。有所取就得有回报，这是从自然到社会的基本法则，对于企业也是一样。当你从社会中获取了企业发展所需的各种资源的时候，你也就拥有了为社会承担责任、履行义务的前提。

在营销领域，社会责任营销概念很早就被提出。其核心就是，企业在经营决策时，除了要考虑商业目标和消费者需求以外，还应考虑民众和社会的长期利益，担负起社会公民的责任。

1986年，菲利普·科特勒提出了"大市场营销"概念。他在原来的4P组合基础上，又增加了两个P：政治力量（Political Power）、公共关系（Public Relations）。

他认为，21世纪的企业必须掌握两种新的技能：一是如何与国家打交道，了解一个国家的政治状况和政治壁垒，才能更好地向这个国家推销产品；二是如何在公众中树立良好的企业形象，承担社会责任，从而赢得公众舆论，如此才能在全球市场上有效地开展营销工作。

对于企业外部而言，由于承担社会责任的行为向公众展示了健康的企

第五章 如何塑造品牌——从内涵到形象

业形象，展示了企业作为社会公民的积极姿态，进而与政府、与社会、与消费者建立起良好的关系，树立起有责任、有担当的品牌形象，最终提高了企业的声誉，提升了消费者的品牌美誉度和忠诚度。对于企业内部而言，由于企业善待利益相关者，遵守职业道德，保障员工权益，能够吸引并保留更多的优秀人才为企业服务，并通过与上下游厂商广泛而和谐的合作，改善内部的管理和运营效率。

所有这一切对于企业可持续性发展是至关重要的。试想，一个与政府、社会乃至消费者之间不和谐、不互信，甚至损害公共利益的企业，又如何获得市场环境的支持，又如何在市场上立足。因此，企业社会责任的履行是决定企业生存与发展的基石与大计。

无论是福特汽车以"让每个家庭分享上帝赐予我们的快乐时光"为企业愿景，还是苹果以"提供大众强大的计算能力"以及华为以"丰富人们的沟通和生活"为企业使命，都彰显了企业的社会价值与担当。正如世界著名的管理大师孔茨和韦里克所认为的，企业必须同其所在的社会环境进行联系，对社会环境的变化及时做出反应，成为社区活动的积极参加者。这种过程的核心是企业要履行好社会责任。

企业社会责任（Corporate social responsibility，简称CSR）是指企业在创造利润，对股东和员工承担法律责任的同时，还要承担对消费者、社区和环境的责任，企业的社会责任要求企业必须超越把利润作为唯一目标的传统理念，强调在生产过程中对人的价值的关注，强调对环境、消费者、对社会的贡献。

企业社会责任形象的构建从以下几个方面展开：第一，合法、合规经营。企业要扮演好社会公民的角色，自觉遵守相关的法律，承担法律所规定的责任和义务。第二，履行好对股东的责任。对股东的资金安全和收益负责，力争给股东以丰厚的投资回报。第三，以人为本，以诚为本。提供优质的产品和服务是企业的第一社会责任。因此，要不断地通过创新来持续满足消费者的需求，创造消费者价值。第四，保障员工权益，即劳动报酬权、休息休假权、获得劳动安全卫生的权利、享受社会保险的权利、享有职业技能培训的权利。第五，不要破坏生态环境。企业在制定发展规划，设计企业生产工艺和生产工具的时候，一定要将对环境生态的保护作为一个核心要素予以体现，坚决杜绝以牺牲生态来换取自身发展及经营利益的观念及行为。第六，产业报国，回馈社会。企业在发展过程中一定会消耗一定的社会资源，获得方方面面的支持。因此，企业要与社会建立起友好的相互关系，依法纳税，提供就业机会，支持公益和慈善事业。

如前所述，今天的产品品质已经不是单纯的产品质量，还包括产品的需求适配度、市场适应度、体验适宜度以及社会的友好度。即使是前面三个选项都非常有效，社会的友好度也不容忽视，否则品牌就会遭受严重的损害。

2018年1月18日，美国监管部门指认，德国大众汽车公司所售部分汽车安装了专门应付尾气排放检测的"失效保护器"。这样一来，它们在车检时能以"高环保标准"过关，而在平时使用中却大量排放污染物。部分汽车排放的氮氧化合物甚至达到限值的40倍。环境保护署助理署长辛西娅·贾尔斯说："在汽车上使用失效保护器以躲避清洁空气标准是违法行为，对公众健康构成威胁。"

后来，大众汽车承认在部分汽车上设计并安装了失效保护器，它们为复杂算法软件，可以检测到汽车处于尾气排放检测状态。为此，大众汽车因为这件事一个季度亏损高达17亿欧元，公司股价曾暴跌30%，总计付出的成本高达数百亿欧元。

从这个案例中我们能获得这样的借鉴：其一，虽然大众汽车此次欺骗不是汽车的操控性、加速度或是安全性，而是绿色与清洁，但是，清洁与绿色一样是关乎消费者的利益，一样影响到消费者对大众品牌的美誉度。其二，信任是企业最重要的资本。品牌效应的主要根源就是信任。大众出现此种造假行为，让消费者对大众品牌的信任严重受损。其三，信任来自

第五章 如何塑造品牌——从内涵到形象

透明,而透明已成为现代社会的常态。海量的数据,更方便的网络,我们的一言一行早已掌控在所有人的手中。

不容否认的是,目前许多企业对企业社会责任的认识还停留在慈善捐款、环保倡议、扶助贫弱这样的一个层级之上。只知道国家有难时匹夫有责而不懂体系的建立,只知道回报社会而忽视内部关怀,只知道自话自说而不愿开放共享,只关注一事一效而不愿放眼未来,……对社会责任的履行还处在事件性而非体系性、零散性而非系统性、短期性而非长远性、片面性而非整体性的初级阶段。

对于企业社会责任,笔者从中获得了许多深层次的启示。

其一,是观念上的夯实与组织上的保障。

企业一定要正确认识自身发展与社会责任的关系,正确认识企业经济角色与社会角色的关系,正确认识企业、投资者和员工之间的关系(例如阿里巴巴始终强调,它们对这三种角色的关系排序是用户、员工和股东),将社会责任的履行提高到决定企业可持续发展的战略高度,将社会责任形象视为品牌形象中不可或缺、至关重要的一个方面。要培养企业员工的社会责任意识,使企业的每个员工在实际的日常行为中处处履行社会责任。

其二,体系的建立是企业社会责任成熟的标志。

在很长的时间里,企业对社会责任的认识,只是反映在慈善捐助、扶贫救危、倡导环保、回馈消费者这些单一的公益认同上。我们经常会看到,一场灾难降临就会有许许多多的企业慷慨解囊,踊跃之状令人感叹。但灾难过后,大家对于社会责任就又陷入了迷茫甚至是无为的状况。这缘于企业没有将对社会责任的履行视为一个系统工程,因此也就没有建立起社会责任的科学体系。企业对社会责任的认识应该是系统的,而不是只停留在慈善捐助、环境保护等单一的公益认同上;企业对社会责任的履行应该是体系的,而不应只满足于面对社会突发事件即时性的反应上。

在"立邦中国"的社会责任体系中，有一条主干，即"三大循环"。

"自然循环"是指"立邦中国"为保护环境做出的不懈努力。

"经济循环"是指"立邦中国"不但自身全面实施更高的安全与环保标准，更借由组建"企业社会责任（CSR）战略联盟"，来提升"立邦中国"及合作企业的社会影响力以及品牌价值，最终进一步带动企业的效益提升。

"责任循环"则是通过社区关怀及公益项目坚定不移地提升"立邦中国"的企业操行成绩单，强调在全社会形成各群体共同参与、深化社区关怀的良好氛围，将企业社会责任真正转变为可持续发展的推动力。

这其中至关重要的是循环的正性化，即通过正性循环来实现多方共赢以及持续发展的最高境界。企业在对社会责任的履行中，一定要对企业的良性成长起到推动作用，一定要对行业的健康发展具有引领价值，一定要对社会的和谐进步发挥长期效应，否则，企业对社会责任的履行就会成为一种不得已而为之的精神负赘，一种驮重前行的成本负担。

其三，体系与项目的契合是切实履行企业社会责任的前提。

体系的建立不是目的，企业对社会责任的履行要有与体系相契合的项目来落地，这样的企业社会责任才是真实的，才是有价值的。

"立邦中国"沿着CSR"三大循环"体系这条主干繁衍出"五大责任项目"体系，具体为：

"1+3计划"项目。以共同提升行业的安全标准为目的，包括油工安全培训计划、结合经销商店内绿色教育推动工厂EHS（环境、健康及安全管理）项目改善。

"社区关怀"项目。面向弱势群体，以对公益的关注与支持为目的，包括多项助学、赈灾、扶残活动。

"员工关怀"。以关注员工的工作环境与安全、关怀员工职业成长、关爱员工家属为目的，包括保障员工合法权益、打通人才成长通道、打造

第五章 如何塑造品牌——从内涵到形象

尽职尽责的工会、关注员工身心发展。

"绿色活动"。将"ECO（绿色、生态）"和"COLOR（色彩）"结合起来，以承担永续发展的企业责任为目的，包括从品牌形象到产品生产、从公司运营到员工守则都必须遵循的绿色原则，通过专卖店等渠道对消费者进行的绿色教育，以及"绿色银行"和"绿色创意"的项目。

"为爱上色"项目。"立邦中国"携手杜邦共启"为爱上色"计划，为希望小学涂刷外墙，捐建"立邦快乐美术教室"和"立邦希望小学"。

真正有社会责任感的企业应该是实实在在的，应该是脚踏实地的，应该是坚持不懈的，应该是注重执行的。否则，再完美的体系也是一座"看上去很美"的空中楼阁。

其四，企业社会责任的履行是一个由内至外、由己及他的过程。

一提到社会责任，许多企业就会习惯性地将目光放在企业之外。慈善是针对别人的，公益是面向社会的，这几乎成为大多数企业的一种思维定式。殊不知，员工和合作伙伴是距离企业最近的社会元素，更是与企业息息相关的社会因素。因此，我们始终认为，如果一家企业连对自己员工的利益都漠视处之，甚至冷酷相待，那么，它无论为他人、为社会做出怎样的公益行为，都会显得虚伪和做作。

"立邦中国"对员工的关怀是从两个"基础"做起的。

一是基础需求，即安全需求。"立邦中国"已经实现全线生产净味产品，几乎不含有挥发性有机化合物和游离甲醛；实现了装饰漆产品水性化，含配套水性底漆，大大降低了挥发性有机化合物含量；生产出新一代绿色抗菌产品，长效持久，减少了病菌对人体的危害；等等。所有这些，首先受益的就是"立邦中国"的员工。

二是基础员工。以员工成长与培训为例，"立邦中国"关于员工成长计划的制订和培训计划的实施都是从基础员工做起，然后才贯穿于整个员工体系。在"立邦中国"六大人才计划中就有四项是针对新员工或基础员工的。正如立邦领导者吴清亮先生所感悟的那样："假使管理层拥有财富而却没有照顾好员工，那么事业也永远不会成功！"

企业对社会责任的履行首先是一个由内至外、由己及他的过程，如果没有照顾好员工，就不可能解决社会的问题。因此我们认为，对员工的关怀才是企业社会责任原始的着眼点，也是企业社会责任首要的着力点。企业对员工的关怀体现在对员工的工作环境、安全、成长计划，乃至对员工家属的关爱等全方面、多角度的关注与关心上。

开放式运作模式是企业社会责任履行的最高境界。企业社会责任的初始出发点是社会，最终的价值点也应该是社会。因此，社会参与的最大化应该是企业社会责任的最大向往，社会价值的最大化应该是企业社会责任的最大追求。

大多数企业将公益营销单纯定位于打造企业正面的品牌形象，进而提升市场竞争力的手段之一。因此，往往会有一些狭隘的认识，即钱是我花的，事是我干的，不想让别人分散影响，不想与别人分享荣耀，以图对自身形成品牌聚焦和利益独享。但是，面对社会，面对如此繁杂的需求，一家企业又怎能做到全面及彻底。

当"立邦中国为爱上色"活动以美化校园环境、启发孩子色彩美感的角度深入到贫困地区的小学校时，他们又发现，孩子们还需要书籍，还需要文具，还需要老师，……对此，时任立邦中国区公关与企业品牌传播总监、企业社会责任（CSR）委员会秘书长吴佳伦曾表示："面对学校中的实际困难，望着孩子们那渴望的目光，又如何不打开自己，去迎接所有能关心他们的人，去抓住所有能够帮助他们的手。"

因此，"立邦中国"在多项公益活动中注重参与群体的广泛性。比如，"绿色银行"是全面实现"1+3"上下游的整合，拉动员工、经销商、消费者共同参与；"绿色创意大赛"更是将参与范围拓展到全民的领域；特别是"为爱上色"活动，"立邦中国"始终和杜邦紧密合作。在实现第一个"三年规划"

第五章 如何塑造品牌——从内涵到形象

后,更为全面地开放"为爱上色"活动,让更多的人在这个开放的公益平台上发挥出独特的作用,体验爱的奉献,分享公益的荣耀。从经销商到"立邦中国"员工都是其中的参与者,因为校园外墙的色彩都是由他们亲手涂刷的。他们亲临学校一次、两次,甚至自发地形成常态回访。在"为爱上色"活动中,在涂刷的学校中有很多是其他品牌资助建立的希望学校,你中有我,我中有你,构成了一幅幅由不同的企业、不同的员工共同描绘的爱心画卷。

综上所述,企业在履行社会责任的过程中,要建立明确的流程,确保社会问题以及新兴社会力量在最高级别得到充分探讨,并纳入公司战略规划中,从公司总体发展战略出发,将企业的社会责任贯穿到公司整体经营活动中。同时,定期发放企业社会责任报告,全面真实地展现企业正性的公民形象。

同时也应该认识到,企业的社会责任不只是企业的形象工程,而是以解决社会的问题与需求为起点。为此,企业在履行社会责任中,要倡导合力共赢,用各自的"不同"去完成"共同"的社会责任,借此让践行企业社会责任的行动延展到更广的领域,实现更大的社会价值,带动更广泛的社会群体,从而营造出高大的品牌形象。

请记住马云老师的话:"所有的大公司不是市值大,不是规模大,而是责任大;只有责任大的企业才能走得更远。"

【延展阅读】

企业文化内涵体系建设案例赏析

以笔者及其合作团队为某大健康品牌进行品牌内涵体系的构建为例，基于企业的战略属性，以及对市场要素的分析，为其确立了以"平衡"为灵魂的品牌内涵体系。

1. 概念的广泛性

大千世界，芸芸众生，周而复始，天道自衡。平衡是宇宙万物的生存法则，是人类社会的发展之道，是人生智慧的至高境界，是身心健康的源泉，是美好生活的永恒追求。平衡涵盖宇宙、自然、社会、家庭、人生，平衡涵盖健康、财富、情感、成功、成长，平衡涵盖政治、经济、文化、艺术、教育。因此，"平衡"概念的广泛性会为品牌的未来发展提供非常广泛的延展空间。

2. 需求的对应性

目前，我们正处在一个全面失衡的时代，因此，追求发展与生态的平衡、物质与文化的平衡、财富与健康的平衡、事业与家庭的平衡已经成为全社会的共识与需要。其中，健康失衡是社会问题中的首要问题，而机体失衡是健康问题中的根源。社会问题恰恰酝酿着大市场，因为社会问题往往具备两大特征：覆盖层面广，影响人群多；延续时间长，无法快解决。社会问题下的市场机会也因此具备了两大特征：目标人群规模大，痛点需求显著；产品或服务生命周期长。这就为立足于大健康产业健康保健板块的品牌提供了巨大的市场拓展空间。

3. 内涵的独有性

从母公司的"追求天人合一"，到该品牌在业界最早提出"还原平衡"

第五章 如何塑造品牌——从内涵到形象

概念，倡导平衡生活理念；从已经具备的成熟的以"还原平衡，通达一生"为核心的研发理念和产品矩阵，到将"平衡"作为品牌内涵的灵魂所在。可以说，该品牌具有先天的平衡基因。同时，行业品牌目前还没涉及大平衡概念，因此具有较好的差异性和独有性。

从理念的贯通性上看，"平衡"这个概念既可以高至是一个哲学理念，又可以落地为产品理念，因此，它可以将企业理念，品牌定位、价值、使命，以及产品理念、经营理念贯为一体。

从与母品牌的一致性上看，能够与母品牌"追求天人合一"的企业理念形成高度一致，天人合一追求的就是人与天之间的大平衡，大健康的基点就是实现人与自然、人与社会的生态平衡，以及人体健康全方位、全周期的平衡。

在确立"平衡"这个内涵灵魂之后，我们着手制定该品牌的内涵体系，即以平衡观作为企业最高的哲学理念，洞悉和把握平衡世界观的内在本质和发展规律，使其成为企业战略的方向、品牌的内涵、经营的法则、文化的灵魂、发展的支撑。

企业理念——平则匡正，衡乃至恒，共创、共享平衡人生。以此作为品牌永恒的信仰与不变的追求。

企业精神——文明、诚信、平衡、稳健。以此作为共同的信念与集体的人格。

品牌价值——平衡有道，金彩一生。

品牌定位——平衡人生的引领者。

品牌使命——做平衡智慧的启迪者、平衡文化的践行者、平衡生活的倡导者、平衡健康方案的制定者、平衡健康产品的提供者。

产品理念——还原平衡，通养一生。

从健康本元出发，依据中医药平衡理论，以"还原平衡"为目的，以"生命在养，健康在通"为路径，通过有形的和无形的健康产品或健康文化，以"通"为基础,以"养"为辅助,最终达到身心俱健的整体平衡。

如此一来,品牌文化内涵便清晰可见:

以平衡启迪大智慧,以平衡构筑大境界,以平衡创造人类大健康。平允做事,心执正念;平和待人,坚守正道。通过传播平衡理念,倡导平衡生活方式,制定平衡健康解决方案,提供平衡健康产品,以平稳、均衡的发展赢得事业的正性与永续。

第六章

如何营造品牌——从传播到营销

品牌传播的目的是提升知名度与信任度，
品牌营销的目的是提升美誉度和忠诚度。

——作者题记

six	第六章
如何营造品牌——从传播到营销	CHAPTER

在品牌形象体系构建与完善的过程中,就开始启动品牌的传播体系建设。因为,在品牌的内涵体系确定了品牌定位与价值之后,在品牌的形象体系将品牌的定位与价值展现出来之后,我们就需要将品牌定位与价值以及相对应的品牌主张和承诺传播出去,这就需要我们构建起品牌的传播体系。

如果说品牌建设是一个大系统的话,那么品牌传播也是一个有着内在逻辑性和外在关联性的系统。从纵向上看,品牌传播本身与传播的目的、受众、内容、媒介和形式有关;从横向上看,品牌传播又与传播的具体环境、社会的沟通方式、受众的触媒习惯、媒介的技术发展等诸多因素有关。因此,我们一定要以系统性的思维,构建起品牌传播的系统性认识问题与系统性解决问题的能力。

第一节 品牌传播要以品牌内涵为核心

无疑,品牌与消费者关系的建立是从传播开始。这就像人与人的相识一样,都要先有一个自我介绍,例如,我是谁?我跟谁有关系?我是干什么的?如果对面的人是你的客户的话,当然还要说:我能做什么?我能帮你解决什么问题?能给你带来什么利益?如果我们把这个问题放到消费者的心理与行为的轨迹上看,那么消费者在选择一个品牌或一个产品/服务的时候,首先要解决的一定是,要知道并了解它。如连这个产品/服务或品牌的存在都不知道,又何谈购买呢?那么下一个问题:如果知道了,了解了,就一定选择它吗?不一定。不知好坏,又如何选择?

如此我们就梳理出品牌传播的两大职责:品牌的知名度和信任度。这两个职责的圆满完成又与品牌内涵体系的两大构成有着直接的关系，即品牌的定位对应的是消费者对品牌的"了解"问题，而品牌的价值对应的是消费者对品牌的"信任"问题。

品牌传播一定要紧紧围绕品牌的定位与价值来进行，这才是品牌传播的核心目的。

达彼思广告的董事长罗瑟·瑞夫斯早在20世纪50年代初就提出著名的USP理论——独特的销售主张。这一理论强调，每一则广告必须向消费者提供一个主张，让其明白购买广告中的产品可以获得什么功效和利益。

宝洁公司在中国市场很早就提出著名的广告创意三段论：一是提出问题，二是展示实验，三是承诺利益。这个"三段论"被当时广告界奉为圭臬，当时全国的企业，不仅是日化企业，甚至生产保健品、酒、电子产品的企业，都是按照宝洁的逻辑进行。

上述两个案例，其实都阐述了一个问题，就是广告创意一定要从消费者的问题出发，然后告诉消费者：我能做什么。这就是罗瑟·瑞夫斯观点中的"功效"，就是宝洁"三段论"中的"展示实验"要证实的东西。最后是告诉消费者：我能给你带来什么。这就是罗瑟·瑞夫斯观点中的"利益"，就是宝洁"三段论"中要"承诺"的利益。这就是品牌内涵中的品牌价值——我能做什么，能给你带来什么。

其一，必须要指出的是，消费者对品牌形成的认知与信任不是一蹴而就的，而是需要经过一个从点到面、从平面到立体的过程，是一个逐渐积累和长期沉淀的过程。因此，我们才会说，品牌具有建设的长期性、定位的连续性、认识的一致性，品牌传播对品牌内涵的宣传与推广也一定不能是短期性的，那种幻想着通过一段时间内的狂轰滥炸就能彻底地解决与消费者之间的沟通问题的想法是不符合消费者认知品牌与树立品牌形象的本质与规律的。

其二，对于品牌内涵的传播一定不能朝令夕改，这样既会影响到品牌

第六章 如何营造品牌——从传播到营销

传播的效率与效果,又使得消费者在对品牌定位与价值的认知上始终无法形成一个固定的、清晰的印象与记忆,进而让消费者对品牌产生负面的歧义,甚至是不信任感。此外,在品牌传播的项目或活动中,尽管项目或活动的主题同样是需要重点宣传的,但是这不等于可以忽略或放弃有关"品牌内涵"的传播;而是要在每一次的传播过程中,都要强化消费者对品牌内涵的认知,并使其固化,就像每一阵春风掠过之后所留下来的一片片花瓣,余香绵长。这些"花瓣"就是品牌能为消费者带来利益的那部分核心价值,那份"余香"就是消费者对品牌的认可与认定。

其三,对于品牌内涵的传播可以根据不同发展时期的战略导向,针对品牌的内涵进行下一个层级的主张与传递,做出更为微观的价值承诺。但必须要强调的是,即使是这样也不能偏离原有的、既定的、本原的品牌价值主张。

海尔在发展初期主要是针对品质进行承诺,以"砸冰箱"传递注重质量的品牌承诺;随着海尔进入以服务创品牌的阶段,于是以"真诚到永远"展现品牌主张;再到以创新支撑品牌的阶段,又以"海一样的新鲜,让你永远满足"来承诺品牌价值。

我们从中不难发现,无论是"砸冰箱"所喻示的,还是"真诚到永远"所彰显的,无论是"海一样的新鲜"的所借喻的,还是"无霜"所代表的,其实都是海尔对"为消费者提供高品质产品/服务"这一核心价值的不断诠释与强化。

至于如何能够更好地向消费者传递品牌的内涵,这其中至关重要的一个问题,就是对人性的洞察。

笔者看到在"正和岛"平台上刊载的一篇有关"英扬传奇"董事长吕曦的创业经历的专访文章。(吕曦,曾凭借一个当时家喻户晓的TVC《妈妈,我能帮你干活了》,一举帮助雕牌洗衣粉超越宝洁。)文章中介绍,从2008年开始,"英扬传奇"开始调整业务方向。在这些业务方案之上,吕曦强调，"这些方案的底层 DNA 是：人性洞察的能力"。在这行文字之下，吕曦又说道："就是这样，英扬传奇渡过了这次生死劫难。"

这与本书前面所阐述的观点不谋而合。尊重、遵循"人性特征"是人类事物对顶层的认知。所有不符合人性特征的事物都不会长久，人类进步的所有原动力也都来源于人性的需求。对于品牌内涵的确定，以及对品牌内涵的传播也是如此。因为只有符合人性需求的传播，人们才会产生兴趣；只有符合人性特征的内容，人们才会去关注、去记忆。

那么，我们又如何来"洞察人性"呢？"奥美广告"的一位前辈关于"人性洞察"有这样的说法：运用人性的真理，找到新鲜的看法。

何为"人性的真理"？从底色上看，恶者为自私（占有）、贪婪（不断地占有）……，善者为渴望爱、重亲情、同理心、悲悯心……，中性者为贪便宜、求舒适、好奇心、涉猎心、冒险心……，从需求上，就是马斯洛的人类需求层次理论中的"人性五大需求"。何为"新鲜的看法"，就是通过对人性的体察、观察、体会到人性真正的需求，然后结合社会的共识与自我的阅历，赋予其对人性的理解与诠释以超越性和新鲜感，进而从产品属性、功能利益、情感利益、价值观四个维度去分析用户行为的偏好和动机，了解他们最在意的部分和背后的原因，并将其转化成品牌价值的源泉以及传播创意的灵魂。最终，让品牌主张拨动消费者的心弦，引发消费者的共鸣，占据消费者的心智，赢取消费者对品牌的高度认同与信任。

我们先从一个特别的角度来看一下品牌价值主张与人性之间的契合。

苹果在 2013 年圣诞节期间推出的一支广告片展现了这样一幕场景。圣诞家庭聚会里，男孩一直拿着 iPhone 5s 摆弄。当家里人认为他是不愿意跟他们一起庆祝圣诞的时候，男孩用 AirPlay 为家人播放了一段温馨而感人的家庭录像。原来，男孩之所以一直拿着手机，是为了记录和编辑家人欢聚在一起的珍贵时刻。人们只是把他的羞涩"误解"为一种冷漠。

这支名为《误解》的 iPhone 5s 和 AirPlay 广告，击败了耐克、百威、通用等竞争对手，获得了 2014 年艾美奖"最佳艺术奖"和"最佳广告"。从这个广告片中，我们感受到人们对家庭、对亲情的需要，即人性需要，这也是人类心中最普适、最柔软的那根心弦。

笔者曾看到过一位名叫刘仕祥的演讲培训专家撰写的文章《直击人心》。在文中，他为沟通下了一个简单的定义：了解他人的需求，然后提供价值，获取信任，达到目的。他还认为，真正的沟通高手，就是能够敏锐洞察他人需求，然后提供他人难以抗拒的价值，获得他人的信任，最终达到自己的目的。因此，他得出这样的结论：如果你要说话直击人心，你必须学会洞察人性，了解对方内心真正的需求是什么。

众所周知，品牌传播就是一个与消费者沟通的过程。如果沟通没有达到预期的效果，可能表面上的因素有很多，比如表达不准，倾听不够，价值观不同，情绪错位，等等。但我们认为，所有的答案背后都有一个共同的原因，那就是你没有真正地理解沟通的本质——人性。

总之，在品牌传播中，我们既要"运用人性的真理"来顺应人们的"痛点"需求，引发人们的关注与重视，这是品牌传播"道之所在"；同时，还要"找到新鲜的看法"来迎合人们的好奇心、喜新心等天性，最终提升传播的效率与效果，这是品牌传播的"术之所在"。

第二节 品牌传播体系的系统性构成

如前所述，品牌传播体系是一个系统，既具有内在的逻辑性，同时又存在外在的相关性。对于品牌传播体系的构建，首先要从品牌传播的逻辑与要素入手。笔者在企业负责品牌传播工作时，推行规划、策划、计划工作体系。要求所有的品牌事件、品牌内容、品牌项目的策划案都要从"为何传、对谁传、传什么、在哪传、怎么传"五大方面进行传播逻辑性策划。

首先是目的，为何传；后面便是受众，向谁传；内容，传什么；媒介，在哪传；形式，怎么传。目的、受众、内容、媒介、形式是品牌传播内在逻辑的五大要素，以目的为导向，以受众为目标，以内容为驱动，以媒介为路径，以形式为方法，这就是品牌传播的逻辑。

一、为何传

品牌传播一定要有目的，要以目的为导向，不能漫无目的，更不能为了传播而传播。在品牌传播目的方面，一般会有核心目的、主题目的、事件目的。

（1）核心目的，即品牌定位与价值，这是个长期的目的。这个目的是在所有的品牌传播中都要有所体现的，以期蓄积成对品牌定位与价值的强认知与强联想。

（2）主题目的（基于某一个品牌主题），这是一个阶段性的目的。它是根据品牌发展的不同阶段（品牌导入期、成长期、成熟期）分别制定品牌传播的主题，来推动品牌在知名度、信任度，乃至美誉度和忠诚度方面的构建。

（3）事件目的（基于一项品牌事件），这是一种新闻性的点状传播。在传播中除了要对品牌事件的时间、地点、人物和事件的意义等要素进行传播外，一定要不同程度地体现出品牌的定位与价值，切忌就事论事，而忽略了对品牌核心内涵的持续性传播。

二、对谁传

目标受众画像要清晰。作为品牌传播的目标受众，其实是根据品牌的市场定位而决定的。符合市场定位的目标消费者群体就是品牌传播的目标受众群体。

基于目标或潜在的消费人群圈定了品牌传播的目标受众之后，要对其描绘出"传播画像"。首先，是人群的基本特征，包括性别、年龄、族群、地域分布等基本信息。其次，是内容的偏好。目标受众对品牌的哪些价值定位与利益承诺感兴趣，为品牌传播内容的主题策划提供方向。再次，触媒习惯。目标受众对哪些媒体有偏好，在他的工作、生活环境中更多地接触到哪些媒体，为品牌传播的媒介选择提供参考。最后，媒介环境。目标受众所处的媒介环境中的智能设备和网络品质的情况，为品牌传播提供技术参数。

对于那些潜在的、尚不知身在何处的目标受众，可以利用智能大数据技术，通过对消费者发布品牌信息并分享内容，可以有效地判断出用户的价值观、消费观、品牌观，以及他们所关心的问题、搜索的信息、消费的需求、个性的喜好等方面的信息，通过汇集、分析，进行初步的画像描述，最终找到并筛选出那些与品牌目标消费者属性相符的目标受众。

目标受众是"纲"，纲举目张。目标受众是品牌传播的中心所在，从确定"向谁传"开始，品牌与消费者的沟通才真正地开始了。传播逻辑链条后面的"传什么""在哪传""怎么传"的环节都要围绕"向谁传"而展开。

三、传什么

数字时代是以消费者为中心的传播时代，传统媒体时代的"品牌信息＋广告创意"的内容传播模式收效日渐降低。在以消费者为中心的时代，在消费者自主意识高涨的时代，在消费者对信息的介绍越来越挑剔的时代，品牌已经不能再自话自说，甚至自娱自乐，而是要用消费者的语言和语境来进行品牌的表达。因此，关于品牌传播的内容，在新的媒介环境下，有许多问题值得我们关注与改变。

1. 内容的共鸣性

最大限度地实现品牌要讲的内容与受众所需要的、所喜欢的之间的结合，做到"心中所想，眼前所见"，最终与受众形成共鸣。

（1）传播内容不能鸡同鸭讲，传播的内容切忌跟谁都有关，跟谁又都无关。内容要与消费需求相对应，与消费者价值观相吻合，愉悦消费者的情趣。

（2）要从消费者所面临的问题选择内容的主题，在内容中要为消费者提供解决方案，明确给消费者带来什么利益。

（3）要从目标受众的语境出发，以目标受众的语言说出品牌传播的内容。

（4）杜绝那种以企业为中心的自话自说、自得其乐的内容，将"我想说"与"他想听"高度契合。

2. 内容的可读性

在碎片化的信息爆炸时代，受众会被海量的信息所覆盖，因此，要想让品牌内容获得受众的青睐，除了精准性之外，还要具备可读性，要与受众的内容偏好相一致。

就像《罗辑思维》的口号所描述的：有种（有态度）、有料（有故事）、有趣（有趣味）。只有这样，品牌传播的内容才会获得更好的传播力、影响力的价值。

天使投资人、产品运营专家梁宁女士认为："我们在运营一个品牌的时候，其实是在讲一个故事，故事里有丰富的信息，它会留在人内心的一个情感角落里。"

由此可见，品牌故事是品牌传播中极具传播力、影响力的内容之一，其生动性会有效提升内容的可读性，进而更加容易与受众形成情感共鸣。

3. 内容的共创性

在消费者拥有越来越多的话语权与社交平台的前提下，品牌内容早已不是只由企业独自创造。消费者通过对品牌的了解与信任，以及对品牌的完美体验，将其对品牌的感受和对产品/服务的体验转化为内容，并进行广泛传播，乃至推荐。因此说，消费者完全可以成为品牌内容的共建者。

4. 内容的转化性

传播是方法，内容是工具。通过内容对消费者心智的影响，最终实现品牌的市场转化才是根本目的。在纷杂的媒介环境中，那种简短的、叫卖式的内容已经无法打动消费者，消费者对单纯为品牌信息的广告其接受度日渐降低，广告效果日益减弱。对消费者的说服，需要深入而翔实的沟通。单纯的广告传播，无论是从形式上还是从花费上，都无法实现展开性和长效性传播。因此，品牌传播要从以往的信息吸引模式向内容吸附模式转变。

5. 内容的目标性

在品牌建设不同的阶段，可以根据不同的品牌传播目的来选择内容。

（1）品牌导入期。以品牌承诺与品牌证言为主要内容，目的是迅速实现消费者对品牌的认识与认知，打造品牌的知名度和信任度。

（2）品牌成长期。在消费者有一定的卷入后，以品牌背书证言与消费者口碑推荐内容为主，目的是在继续提升品牌信任度的基础上，加大品牌美誉度的提升力度。

（3）品牌成熟期。以品牌主张、品牌文化，乃至品牌信仰为主要内容，目的是要打造品牌的忠诚度。

6. 内容的产品性

肖明超先生认为，产品即广告，广告即内容，内容即广告。苹果不需要做广告就成为人们谈论的内容焦点，这就是产品即广告的魅力；而可口可乐通过将瓶子变成昵称瓶、歌词瓶，来实现品牌内容的构造，使之成为一个独特的内容形式。

值得一提的是，未来的品牌内容生产呈现多维度的趋势，有品牌生产内容（BGC）、专业生产内容（PGC）、用户生产内容（UGC）。这表明，未来企业既要成为产品的生产者，同时也要成为内容的生产者。未来的内容创造将进入一个以企业为中心的平台化时代，内容平台的建设及其生产、制作的质量，将成为企业品牌营销的核心资源。

凤凰网全国营销中心出品的《原生营销的中国式解读》介绍，有越来越多的企业市场总监（CMO）认为，生产优质的内容更能帮助营销效果的达成。其中有91%的CMO认为，好的内容依然是成功营销的关键；51%的CMO认为，"内容共创"是最重要的营销方式；56%的CMO认为，在未来会显著增加内容方面的投入。

从传播内容来看，品牌在完成了广告的曝光之后，需要创造更多的为消费者喜闻乐见的内容。

总而言之，企业不仅仅是产品的制造者，更应该是品牌内容的生产者。品牌要与消费者共同创建内容平台，通过基于人性洞察和人性关怀的、富有情绪感染和情怀感召的、洋溢创意鼓动与情趣共鸣的"内容"传递品牌理念、产品信息，带给消费者以新鲜、惊喜、感动和趣味，并让他们为之触动。之后萌生分享给身边人的冲动，品牌的信息才有了被再次传播的机会。

四、在哪传

有了内容之后，就要选择媒介，即解决"在哪传"的问题。

从传播载体上看，随着过去企业遵循的"电视——报纸——广播——杂志——互联网"的传播路径，按照媒介影响力分配预算和选择媒体的模式的结束，品牌传播将进入一个根据不同消费阶段的媒体影响功能而更加细分的垂直的、多元组合的媒介时代。品牌传播呈现出跨屏幕、族群化、去中心化、多触点的趋势。如此一来，品牌传播要完成在消费者的需求领域、兴趣领域和生活领域布上多个接触点。这就导致我们对媒介渠道的选择比以往增加了考量维度。

1. 受众维度

在媒介多元化与信息碎片化的时代，品牌传播媒介与目标受众触媒轨迹之间的精准性显得越来越重要。为此，品牌传播的媒介渠道要与目标受众的触媒轨迹与习惯高度一致。例如，中青年肯定是网络的"原著民"；青少年接触娱乐场所或娱乐媒体的概率较高；老年人则以看电视、读报刊为主；商旅人士接触户外媒体比较多，如机场、车站、酒店的媒体。根据不同人群的触媒轨迹，我们不难梳理出与之相对应的媒介渠道。

2. 品牌维度

如果从品牌传播的不同目的而言，品牌传播对媒介渠道的选择则是以问题、需求来确定的。

笔者在实际工作中，梳理出一个基于品牌传播需求的媒介链式传播模型。

（1）发声媒体。要符合以下两个标准：其一，权威的主流媒体，以解决传播信任度的问题；其二，网络媒体，以满足快速出声的需求。

（2）背书媒体。品牌发声之后，为提升内容的可信度和传播的关注度，选择权威、主流媒体进行转载。

（3）策应媒体。在一个主题内容经过发声、背书之后，可以由诸如地方媒体、行业媒体、财经媒体、机关媒体、都市媒体从各自的角度拆分主题，进行解读式的跟进传播。

例如，针对"安国数字中药都落成"这则品牌内容，地方媒体从"振兴地方经济"的角度，行业媒体从"规范中药材种植"的角度，财经媒体从"中药材产业未来经济价值"的角度，机关媒体从"规范中药材种植，确保中医药事业稳步发展"的角度，都市媒体从"药材好，药才好"的角度分别进行跟进式、策应式的报道。

（4）扩散媒体。此类媒体的职责就是从时间、空间的维度上进行品牌内容的广泛而快速的转载，以求内容传播获得最大限度的关注。这类媒体主要是以网络媒体、社交媒体为主。

（5）自媒体。诸如企业官方网站和官方微信、微博等自媒体也已经成为品牌传播中不可或缺的媒介渠道。只是随着传播环境的变化，企业自媒体各自的职能也随之出现相应的调整。

在媒介环境的巨变中，品牌传播已经从单纯的社会媒体传播向"社会媒体＋自媒体"传播转变，"社交媒体＋自媒体"的传播方式是形成"广覆盖、快扩散、强落地"效应的不可或缺，极其重要的路径。

在笔者负责企业自媒体中心的过程中，对自媒体的职能形成了如下的认识和定位。

官方网站：随着微信等社交平台的广泛应用，官网已经不再是即时性品牌传播的载体。它在品牌传播价值上的定位更多地体现在权威性、全面性、系统性和积累性上。对内容的展示主要是以"新闻＋专题"的方式进行。主要针对那些对品牌有广泛了解、深入认知需求的受众，例如投资者、合作者等。

官方微信：基于微信即时传播的特征，主要用于品牌最新动态的新闻性传播，满足传播的时效性、可扩散性，形成面向目标受众的日常性传播。

官方微博：主要职责是在与消费者的沟通上，例如发布新产品，告知产品信息，与消费者互动及客情服务，跟踪品牌传播活动的反响，舆情监测和危机公关服务等。

值得一提的是，在每个人都是媒体的时代，企业员工也已经成为品牌传播与营销的重要载体。在各种社交平台上，员工的传播扩散力量甚至大过企业层面的水平，让每一个员工都成为品牌价值的宣教者、产品体验的先导者、品牌形象的传播者、品牌口碑的推荐者，让品牌传播与营销成为每一位员工的自觉意识与行为。

3. 媒体维度

目前，各类媒体的目标受众严重分化。所谓的大众媒体也许还在，但是传播意义上的媒体霸主已不复存在，真正意义上的大众传播已经渐行渐远。媒体从包打天下向分工明确转变，品牌传播从单一媒介到多渠道传播转变。由此，各司其职、各取所长、各管一段的媒体传播链的概念应运而生。

消费者接触多种媒体的需求与机会增加，不再忠于某个单一媒介。因此，要想广覆盖，就只能多渠道、跨平台整合传播。根据不同媒介的特点进行整合，打通不同媒介的渠道，实现各个媒体介质之间的优势互补，受众互补。建立多渠道、链条型、组合式传播体系，实现从点状传播到链式传播、从静止传播向移动传播的转变。实现从一对多到多对多的发散式传播。借此，提升传播的广度、深度和效率回报，更好地完成从传播到影响，再到行销的市场需求。

4. 受众维度

在以企业为中心传播的时代，通过广告形式的一对多的单向传播，消费者只是被动地接受。在媒体垄断话语权的时代，媒体传播代表着真实、权威，赋予了信息的公信力。

在自媒体时代，信息传播的形式和公信力都在向社交媒体转移，受众的社群化、载体的平台化将成为品牌传播中不容忽视的部分。与此同时，消费者也在被不同的品牌，以不同的价值观念和品牌观感瓜分着。因此，企业要在自己的品牌旗帜下，将那些认同品牌文化与价值的特定消费者汇集在一起，建立起以消费者为中心的基于口碑推荐性传播的多对多发散式传播体系，展开有关品牌的物以类聚、人以"品"分的社群传播、口碑传播。

五、怎么传

在确定了品牌传播的媒介渠道之后，用什么样的形式，在什么时间节点，以多大的力度来"传"，也是需要系统性思考的。

1. 充分利用内容表现形式的多样性

品牌内容的形式越来越丰富，文字、图片、视频、音频十八般武艺各显神通。但是，对形式的选择一定要基于目标受众的偏好，采用他们喜闻乐见的形式。例如，老年人还是比较喜欢读文章，年轻人喜欢读图，孩子们喜欢漫画、动漫，对于有车一族，采用音频形式比较适合接受场景。视频，特别是"短平快"的短视频则受到不同人群广泛的喜爱。

【海报】

优酷在发布新LOGO前，通过一系列倒计时海报进行预热。海报与热门节目结合，展现平台汇聚优秀内容的特色，同时画面结合不同节目有不同的LOGO视觉表现，为新LOGO的推出埋下伏笔。

菜鸟在品牌升级后，以动态海报形式从业务角度对品牌进行解读。海报围绕"当物流会思考"的主题，展现了菜鸟旗下四大品牌业务的场景应用。

【H5】

菜鸟品牌升级后，推出"一个包裹的非人类经历"H5，用简单易懂的故事，来展现菜鸟物流的高科技和智能化。

优酷在新LOGO发布前，通过H5对平台10年经典IP进行盘点，新LOGO发布后，又以万花筒H5为受众带来炫酷的视觉体验，传播了"这世界很酷"的品牌理念。

【视频】

陌陌2017年提出"视频社交，就在陌陌"的新主张，联合"新世相"发起了"我的人生首映"活动。用户录制15秒视频发给新世相，挑选出的视频，会出现在北上广深黄金地段的户外广告大屏上，UGC帮助陌陌传播了新的品牌主张。

【PGC】

在品牌升级预热阶段，优酷联合专业设计平台特赞进行PGC输出，设计师们基于新LOGO进行创作，引发了大家对新LOGO的期待。

第六章 如何营造品牌——从传播到营销

除了视觉设计层面的内容输出，在品牌理念层面，企业也会通过大量的媒体公关软文（包括文字、一张图解读、漫画等多种形式）进行 PGC 传播。

【涂鸦】

网易新闻品牌升级，提出"各有态度"的品牌新口号，并策划了北上广涂鸦活动，在不同城市的五面自由墙上用涂鸦形式提出"青春那么短，如何用力去浪费"等态度相关问题，而墙上各种跟帖内容全部来自网友。

【卡通】

"统一"在 2015 年全面推出一款茶饮料"小茗同学"。这款产品其形象的表达形式是卡通画。无论是从饮料的标语"认真搞笑，低调冷泡"，还是瓶身的四款卡通包装，都显得非常幽默风趣。"小茗同学"依靠幽默有趣的 IP 形象，吸引了年轻一代消费群体的注意，更一度成为日本、新加坡等国外市场的畅销品牌。

【道具植入】

沃尔玛在美国市场推出了一项"送货到车"的服务，即结账以后，店员会帮你将购买的商品送到车子里。沃尔玛为这项服务专门制作了广告片。广告片里出现了 12 款影视作品中的道具车，从《回到未来》到《侏罗纪公园》再到刚刚上映的《大黄蜂》，时间横跨了 30 年，这些车都奔向沃尔玛超市，然后店员将商品装在车里。广告片尾两行字幕：Pickup for free.No matter what you drive.（免费装车服务，不论你开什么来。）传递的就是在沃尔玛购物所获得的优质服务体验。

2. 要注意与媒介环境的协调性

应该强调的是，品牌传播是一个系统，当我们审视传播的内在逻辑时，不能忽视了传播的外在关联。就以传播形式为参照点，首先要与目标受众的偏好对应，要与品牌内容调性一致，要与传播媒介的定位相符，要与媒体环境吻合。

　　笔者所在企业在职工食堂摆放了立式播放屏，需要相关部门提供内容进行播放。有的部门提供的是通篇文字的内容，这显然与媒体环境完全不符合。因为食堂大厅的环境是流动的、嘈杂的，员工不会在大屏前停留较长的时间，也就不会去阅读那满满的文字内容，这就大大影响了传播效果。

　　再以医院媒体为例。无论是从传播的目的、受众、内容，还是从媒介、形式的角度看，医药品牌在医院媒体中做宣传推广都是非常符合传播的内在逻辑的。也正因为如此，在新媒体风口来临的初期，医院媒体既是弄潮儿，也是新宠儿，获得了"风投"极大的关注和投入（笔者见证过他们办公区曾经是多么的金碧辉煌）。

　　但是，医院媒体又是率先遭遇新媒体盘整寒潮的。为什么有如此大的落差？

　　上述两个实例，其实说明了一个道理，即传播除了与纵向的内在逻辑相关外，还与许多横向因素产生关联。例如，媒介环境的是相对安静的还是嘈杂的，是相对封闭的还是开放的；受众人群身在其中，是相对静止的还是流动的，心情是愉悦的还是焦虑的，……如果以此作为参鉴条件，那么影院媒体较之医院媒体其传播力、影响力，乃至行销力的价值会高出很多。因为，影院媒体的环境是相对封闭的，观影时的状态是相对安静的、静止的，观众的心情是愉悦的，大屏幕对内容的表现，无论是画面还是音效都是高水准的。所以，影院媒体的映前广告形式至今还有着很强的市场竞争力。

3. 要把握好品牌传播的时机性

　　在横向的关联中，时间也是一个重要的因素。品牌传播一定要抓住时间的窗口。这是因为，在产品极大丰富的时代，由于竞争的加剧，面对令人眼花缭乱的品牌"万花筒"，消费者在一个大品类下面最多也就只能记住 7 个品牌。这时候，企业面临的不仅是同质化的问题，更是品类分化的问题。

多年前，笔者旁听一位老师的课。期间，老师向学员们提过这样的问题：世界最高峰是哪个？学员们齐呼：珠穆朗玛峰。老师再问：第二高峰是哪个？于是，下面一片静寂……

的确如此。如果有人问，中国第一个升空的宇航员是谁？大多数人会脱口而出，"是杨利伟"，但"第二个"是谁，就很少有人知道了。随之而产生的问题是，在品类创新中，无论是核心技术的领先，还是商业模式的开创，市场不会留下超过一年的时间窗口。在这个窗口期内，一定要像杰克·特劳特和艾·里斯两人在1968年提出的："品牌必须在消费者心目中占据一个有利位置，最好是第一的位置。"

也许"第二"的品牌会说，事实上我是第一个做的，但事实重要吗？人们已经形成认知的事实才是真正的事实。所以企业必须成为某个品类的代表，从而在消费者心智之中占据一个先入为主的位置。在消费者心智中的位置越靠前，市场份额就会越大。特别是在品牌导入期，如果不采取饱和性的传播攻势，迅速在消费者心智中形成"某个品牌=某个品类"的认知，就会错过品类竞争的最佳时机，丢掉品类市场的制高点。

我们知道，"瓜子二手车"并不是最早做C2C买车的，为什么它能成为行业代言呢？因为它是第一个进入消费者心智的。"瓜子二手车"从2015年9月开始发起品牌宣传的强大攻势，仅仅用了九个星期就在消费者心中占据了明显的优势。

4. 注重传播内容与形式的创意性

笔者曾经作为执行主编之一，参与《实战广告案例》第一辑、第二辑的编撰。期间，编辑团队提出了"创意飙升价值"的口号，为创意的价值做了一个非常精彩的注脚。

这是个什么样的时代？是媒体多元化、信息碎片化的时代。在这个时代中，消费者对品牌推广的内容，特别是广告的关注大多是被动的、随意的，是瞬间的。那么，如何在形成这种被动的、随意的关注的瞬间，将这种关注变成相对长久的、兴趣的、认知性的关注，创意则是必不可少的因素之一。吸引人们眼球的是形式，打动人心的是内容。独特醒目的形式加上耐人思索的深邃的内容就是一条拥有吸引人一看再看的魅力的创意。

真功夫的一则名为"上班吃饭这点事"的户外广告，其最大的特点是没有将品牌形象和产品宣传作为主要诉求，而是以一个社会事件作为主题，即每天都困扰着上班白领一族的一个话题"午饭怎么吃？"来作为吸引关注的着力点。于是，在白领们早上上班途中的停留点（候车亭），亮出一个白领们中午将要面临的一个问题（午饭怎么吃？），进而吸引目标受众对广告的关注，对真功夫的关注；而这一切都是为了引发目标消费者对真功夫"真惠卡"这个营销产品的关注。

只有参与是不够的，还要在参与中施加影响。这其中，创意的手段就显得至关重要。首先要最大限度地引发兴趣，正如武汉广场，将电影、音乐、时装等时尚元素有机地集束在一起，目的就是最大限度地引爆消费者的兴奋点；而这一切，又都归于创意营销。因为，没有创意的营销，已经不属于这个时代，更不属于这个时代的胜利者。

针对以上的品牌传播的"五大要素"，我们要坚持高效传播的"五大原则"。

传播目的要精益，追求的是目的的聚焦性；

目标受众要精确，追求的是与受众之间的共鸣性；

传播内容要精良，追求的是内容的可读性；

媒介选择要精准，追求的是目标人群与媒介上的对应性；

传播形式要精心，追求的是传播形式与受众偏好、内容特征之间的联动性。

第六章 如何营造品牌——从传播到营销

传播的"五大要素"是路径，而不是目的。目的是通过传播建立起从"商品"的链接到"人"的链接。丁俊杰在2019中国广告论坛上指出，在媒介化的社会环境下，品牌信息的传播没有"有用"或"无用"之别，只有"强关联"和"弱关联"之分，"强接触点"和"弱接触点"之分，"长期效果"与"短期效果"之分。要想达到最佳的"连接"效果，要从以下几种"关联"维度上进行强化。

（1）时间关联。人们在某一时间内的共同行为或特定时间节点引发的兴趣，也是用户产生关联的基础。

（2）内容关联。通过对别人发出的内容进行评论、评价或转发，来与他人进行互动。

（3）活动关联。通过某一活动来激发人们的共同性，使人们的链接得以强化，如调查、投票和游戏。

（4）社交关联。通过有意识的社交互动来建立和发展联系。

（5）兴趣联系。通过共同的兴趣爱好，将人们连接在一起，即使他们不主动互动，也会产生联系。

（6）空间关联。以空间为基础，来展示人们的兴趣或爱好，从而使不同人之间建立联系。

特别是从年轻人的角度，品牌越来越成为他们的一种理念的表达、心情的渲染和情绪的宣泄。要让品牌从高高在上的"神格"品牌"下凡"到"人格"品牌。在消费者的部落化世界中，构造出个性化的语言符号和话语环境。让品牌首先成为消费者的倾听者，甚至是"闺蜜"，然后才是倾诉者。

品牌传播的五大要素，如图6-1所示。

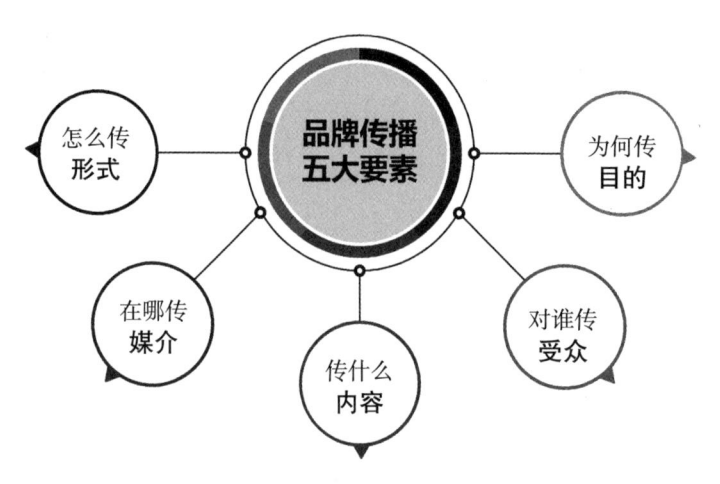

图 6-1　品牌传播的五大要素

第三节　以优化体验为核心的品牌营销体系

记得，最初接触到"整合营销传播（IMC）理论"是在为"朵唯手机"编撰《广告人》"月度大案"的时候，时任"朵唯"品牌总监的刘定坚先生是"整合营销传播（IMC）"的忠实粉丝。从那时起，就总有一个问题萦绕在心头：对于品牌建设，到底是传播在前、营销在后，还是营销在前、传播在后？传播与营销之间到底是什么样的关系？

这个问题，终于在后来梳理品牌系统性建设的逻辑时，寻求到了答案，尽管这个答案还仅仅是一己之见。

如前所述，在品牌系统性建设的体系中，传播体系是围绕品牌内涵而展开，解决的是品牌的知名度与信任度的问题。我们说，品牌建设的路径就是消费者的心理与行为的轨迹。从知名度到信任度，就是解决了消费者"对品牌不了解我如何能买"，"只是知道了但还不相信，我怎会去买"

第六章　如何营造品牌——从传播到营销

的问题。

那么，当消费者对某个品牌有了一定的了解乃至信任后，在需求的驱动下，就有可能会购买这个品牌的产品或服务，我们称之为"消费者卷入"。随后的问题是，消费者怎样才会"一买再买"？如何能够愿意以更多的付出来"非买不可"？至此，品牌建设就到了品牌营销的阶段。品牌营销要解决的问题正是如何让消费者"一买再买"，乃至"非买不可"。这就是品牌系统性建设中的品牌营销体系建设，其目标就是提升品牌的美誉度，打造品牌的忠诚度，而所有这些都是要围绕着不断优化"品牌体验"这个核心展开。

一、产品体验

在产品体验中，最为基础的是产品的功效与安全。很好理解，产品首先要能为消费者解决问题，满足需求，赋能价值。与此同等重要的是，产品不能有安全隐患，在对产品的使用过程中不能出现安全问题。这就是我们常说的产品质量的问题。在此基础之上，如果产品的功效所解决的是消费者痛点问题，所满足的是消费者迫切需求的话，无疑消费者的产品体验会更加地"爽"。因此，产品从设计之初就要对准消费者问题的"必要性"和需求的"迫切性"。

例如，在微信上有这样一条段子，也很说明"痛点需求"这个问题。

手机上一天到晚收到推销广告，恨不得卸载手机的通话功能，直到我遇上"××号码通"。

交水电煤气费，居然还要到银行排队，我买单还要看你脸色，直到我遇上"××钱包"。

碰到头疼脑热的小病，跑医院能把人折腾死，又不敢乱吃药，直到我遇上"××用药"。

一个人出差不知道吃什么好，看四周的饭馆林立却不敢乱入，直到我

189

遇上"××点评"。

在上述描述中，那些"直到我遇上"都是在不同角度和不同程度上解决了人们的痛点需求。因此说，"痛点"往往代表着"真问题""急问题"，其背后蕴藏着极具价值的功能需求点。"痛点"往往代表着"真需求""急需求"，而品牌的核心价值就是从满足这些痛点需求中诞生的。再如，××外卖的广告："送啥都快"。这无疑是对应了消费者对于外卖的"痛点"需求——快。

再有，就是要保障消费者在产品使用过程中在快捷、舒适等方面获得良好的体验，不会给他们带来不必要的麻烦。

患者在服用天士力复方丹参滴丸时会遇到一些小麻烦。首先，服用时需要将小小的滴丸倒在手上数粒数，每次倒出的粒数很难掌控。一旦倒多了还得放回药瓶内，但在放回后就有可能形成污染。有时，滴丸还会"跳"到"掌控"之外，捡拾起来吧，不太卫生，弃之不用也会形成浪费。从手心往口中送药的过程中，个别滴丸还会黏在手上，还要再用手指一个个地送服……说起来问题都不大，也不影响疗效，但就是体验上不是很完美。于是，天士力在原包装中附加了一个长度恰好是10粒滴丸的小管，最大限度地优化了患者的用药体验。

有一种观点从一个侧面反映了人们对产品的另外一种需求。

60后对产品的体验体现在"质量好，耐用价廉"，同时害怕与别人不一样；70后则是"质量好，实用"，同时可以接受跟别人不一样；80后是"实用，有个性"，同时希望与别人不一样；90后强调个性，一定要与别人不一样。正如一位时装设计师所说的："我很少去商场买衣服，因为我无法容忍'撞衫'和个性复制的尴尬。"

如今，在消费者的产品体验中，个性化的体验越来越重要。特别是中产阶层的崛起激发了人性中渴望与众不同的深层次需求。个性化产品恰恰是满足和提升了消费者在其自我概念中强化自我属性、自我形象、自我地

第六章 如何营造品牌——从传播到营销

位的优越感。

企业一方面要通过数据充分了解消费者的个性及其需求，通过"数据+"和智能技术设计、生产出个性化，乃至定制化的产品或服务，让消费者对企业的反向定制变得水到渠成。另一方面要合理地掌控和设计服务的个性化。从服务成本和管理难度两个方面对个性化需求进行评价，以保证在推进个性化服务的同时，能够给企业带来理想的经营回报率。

一汽·大众汽车公司推出了个性化订单产销模式。所谓"个性化订单产销"就是让消费者成为整个生产和销售过程中的起点和终点，在这个过程中，消费者可以直接参与、决定自己爱车的设计、生产，自主选择自己喜爱车型的配置。

奥迪A6L为消费者提供了可选择的7个不同配置的技术包、20个单选装备和8种颜色，按照排列组合原理，理论上可搭配出7840款新车型。

由此可见，消费者在产品体验上已经远远超出了传统的物美价廉的评价标准。微信创始人张小龙对"好产品"的理解，代表了消费者的心声。

（1）必须是创新的（时代性）。

（2）必须有用（实用性）。

（3）没有说明书，一用就会（好用性）。

（4）不会放过任何细节（精益性）。

（5）必须很优美（艺术性）。

（6）含蓄的，不招摇（审美调性）。

（7）尽可能少地体现它的设计（审美调性）。

（8）必须是诚实的（价值观）。

（9）环保，不浪费资源（社会性）。

（10）经久不衰，不会随着时间消亡（生命周期）。

根据以上10项原则，消费者的产品体验已经从可用性（功效性、耐用性、安全性）、易用性（便捷性）、友好性（舒适性、生态性）、美观性（时尚、漂亮）、独特性（别致、新颖）延展到了时代性、实用性、好用性、精益性、艺术性、审美调性、价值观、社会性、生命周期等综合性的评价。这充分说明今天的消费者对于产品体验的追求已经进入了全方位的时代。

二、消费体验

互联网电商之所以成为大多数人都喜欢的商业模式，最初就是以价格的优惠、购买的便利来征服消费者的；而这两项恰恰就是消费者消费体验中最为看重的两大维度。

如今的消费者不仅重视产品或服务给他们带来的功能利益，更重视购买和消费产品或服务过程中，所获得的符合自己心理需要和情趣偏好的特定体验。诸如，价格上的优惠度，购买渠道上的便利度，购物过程中的满意度，以及购买决策及售后的风险，等等。在相同的情况下，体验成为消费者做出购买决策，特别是重复购买决策的重要依据和决定因素。

针对提升消费者消费体验，沃尔玛创始人山姆·沃尔顿曾经反复强调："向顾客提供他们需要的东西，并且再多一点。"所谓"多"的那"一点"就是为了提升消费者的服务体验。当顾客询问某种商品在哪里时，沃尔玛服务员不仅会告诉顾客商品陈列的位置，还会将顾客带到该商品处。

世界著名的"花王公司"在销售其产品的商场中设置摄像头，以此来记录每位消费者在决定购买"花王"产品时所用的时间。据其1999年的统计表明，经过商品摆设和品种调整后，洗发精购买时间为47秒；而在1984年，消费者的购买时间为83秒。"花王公司"就根据这些信息改进商品包装、说明，重新布置商品摆设，不断调整商品品种搭配，让消费者可以在最短时间内完成消费行为。这样做不仅提升了消费者购物的便利度，还减少了购买决策成本和等待时间，降低了购物风险，增加了消费过程的愉悦感，极大地优化了消费者的消费体验。

第六章 如何营造品牌——从传播到营销

天猫的"双十一"购物狂欢节，就是一个典型的案例。自天猫2009年首创"双十一"购物节以来，每年的这一天已成为名副其实的全民购物盛宴，赋予消费者一种集期待、兴奋、紧张、后悔，甚至是疯狂于一体的前所未有的消费心理体验。

在银泰门店，顾客购买商品时，不需再到专门的结账柜台排队等候，品牌导购可以直接手拿云POS机扫描消费者的手机，完成结账。顾客在逛店时，通过互动大屏选货，以及付款时的刷脸支付、电子小票，都可以体验到高效又美好的购物过程。

三、服务体验

首先，我们要树立"服务本身就是对消费者价值带来增值的表现"的观念，让每项服务都要以为消费者价值带来增值为目的。将产业链的全部环节都视作是服务的一部分——如果以服务为导向，那么，产品研发要服务消费者的痛点需求，生产要服务消费者的需求和安全，管理要服务消费者的意见和建议，传播要服务消费者的触媒习惯和环境，营销要服务消费者的社群和体验。

这其中，如何看待消费者是决定服务品质的根本所在。有的品牌只是将消费者视为利润的提供者，有的品牌将消费者视为售后成本的制造者，因此，将针对消费者的服务视为负担、麻烦。

让我们看看巴黎的一家寿司店是如何对待消费者，如何服务消费者的。

在巴黎，一位中国学者到一家日本餐馆吃饭，点了不少精致的寿司，但最后剩了很多。于是，这位学者叫来服务生说要打包。出人意料的是，服务员鞠躬说，"不能打包"。这位学者觉得奇怪，就叫来经理。经理说："我们得对顾客负责，这种寿司如果不尽快吃掉就会变坏，所以不能打包。"这位学者还在坚持："我回去放冰箱里不就得了？"经理仍然耐心解释："很难保证您一回去就把它放进冰箱。""那我吃不下怎么办？""剩下的，可以不算您的钱,我们处理掉,这盘寿司就当您没点,但是您绝对不能带走。"经理诚恳地说。

除了服务意识之外,对服务的响应也很重要。第一,要在企业内部成立"消费者关怀委员会",要整合企业的客户服务、品牌或市场,以及各大产业板块、市场部等部门在客户反馈与舆情管理方面的工作体系;第二,要建立消费者信息通报、汇总、分析、处理的连署、联动快速响应机制。建立重大消费者信息快速通报机制、消费者信息定期分析报告机制、消费者定期座谈与调查机制、部门联动快速响应机制、消费者产品信息和投诉处理机制,以及客户反馈信息处理(及时响应率)、顾客产品投诉处理(有效解决率)、产品质量纠正与改进机制。

通过建立上述常态机制,以确保与消费者始终保持及时、通畅的沟通与响应渠道和方式,对消费者信息能够实现常态性采集、分析和总结。一旦出现重大信息能够快速通报给所有相关环节,并实现多部门联动响应;确保对客户、对产品或服务的投诉能够得到妥善的解决,对产品质量问题能及时地纠正和改进。

海尔创新互联网用户管理体系,建立企业级用户数据管理中心,打通各个用户触点,基于全流程互联互通的用户大数据,通过搭建以用户为主的虚实交互平台、开放式创新平台、供应链信息平台以及以员工为主的电子损益表、电子人单酬表、信息化日清平台,从而构建起准确地掌握消费者和市场需要的能力,快速、高质量、低成本地交付消费者所需价值的能力,基于数据了解而改进工作状态的能力,通过受控实验快速验证创新的能力,实现与用户交流、交互、交易上的,在对用户资源的分析、分配和分享上的"点——线——面"的结合与转化,实现品牌对消费者服务的数据赋能和平台赋能。

华为有全球统一的十大管理平台,形成了全球行政服务体系,能够做到24小时响应,全天候为世界任何一个角落的华为人提供支持与帮助。

这就是华为总部的功能，它不是一个专门负责审批的机构，而是一个面对客户的支持服务体系，是一个资源配置的系统平台。在互联网时代，很多的资源是向上而非向下流动的，很多资源是配置在总部的。

未来，企业要实现从售后服务向全程关怀、从被动服务向主动关怀、从产品服务向需求服务、从单客服务向社群服务、从呼叫服务向平台服务的转变，直至实现从有边界服务向无边界服务的转变。关注流程，重视体验，从解决问题中获得最优化的客服方案。

四、文化体验

消费者对品牌的文化体验主要反映在品牌的价值观念、生活态度、审美情趣、个性修养、时尚品位、情感诉求等方面与产品物质效用之间的高度统一上。企业可以通过品牌文化实现以下功用。

（1）有力加强品牌影响力。

品牌文化是品牌竞争力中的无形力量，它可以赋能于品牌价值的构建及其品牌形象的塑造。正如"惠普之道"为惠普省下了多少品牌推广费用，海尔的企业文化为海尔带来了多少无形价值，华为基本法又为华为提升了多少品牌知名度和美誉度。

贝纳通是世界著名的服装品牌。经营者为贝纳通塑造了"爱自然、爱人、关怀社会"的品牌文化。通过以关注环境污染、谴责种族歧视、揭示战争灾难等为题材的广告形象，给予消费者以强烈的心灵冲击，使其置身于对世界的"爱与关怀"精神世界之中。

（2）有效承载企业的社会功能。

美国经济学家 W C 弗莱德里克认为，作为现代企业，"它所面临的社会挑战就是要寻找一条使经济与道德相统一的途径"。品牌文化恰恰能很好地承载这条"路径"的职责。

在"二战"期间，美国士兵远离国土，前往欧洲和太平洋作战。可口可乐宣布："不论我们的军队在什么地方，不管本公司要花多少成本，我们一定要让每个军人只花5美分就能喝到一瓶可口可乐！"于是，可口可乐在各个战区建立了多达64家装瓶厂，作为部队配给配发美国部队。在残酷的战争间隙，在生与死、血与火之间，喝上一瓶清凉提神的可乐，那种享受就像在天堂一样美妙。

（3）满足目标消费者物质之外的文化需求。

行为科学的代表人物梅奥·罗特利斯伯格提出"社会人"的概念，认为人除了追求物质之外，还有社会心理方面的需求。品牌文化可以让消费者在享用商品所带来的物质利益之外，还能得到基于社会层面的心理满足。

"在这个世界上，我找我自己的味道，口味很多，品味却很少，我的摩卡咖啡。"这是一则摩卡咖啡的电台广告，它所传递的是"不赶时尚，有自己品味"的品牌文化，让消费者饮用摩卡咖啡时拥有一种在生活方式上"不随波逐流，坚持自我"的社会心理体验。

（4）助力品牌忠诚群的培育，使之成为重要的品牌壁垒。

文化体验属于品牌体验中的深层次体验，因此，对于打造品牌的美誉度，特别是忠诚度是至关重要的。因为，当消费者对品牌在文化层面上形成认同，就不会轻易改变。

支撑苹果公司创新历史的就是苹果近乎可怕的创新文化基因，坚持做技术至上、完美主义的自大偏执狂。这个基因不仅让苹果永葆创新，而且让它的粉丝们对错都喜欢，决不悔改。

极光大数据发布的《2017年果粉调查报告》中，对iPhone手机用户群体进行精准调研发现，品牌的用户忠诚度惊人，有87.8%的iPhone换机用户仍然选择苹果。

张瑞敏先生在《自我重组的6大方法、5大目标》中指出，品牌分三个时代：第一个时代是产品品牌，属于大规模制造的时代。第二个时代是平台品牌，属于互联网的时代。这两个时代都有同一个问题：只有顾客，没有用户。因为它们不知道用户体验是什么，做不到根据用户提出的需求完成定制。第三个时代，生态品牌的时代。就是以用户体验为中心，把各方资源集中在一起，共创共赢，创造用户的最佳体验。

因此，我们可以说，未来的品牌竞争就是基于品牌价值的品牌体验之争。

正像张瑞敏说的："终身用户的本质就是——只要你把所有的体验都满足给用户，你给用户提供服务方案，而不仅仅是产品，最后用户就可能一直跟着你。"

第四节 让品牌营销回归本质，遵循规律

从营销的本质上看，品牌价值是营销的根本所在。特别是在"网红经济"盛行的今天，品牌要想获得消费者信赖，依然要靠自身的价值，以及基于品牌价值所赋予的消费者利益。这是因为，从知名度到信任度，从美誉度再到忠诚度，一个品牌的成长绝对不会仅靠一个流星般的营销就可以大获成功。因此，品牌营销最好的"流量引力"，还是要基于品牌本身的价值建设，这是应对不确定性最重要的法则，也是基于人性的营销本质。

在品牌价值本质的基础上，通过打造品牌的美誉度和忠诚度来实现品牌高附加值、可持续的市场转化又是营销的规律所在。正如丁俊杰老师在2019中国广告论坛上所指出的："短期直接功能能够带来用户，但'阅后即焚'的传播模式也会迅速带走用户。因此，未来不但要关注流量如何产生、如何转化、如何变现，更应该关注'人'的情感、心理、需求，只有在尊重用户主体性价值的基础上提升用户体验，才能真正实现从'流量'到'留量'的转化与升级。"

这就回答了这样的一个问题：当由品牌信任引发消费者的购买和使用后，如何让消费者一买再买，总是会买？如前所述，消费者一定是通过良好的品牌体验之后，形成了对产品/服务的满意和对品牌的喜欢，然后才形成了重复购买；而这种满意与喜欢势必会转化为对品牌的赞誉。换言之，只有消费者对品牌形成了美誉度，才会继续购买和接受你的产品/服务。

当这种品牌美誉度以口碑传播、推荐的形式被广为传播后，就会引发更大规模的消费者卷入。由信任到赞誉，美誉度是消费者的心理感受，是消费者认可品牌的开始，这标志着品牌由导入期进入成长期。

因此说，品牌美誉度的打造是品牌营销的第一个职责所在。

首先，要想打造出品牌的美誉度，就要不断提升产品/服务的品质，强化品牌价值的提供与消费者利益的赋予。正如沃尔玛的创始人山姆·沃尔顿的那句名言："请对顾客露出你的8颗牙。"他还教导："当顾客走到距离你10英尺的范围时，你要温和地看着顾客的眼睛，鼓励他向你走来，向你求助。"这就是所谓的"10英尺态度"。

沃尔玛由此传达了"向顾客提供更有价值的高品质服务"的理念，而使消费者对其产生信任感和美誉度。

20世纪90年代，随着经济的飞速发展和消费者观念的更新，市场需求提升到一个更高的阶段。企业不能仅仅制造和出售产品，而要为顾客提供解决产品使用中各种问题的整体方案或个性化方案。

IBM在企业内部大力倡导和实践360度客户服务的企业文化，并成立了全球服务部，为客户提供管理咨询、信息技术规划、系统的集成以及全方位的发展战略。

DELL则率先在全球推出了个人电脑的定制生产，每个客户都可以向DELL提出自己在产品设计上的特殊要求。整体方案的核心内容是顾客至上，即不仅要向顾客提供实体产品，还要提供包括服务、信息等在内的一切东西。

第六章 如何营造品牌——从传播到营销

其次，品牌美誉度还来自良好的品牌形象。

诸如诚信，要始终如一地践行品牌的承诺，以消费者利益为重，不算计消费者，不欺骗消费者，表现出光明磊落、知行合一的正性品牌形象。同时，企业还要积极承担社会责任，依法合规经营，树立"社会公民"的公众形象，这也是赢得品牌美誉重要的方面之一。

企业在给予消费者承诺时一定要慎之又慎。要充分考虑自身的能力、条件以及对未来风险的预测，确保承诺是可以实现的，进而让自身成为消费者心目中"值得信赖"的品牌，最后由信赖转变为忠诚。

星巴克董事长、CEO 的霍华德·舒尔茨先生曾经承诺过："星巴克是一家基于门店体验而打造的品牌，靠的是我们的伙伴和消费者之间通过服务的情感连接所带来的体验。身穿绿围裙的伙伴才是星巴克营销的核心。"

为了更好地落实这一承诺，星巴克于 2009 年 2 月开始推行"闭关修炼"行动，对其在美国的 7100 家店做出"所有店铺每天关门两小时，学习'伙伴（雇员）'训练课程"的安排。霍华德·舒尔茨对此的解释是："我们对内部员工进行前所未有的大投入培训，是为了让他们具备相应的能力，拥有足够多的工具和资源，让员工能有超出客户预期的表现，提高客户满意度。"

再次，要具备快速的消费者响应机制。

企业应该主动倾听顾客的意见和建议，妥善处理顾客的投诉。这其中响应的效率十分重要。因为当消费者投诉或咨询后长时间没有得到回应时，心中的不良情绪会逐步增加，报怨之心油然而生，对品牌的印象与声誉会造成极大的伤害。正如著名酒店集团里兹酒店的一条 1∶10∶100 的黄金管理定律：若在客人提出问题当天就加以解决，所需成本为 1 元；拖到第二天解决则需 10 元；再拖几天则可能需要 100 元。

正因为如此，日本花王公司花费 15 亿日元开发"顾客回应系统"，一年可倾听 7 万件消费者心声，包括疑问、抱怨、建议等，然后根据这些意见和建议进行品质改进；同时每天处理 250 件消费者咨询，提供迅速正确的商品与生活信息给顾客，使顾客得到最大的满意度。

最后，要重视意见领袖的社群口碑。

全球品牌营销大师马丁·林斯特龙先生在《品牌洗脑》中指出，我们本能地通过观察他人的行为来影响我们自己的决定——从我们该怎么走路，到我们该听什么音乐，再到我们应该开什么车。简而言之，我们似乎本能地相信他人比我们更加了解我们想要什么。心理学家给这一现象起了一个名字，叫"同侪压力"。

下面的一组专业调查数据结果就印证了"同侪压力"的作用。

市场研究公司 Jupiter Research 调查数据显示：77% 的网民在线采购商品前，会参考网上其他人所写的产品评价。

超过 90% 的大公司相信，用户推荐和网民意见在影响用户是否购买的决定性因素中是非常重要的。

英国的 Mediaedge 实施的调查结构也表明：当消费者被问及哪些因素令他们在购买产品时更觉放心，超过 3/4 的人回答"有朋友推荐"。

购物决策因素汇总，口碑所占比例最大，后面为网站上的信息、朋友发送的邮件、在线评论。

品牌美誉度提升后便会发挥巨大的作用，就是口碑推荐。也就是说，品牌美誉度一旦形成，就会在口碑传播的推动下迅速地传递开来。在社交无处不在的时代，社群口碑传播成为美誉度扩散的重要载体。因此，企业要引导和帮助目标消费者构建起以相同的价值观和消费观为基础的社群生态圈。品牌不仅要在其中做好品牌信息的沟通，更重要的是还要与消费者建立起更为紧密的"社群归属"关系。一旦形成品牌赞誉就会通过品牌粉丝，特别是其中的意见领袖对品牌赞誉进行口碑传播，乃至口碑推荐。正如口碑营销大师马克·休斯在《三张嘴传遍全世界——口碑行销威力大》中指

第六章 如何营造品牌——从传播到营销

出的：" 把大众与媒体一起拖下水；藉由口耳相传，一传十、十传百，才能让你的品牌与产品信息传遍全世界。"

"韩都衣舍"凭借快速跟进时尚的设计和选品，在各类购物社区中都是女性用户推荐分享的重点品牌；护肤面膜品类中的"御泥坊"，以产地的特殊天然原材料矿物泥浆为卖点，吸引了不少女性用户的追捧，成为淘宝系面膜类的领军品牌。

2004年谷歌推出Gmail电子邮件时，只提供了几千个Gmail的试用账户，想要试用的人，必须有人邀请才行。这些数量有限的"邀请码"经口碑传播迅速在全球流行，被用来交换各种各样的东西，比如到迪拜度假两夜，或者交换旧金山的明信片。Gmail账户在英国eBay上面的叫价甚至高达75英镑。

Facebook每月的活跃用户超过23亿，是全球最受欢迎的社交网络。其中的"喜欢"功能按钮大有玄机，除了点赞朋友的状态更新，用户还可以点赞他们喜欢的品牌或产品。如果你看到你的好友点赞某个品牌，内心就获得了同侪认同感，觉得你是可以喜欢这个品牌的，接着你也点赞这个品牌，默认授权向你的朋友们推荐了这个品牌。

口碑营销的本质是社会化营销。传统营销是企业化营销，就是有企业发动的，先是通过广告划一个"大圈子"，然后逐层缩小"包围圈"，即针对目标人群和非目标人群进行品牌信息的广覆盖、泛吸引，然后通过终端渠道将有相关需求的消费者吸纳在一起，再通过品牌的影响力将那些对品牌有好感的人群吸附过来，进行购买决策的影响，最终通过产品的功效、安全以及体验、服务等要素推动消费者完成最终购买。

社会化营销与之相反。先针对那些对品牌能够最先了解到的，最先接触到的，最先达到信任的，最先实现购买的，最先形成体验的，最可能给予品牌以赞誉的消费者（他们最有可能是企业的员工及其亲朋好友），划上一个"小圈子"，然后就像丢块石头形成的涟漪一样，通过口碑传播而逐层地扩大，最终形成自发性或是利益性的口碑推荐，带动更大规模的消费者卷入。笔者将其称之为"涟漪式营销"。

这其中有一个问题需要指出，传统企业往往只重视购买者而忽略使用者。在互联网平台经济日益发达的今天，用户已经成为品牌目标人群中重要的组成部分，他们的体验、感受和意见，一样也是影响品牌美誉度达成与传播的重要力量。

对此，我们一定要认识到，客户是购买你产品的人，是为你创造利润的人。用户是使用你的产品的人，也许是免费使用你的产品，但他们是通过"使用"来为你体现价值、创造价值、提升价值、最终会为你带来客户，或变成你的客户。

"有人用"与"有人买"同样重要；"用"的人与"买"的人同等重要；先要有人"用"，才会有人"买"；先吸引人"用"，再引导人"买"。解决好"用户"与"客户"之间的关系，不仅要关注"卖好"（销售），更要重视"用好"（体验），"用得好"才会给企业带来持续发展力。

在形成品牌美誉而实现消费者长期购买之后，如果我们继续沿循消费者的心理与行为轨迹，那么，下一个问题就是：如果同样的产品/服务涨价了，或是又推出更为高端的产品/服务了，消费者如何才能继续购买？这就是品牌营销要解决的第二个层级的问题——品牌的忠诚度。

品牌的忠诚度一般是在消费者对品牌形成了心理上的深层依赖，以及生活方式的固化、消费习惯的养成、审美情趣的认同的基础上产生的。在这种情况下，消费者对价格的敏感度开始降低，愿意为高品质的产品/服务付出更高价格，能够认识到品牌的价值并将其视为朋友、"闺蜜"，甚至是伴侣，不仅对品牌产生情感，甚至引以为骄傲，也愿意为品牌做出更大的贡献。

营销学中有著名的"二·八原则"，即80%的业绩来自20%的经常惠顾的顾客。对企业来说寻找新客户的重要性不言而喻，但维持一个老客

第六章 如何营造品牌——从传播到营销

户的成本仅仅为开发一个新客户的 1/5。

第一,让消费者针对某个品牌形成消费的习惯。

消费者出于某种需要、动机、情感、经验或心理偏好等原因,对于某类商品或某种品牌长期维持一种消费需要,经常且不加挑选和比较地购买。为了形成并保护这种消费习惯,我们要将消费风险始终保持在一个较低的水平。其一,通过提供准确可靠、及时全面、重复性好的品牌信息,既便于消费者接受、识别、反馈,又在消费者心目中有较高的信誉,这样消费者就会出于规避消费风险的目的而不会换用其他的品牌。其二,要始终保持一个良好的品牌形象。对产品/服务的品质严格把关,始终如一地履行品牌承诺,杜绝涉及品牌的负面舆情的出现,以避免消费者因对品牌形象信任的降低而换用其他品牌。其三,不断地给予老客户以奖励,不断提升他们基于品牌的利益获得和心理获得,使其因不舍得放弃这些所得而不会换用其他的品牌。其四,要不断推出新产品,以保证消费者对品牌的新鲜度,避免让他们感到品牌老化了、落后了。

这是著名管理培训专家、教育专家余世维先生亲身经历的一件事。

余世维先生又一次因公到新加坡,入住一家上一次出差曾经住过的酒店。当办理完手续乘坐电梯到达房间所在的楼层时,一出电梯只见服务员已经在电梯口迎候,并恭恭敬敬地向他致意:"余先生,您好,欢迎您入住。"

余世维先生在培训讲座中介绍,他当时对此既感到惊讶,又感到温馨和荣耀。从此,他就成为这家酒店的忠实客户。

第二,要不断强化消费者对品牌的心理依赖。

品牌依赖就是消费者基于成本和价值回报的比较,与品牌积极互动的心理期待和行为表现。品牌依赖是消费者与品牌之间建立起来的一种长期、持久、强烈的感情,消费者对企业产品的感情依附是确保顾客忠诚度的重要内容。

要始终保持品牌自身所具备的特色以及较高的知名度和美誉度。一个富有社会责任感、恪守社会道德准则、诚信经营、关爱职工的品牌往往会在消费者心智中形成深度的信赖，乃至忠诚。相关研究表明，消费者对于奢侈品或者知名品牌所代表的商品更容易产生品牌依赖，即使对于功能、属性、特点上完全相同的商品，也会因为某些品牌的知名度不同而产生不同程度的依赖。

要不断理解消费者需求变化，持续加强企业创新能力。挖掘消费者潜在的、深层次的消费需求，使得企业能够持续地为消费者提供新的产品/服务，不断地提升消费者的产品体验，提升消费者的购买动机，让消费者总是心生期待，这些都是形成心理依赖的重中之重。

"冬天的午后，我总期待着小小的惊喜……"肯德基有一则电视广告，画面充溢着女主人公期待的目光，当她看到肯德基门店新推出的广告时，不禁流露出一份惊喜。显然，女主人公是肯德基的常客，彼此甚为亲密，而新产品的推出让这位忠诚顾客对肯德基品牌表现出积极的互动意愿。

要以独特的企业文化为背景，建立属于企业自身标准的产品和服务指标。一方面这些体系和指标能够烘托和渲染企业的独特个性；另一方面，提高了客户转换产品或服务的成本，可以建立起一道非常有效的壁垒。

习惯了苹果 Home 键设计的手机用户，对安卓的四键菜单非常不习惯，于是就在苹果用户向安卓用户转换之间形成了一道"壁垒"，大大强化了苹果手机用户的忠诚度，甚至促使大量的安卓手机纷纷也转向 home 键设计。

"品牌社群"所着眼的正是购买使用同一品牌或对该品牌深感兴趣的消费者之间的关系。品牌社群具备培育品牌忠诚度最佳的土壤，拥有最具品牌忠诚度基础的种子消费者。通过建设好品牌社群，使之形成参照群体，使得其中的消费者互相认同、互相支持，从群体的趋同性上促进品牌依赖的产生与延续。

值得一提的是，社群营销与传统营销正好相反，是由忠诚度入手，发

第六章 如何营造品牌——从传播到营销

展到美誉度,最后到知名度。

以 FACEBOOK、小米等新型品牌为例,我们似乎看不到它们的广告,也看不到它们对知名度的打造,而是一经出现在世人面前已然是赫然醒目的品牌。这是因为社群化品牌在导入期就已经沉浸在涟漪式营销的品牌原点人群中,就已经在"静静"地培养起品牌忠诚度了。

第三,让品牌与某种生活方式之间形成固化的关系。

在如今互联网时代,人们更容易找到志同道合的人,"类聚群分"的过程中反映态度和观念的生活方式已经成为人们更关注的内容。因此,当消费者想到品牌时,将不再是某一个产品,而是一种生活方式,而这种生活方式下的所有产品都有可能被需要。特别是当品牌与生活方式紧密关联在一起,甚至成为某种生活方式的代名词时,消费者对品牌的忠诚便油然而生。

当我们在百度上输入"立顿与下午茶",会出现很多相关的资讯:

立顿传情下午茶案例分析;

寻味立顿下午茶;

日本原宿好喝的立顿下午茶;

四款世界茶饮特调,体验不一样的立顿下午茶时光;

立顿传情下午茶;

……

由此可见,立顿已经与下午茶密不可分,已经成为与一种生活方式有着固化关联的品牌;而那些已经将下午茶当作自己的一种固定的生活方式的消费者,自然也就成为立顿品牌忠实的粉丝。

在未来,生活方式将成为品牌与消费者之间关系建立的基点,品牌与消费者进行生活方式的沟通与交流,让自己看起来不再只是单一的品类,而是趋向于生活方式的传递者。

第四,与消费者在审美情趣上形成认同。

贾丽军先生在《品牌美学》中从品牌美学的角度，剖析了品牌审美的经营、消费和传播方面的价值。

在经营价值上，可以让消费者产生消费忠诚，进而扩大销量，能够提高品牌的溢价价值；在消费价值上，品牌美学能让品牌的信息更充分地显露出来，方便消费，能给消费者带来品牌审美的全方位体验。从传播的角度，品牌美学可以给消费者带来身份感、尊贵感以及文化价值的认同，让其产生对品牌价值与文化的心理归属感；在社会伦理与文化教育中，品牌美学可以提高社会公众的审美素养与道德意识等。当某品牌产品能产生可以看到、听到、触摸到并感觉到的具体的美学体验时，消费者就会心甘情愿地为其买单。

德国产品的精致、法国产品的考究、日本产品的舒适都蕴涵着美学意蕴的设计，这些产品往往能从众多产品中脱颖而出。

耐克的运动绩效美学、星巴克的品位美学、哈根达斯的情感美学，让这些品牌拥有高出同行业平均水平近60%的品牌溢价。

苹果产品设计之美源自乔布斯主张的"东方禅意美学"，风靡全球，一度助其成为世界上市值最高的企业。

从2019年中国消费趋势指数报告中我们可以看到，基于对中国传统文化的认同，已经有越来越多的国人愿意选择国货。该报告显示，有68%的消费者倾向于购买国产品牌，超过了购买国外品牌的比重。

中国一、二线城市的消费者对国货品牌表现出很高的接受度，占比为52%。值得一提的是，在购买的原因中，有67%是因为热衷于传统美学，有60%是文化渗透，有47%是自我认同感。

在2019年的上半年，55%的消费者选择购买国产服饰鞋帽，68%的消费者青睐电子产品。尤其在食品饮料和保健品领域，购买国产品牌的比重分别为73%和60%，远远超过了国外品牌。

为此，品牌要把握消费者的审美需求，确立品牌的美学主题与风格，

第六章 如何营造品牌——从传播到营销

利用形式美元素提升品牌价值，营造独特的审美意境，创造美学体验，用真善突出广告传播中的内容美学。

一般认为，能够获得美誉度、忠诚度的品牌具有以下几个特征：

（1）能为消费带来快乐的品牌。

它们执着于消费者，与生活密切相关，必不可少。它们围绕着人们生活中最重要的需求来投入、创造和营销。使得消费者从内心深处与品牌共鸣，并为之感到快乐，使得消费者无法想象没有它的生活会是怎样。

（2）能为消费者带来轻松的品牌。

这些品牌极度务实，无论何时何地都能够一如既往地提供令人满意的产品和服务，让消费者的生活变得简易，给他们带来便利，并提供始终如一的品牌体验，让消费者值得依赖。

（3）能为消费者带来信心的品牌。

能够为消费者带来启发，具备让消费者认同的价值观，与消费者建立情感联系，能够打动人心，创造信任，并且与时俱进，致力于一个更高的价值追求。

（4）能够给消费者带来活力的品牌。

它们不断创新，从不故步自封，即使已经是行业领导者仍不断挑战现状，不断推动现状来寻求进步，以新颖而富有创意的方式来深化与消费者的联系并与之互动，总是寻找新的方法来回应、满足消费者的潜在需求。

最后强调的是，在品牌发展不同的阶段，品牌传播与营销有着不同的目标与任务，直至沿循消费者的心理与行为轨迹，递进式地完成品牌系统性建设，串联起品牌核心竞争与持续发展力的内在逻辑。

在市场导入前期，对以品牌核心价值为核心的品牌形象进行大面积、高强度的传播，对目标消费者进行品牌告知，以期完成品牌与消费者之间的初步沟通，是消费者认识、认知品牌的开始，进而形成广泛的知名度；同时，配合产品推广，以免费、低价格、高返利进行促销，带动大规模的消费者卷入。在市场导入后期，通过长期的品牌正性传播，在目标消费者心目中形成正面认知，进而产生一种品牌信任感，是用户认同品牌的开始，进而引发消费者的购买。

在品牌成长期，则要以品牌体验为核心，开始关注、优化消费者的品牌体验（产品体验、服务体验、文化体验），打造品牌的信任度和美誉度。搭建品牌社区，进行品牌文化和品牌价值的宣传教育，在品牌社群中形成自发的品牌推荐。同时，从常态促销转为阶段性、事件性的促销，继续带动消费者的卷入。

在品牌成熟期，因良好的品牌体验持久感受、充分感受到价值（生理、心理）的获得，以品牌依赖、品牌美学、品牌信仰为核心，促进消费者对品牌形成心理上的深层依赖、生活方式的固化、消费习惯的养成、审美情趣的认同，进而强化消费者对品牌的忠诚度，构建品牌市场溢价的能力，最终提升品牌资产的水平。

第七章

如何锻造品牌——从资产到管理

品牌系统性建设就是始于战略、终于资产的市场价值转化。

——作者题记

第七章 如何锻造品牌——从资产到管理

在对品牌属性的认知中,最需要强调的就是:品牌是战略,品牌是资本。不能在这两个维度上形成共识,企业很容易将品牌仅仅视为是宣传,是服务,是保障,是手段,是方法,甚至是工具。如此一来,就无法构建出品牌的价值体系,就无法打造出品牌的系统竞争力。最终,品牌就是一句口号,甚至是一个道具而已。

所谓品牌战略就意味着,品牌的建设既要考虑当下也要着眼未来;所谓品牌资产就意味着,品牌的建设既要考虑经营效益的短期性,也要考虑资产增长的可持续性。正如美国品牌学之父戴维·阿克所指出的:"品牌应该被看作是一种财富,就像木材储备一样。如果不考虑未来,把所有储备都耗尽的话,短期效益可能很可观,但财富也在这个过程中遭到了破坏。"

第一节 以可续增值为核心的品牌资产体系

如前所述,品牌是资产,这是品牌系统性建设的最终目的所在。品牌的作用及其意义就在于:通过广泛而深入的认知转化,实现高附加值、可持续的市场转化。这种转化最终是要体现在企业资产的增值上——有形资产和无形资产。

所谓有形资产是实打实地给企业带来财务上的贡献,这一点主要是通过品牌的市场溢价来实现的。从市场的角度看,这部分溢价又是通过哪些消费者的"特殊贡献"而实现的呢?首要的就是具有较高的品牌忠诚度的那部分消费者。这是因为,他们对品牌形成了心理上的深层依赖、生活方式的固化、消费习惯的养成、审美情趣的认同，所以愿意为品牌支付更高的支出。

消费者愿意为品牌支付更高支出的那部分就是品牌溢价。

我们反复强调，品牌就是通过广泛而深入的认知转化实现高附加值、可持续的市场转化。因此，具有品牌溢价的能力是成功品牌或是领军品牌的重要标志。

根据尼尔森的定义，价格超过该品类商品平均价格20%或以上的产品即可以被认为"有品质"的、具有溢价能力的产品。

品牌溢价是指消费者在功能需求之外，为情感体验利益和自我/社会象征利益所"额外"支付的花费。一般来讲，当一个品牌相比同样的产品，能比竞争品牌卖出更高的价格，称为品牌的溢价能力。曾有调查表明，市场领袖品牌的平均利润率为第二品牌的4倍，而在英国更是高达6倍。

首先，溢价来自忠诚。只有不断提升品牌的忠诚度才能为企业带来可持续性的市场溢价。

美国数学家、社会学家盖洛普把客户分成高投入度客户、中投入度客户、低投入度客户三个不同的小组进行比较，研究的数据显示出以下结果：

高投入度客户对企业和品牌的市场占有率、利润、收入和相关增长的贡献比普通客户要高23%。与此形成鲜明对比的是，没有投入的客户对这些指标的贡献比普通客户要低13%。

在零售银行业，高投入度客户为他们主要的银行所带来的年收入要比低投入度客户高出37%；在消费类电子行业，高投入度客户每年光顾他们所喜欢的零售店的次数要比低投入度客户高出44%。当他们光顾所喜欢的电子零售店时，所购买的东西要比原来打算要买的多；在保险行业，高投入度客户所购买的保险产品的类型要比低投入度客户多22%。

研究结果表明，高投入度客户具有情感依赖性和忠诚性，是真正的

第七章 如何锻造品牌——从资产到管理

品牌大使。他们会不嫌麻烦地找到理想的产品或者服务，他们不会接受任何替代品，并且无论是在经济良好时期还是在经济糟糕时期，高投入度客户都比普通客户更加忠诚，更能够带来利润。由此可见，品牌的溢价正是来源于那些最具忠诚度的消费者，他们是最具价值、最能产生效益的客户。

同时，溢价来自口碑推荐。品牌忠诚度对企业有形资产的财务贡献，除了能够带动消费者的重复购买外，还带来口碑推荐。建立口碑传播与品牌推荐体系及推荐经济学模式已经成为企业品牌传播与营销中重要的任务之一。在今天，"推荐指数"已经成为品牌价值的评估指标之一。

NPS（Net Promoter Score），净推荐值，是一种计量某个客户将会向其他人推荐某个企业或服务可能性的指数。它是最流行的顾客美誉度和忠诚度分析指标，专注于消费者口碑如何影响企业成长。

通过建立品牌社群，形成消费者之间的自发推荐体系。聚合口碑，营造氛围，扩散情绪，让消费者的口碑与推荐成为社会化营销的发动者和扩散者，让每一个消费者成为推荐的节点，并且从中获得回报，最终带动起消费者的重复购买、连带购买与推荐购买。据统计，一个满意的顾客通过品牌赞誉会引发8笔潜在的生意，一个不满意的顾客会影响到25个人的购买意愿。

2013年，华为手机消费者净推荐值（NPS）是负24%，2014年变成正43%。Mate 7上市之后，华为旗下的产品净推荐值全线增高。Mate 7本身的净推荐值，刚上市的时候是70%左右，2014年11月达到79%，超过之前最高的荣耀6（60%），这是Mate 7后来溢价销售的主要支撑。因此业界认为，Mate7对于华为具有里程碑意义。

企业要想获得忠诚与口碑，最终得到厚利的回报，就必须在以下几个方面加强品牌建设。

1. 坚守产品质量底线

有研究表明，对质量敏感的消费者比那些对质量不敏感者更愿意支付溢价，所以消费者对质量关心的程度影响他是否愿意支付品牌溢价。品牌的经营必须建立在产品服务的良好质量基础上，发挥质量作为信誉载体的作用，不断向消费者传递品质优秀的品牌形象。

在星巴克，平均 32 元一杯咖啡中就有 16.56 元的品牌溢价（来源：星巴克特许加盟手册），对于许多人来说，真贵。可问题在于，星巴克的咖啡为何卖这么贵？贵在哪里？其实就一个词：品控。除了对咖啡质量的控制外，还有服务的"品控"，即一杯咖啡的定价里面包含了"给你更换一杯全新咖啡""什么都不点，坐一天也可以"的成本，这一切又显得很合理了。

2. 持续提升品牌声誉

以较好的品牌声誉换取消费者对品牌的认可和信任。为了规避购买其他品牌所带来的风险，消费者更愿意购买美誉度较高的品牌，所以声誉越高的品牌可能更能获得高的溢价。

以一盒布洛芬胶囊为例。联邦制药生产的定价 13 元，仁和药业生产的定价 22 元，中美史克生产的定价 25 元，修正药业生产的定价 15 元。其实，因为国家硬性标准，无论消费者购买哪个牌子的布洛芬胶囊，药效都是一样的。但是消费者往往会认为价高的更好，药物的副作用会更小，这都是源于品牌的声誉所形成的。

3. 选择差异化竞争领域

品牌所获得的溢价大小与当前市场上类似商品的品牌数量呈反比关系，即随着类似商品的品牌数量增加，这个商品品牌的溢价能力可能会下降。因此，品牌要构建自身价值的独占性，形成产品的稀缺性，以一定的差别化功能作为消费者多支付部分的补偿；同时，盘踞市场制高点，使品牌拥有市场话语权和定价权。

4. 满足个性化需求，提供定制化的产品/服务

消费者的需求也越来越个性化，张扬个性、表现自我的消费观念形成也促使产品（服务）不断创新，赋予品牌更多的内涵，进而为品牌带来更大的形成溢价的可能。

5. 适机推出高端产品

品牌的高档感和高价值感也是形成品牌溢价的方式之一。因此，品牌应在品牌成长期末段和成熟期期间打造出技术领先、功能人性化、外观精美，在科技、人文、艺术实现完美结合的高端产品，以获得市场溢价。

卡萨帝是海尔推出的高端家电品牌，秉持"创艺家电，格调生活"的品牌理念，在"汲取精致生活的灵感，缔造永恒的艺术品质"的核心品牌设计语言下，致力于为都市精英人群打造优雅精致的格调生活。以冰箱为例，其售价在6000~8000元/台，远远高于普通品牌的冰箱售价。

6. 坚守价值竞争的策略导向

坚守价值竞争而非价格竞争的定力，基于对消费者需求的深入挖掘，深深扎根于客户消费潜在需求和心理偏好的不懈创新，不断提出价值主张并逐个实现，使得价值的创造与传递总是让消费者喜出望外且充满期待，提高市场竞争壁垒，最终实现高附加值、可持续的市场转化。

苹果iPhone从2007年第一代iPhone上市以来，苹果官网基本上是不降价的，哪怕是卖不掉也不会降价。即使是在苹果CEO库克承认"新款苹果在中国不好卖了"的时候，即使是在某些电商平台出现价格不断下跌的情况下，官方也基本上不会降价。

这是因为，保持稳定的价格体系是苹果公司的底线。如果越卖越便宜，则代表着用户不必在第一时间购买，越晚买越便宜，让早买了iPhone的人会产生心理失衡，最终会影响到品牌美誉度和忠诚度。

7. 以创新拓展品牌盈利空间

品牌可以通过产品特性创新、品类竞争创新、跨界营销创新等方式，

来提升品牌市场转化的效果，提高品牌资产的水平。

苹果的智能手机，特斯拉的电动车，小米 MIX 率先用全面屏，iphoneX 推出脸部识别，都是针对产品的创新。

花点时间首推一月 4 次的鲜花快递卖花形式，8848 手机从功能型手机开辟了安全和奢侈品手机这个市场，小罐茶以一罐一泡的高端定制形式向市场售卖，都是通过打造一种新品开辟一个新的市场。

可口可乐也卖衣服、包包、笔记本、手机壳和化妆品，泸州老窖卖香水，肯德基卖潮牌，小猪佩奇把 IP 玩到各行各业，都是老品牌跨界做一个新市场。

当然，不是所有的知名品牌都需要消费者更多地支付金钱，也可以通过平价数量来实现很好的市场转化。

比如，小米因为打破了智能手机的行业壁垒，降低了生产成本和中间的营销成本，而把更多的实惠让给"米粉"，从一炮而红到每推出一个系列产品就销量不菲。

8. 要善于打开消费者的"心理账户"

洞察消费者的心理需求，把握消费者的心理预期，迎合消费者的心理变化，巧妙地利用消费者的恐惧心理、同侪压力和稀缺心理，以诸如"稀缺价值"（资源稀缺性：钻石、黄金；历史的稀缺性：积淀、传承；供求的稀缺性：限量版；工艺稀缺性：纯手工……）"饥饿营销"等方式，适时、适机、适度打开消费者的"心理账户"，赢取他们的心理消费。

饥饿营销显然是苹果惯用的营销手法，并且也是其中的"高手"。

从 2010 年 iPhone4 开始，到 iPad2，再到 iPhone4s，苹果产品全球上市呈现出独特的传播曲线：发布会——上市日期公布——等待——上市新闻报道——通宵排队——正式开卖——全线缺货——黄牛涨价。

苹果原高级营销经理 ohnMartellaro 曾发文"披露"，苹果一直在执行一项名为"可控泄露"的营销策略，即有计划、有目的地放出未发布新产

第七章 如何锻造品牌——从资产到管理

品的信息。

然而,不是所有"卖得贵"的,貌似附加值很高的产品就一定是好品牌。这是因为,产品价格必须要基于产品的真实价值,不能超出用户对价值的认同阈值,不能通过非常的营销手段来拉升价格。不合理的溢价就是泡沫。泡沫利益注定不会为企业带来可持续的发展。同时,我们要把握好产品的有形价值与无形价值在品牌溢价中的构成关系。品牌为了自身溢价,往往会努力赋予产品更多的精神内涵和文化价值,忽略了产品功能性价值的提升,这导致产品的精神价值和使用价值之间的平衡被打破。价格的泡沫由此产生。

最后要强调的是,品牌的溢价能力一定是建立在可持续的基础之上的,否则就是水中月、镜中花。正如竞争战略之父迈克尔·波特所指出的那样:"品牌的资产主要体现在品牌的核心价值上。"这是因为,从人性上讲,贪便宜是人的天性,更多的付出一定是基于更为强烈的身心需要。因此,品牌溢价的形成一定是基于消费者对品牌价值的美誉和忠诚,即形成了深度的情感审美和心理依赖,以及固化的消费习惯和生活方式,最终导致"必须要买""不得不买"的消费心理与行为的产生。

由此可见,品牌溢价的获得一定不是源于资源的消耗以及规模的额外扩大,而是出自消费者心理资源、心智资源的消耗,是来自消费者对该品牌产品价值的高度认同,也就是对价格差异的深度认同。不然,即使在某个阶段具备了品牌溢价的能力,最终也是不可持续的。

品牌除了能够为企业带来实打实的、超值的财务贡献之外,还能够带来无形资产。如果将无形资产与有形资产有机地结合并充分利用的话,就能够创造出更多、更好的市场价值,为公司赚取比投入更高的产出价值。

1988年,菲利浦·莫里斯公司和雀巢公司的两大著名收购行动,使品牌价值资产化得到市场正式确认。标志着现代品牌时代的来临。

业界对无形资产的定义有很多，其实无外乎有几个核心要素：第一，不具备实物形态而主要以知识形态存在；第二，是为其所有者或合法使用者所拥有的独占经济资源；第三，可为其所有者或合法使用者提供某种权利或优势的固定资产；第四，这种资产应用得当可创造收益。

其中，品牌价值就是企业最重要的无形资产。品牌对企业最根本的意义在于，是企业经济实力与企业营销效应的体现，是其他企业难以超越与效仿的标志，是企业综合实力和素质的反映；而所有这些价值的体现都可以构成企业的无形资产。

美国可口可乐公司总裁曾说过一句经典的话："如果一场大火把可口可乐烧光，第二天我就可以再造一个可口可乐！"这就是品牌能将无形资产化为有形价值的绝对力量！

股神巴菲特最赚钱的股票都来自可口可乐、华盛顿邮报等无形资产价值巨大的优秀公司。所以他说："我关注得越来越多的是那些无形的东西。"

根据全球著名管理咨询公司麦肯锡的分析报告，《财富》杂志排名前250位的大公司中有近50%的市场价值来自无形资产，对于一些世界较著名的公司而言，这个比例甚至更高。

如前章所述，品牌的无形资产的构建更多地体现在企业具不具备独特的优势；在新产品的业务增长上具不具备事半功倍的能力；在新兴市场的拓展上具不具有较高性价比；在提升市场竞争能力上能不能够吸纳各种优质资源，最终能不能显著地提升资本市场的盈利能力，形成长期稳定的市场份额。

1. 加强创新研发能力，构建独特优势

建立和发展企业自主创新文化以及自主创新长效机制，保障企业自主创新的活力；加强人才队伍建设机制，为科技创新提供有力保障；建立多元化激励机制，激发科技创新的积极性；加强科技创新合作交流，提升科技创新的水平；加大科技创新投入，保障科技创新的实施；加强知识产权意识，保护科技创新的成果。

华为坚定不移２８年只对准通信领域这个"城墙口"冲锋。华为只有几十人的时候就对着一个"城墙口"进攻，几百人、几万人的时候也是对着这个"城墙口"进攻，现在十几万人还是对着这个"城墙口"冲锋。密集炮火，饱和攻击。每年1000多亿元的"弹药量"炮轰这个"城墙口"，最终在大数据传送上华为领先世界，引领世界。

2. 提升在新产品业务增长上的能力

在新产品的业务增长上具不具备事半功倍的能力，是衡量一个企业具不具备可持续发展力的标志，也是整个社会或行业能不能够对其形成必要的信心的依据之一。因此，这对于企业无形资产的构建是非常重要的。

在2018年巴黎车展上，宝马隆重推出BMW X5、BMW 3系、BMW Z4和BMW 8系4款全新换代车型，成为整个车展中最为吸睛的展台。宝马集团董事诺达表示："总体来说，我们是在不断推出全新产品去强化品牌，或锐化品牌魅力。"过去的十几年间，宝马的产品攻势在全球范围一直卓有成效。全新产品线给宝马带来销量上振兴的计划。

《2019年中国消费趋势指数报告》显示，在中国一、二线城市的消费者里，有61%的消费者认为产品和服务的创新能够刺激他们的购买欲望。

3. 在新兴市场的拓展上创造较高的性价比

对于这一点，企业完全可以借助资本的力量来拓展市场，提升品牌价值，这是企业在新兴市场的拓展上创造较高性价比首选的策略，是值得中国的企业予以借鉴的。

据国际权威机构的分析报告，创立一个名牌，仅仅是媒体投入就至少需要２亿美元。如果是一家企业试图进入一个全新市场，或者另一个国家的市场，其实"创"不如"买"。

联合利华在中国的12个牌子几乎都是同类产品的佼佼者，都是联合利华"买"来的。"力士"与"夏士莲"在洗发水和沐浴类产品中位居前列，"中华牙膏"是牙膏市场的老字号，"立顿红茶"的市场占有率超过80%，"和路雪"在冰激凌市场的地位则无人可替。联合利华在全球的400多个品牌，大部分是通过收购并推广到世界各地的。

合利华这一品牌策略不仅使其在全球范围内获得丰厚回报，而且使其在本地品牌与消费者之间迅速建立起了更强的感情维系。

4. 依靠市场竞争力协同各种优质资源

依靠自身的独特优势和强大的市场竞争力，去整合产业链中的优质资源，通过与其他品牌联手迅速地扩展自己的品牌形象，实现跨界营销。这样就会增强全球竞争力，形成更加坚固的品牌壁垒，甚至是垄断性优势，从而创造更多的附加值。因此也较容易得到来自合作伙伴和市场的积极反馈。

星巴克作为"咖啡快餐业"知名品牌与联合航空公司携手，一方面拓展了新的业务领域，使自己的产品覆盖到更广的市场空间；另一方面也正是由于这种优势合作，使它们在各自领域中的品牌价值得到了有效的提升。

苹果iPod在微型硬盘、解码器、PCB板方面整合了日本东芝、韩国三星和荷兰飞利浦等国际知名企业，在电池、充电器、触摸滚轮和耳机上整合了中国企业，在不代工生产上将资格给了4家中国台湾企业，在销售上分别整合利用了沃尔玛、专卖店、经销商和代理商不同的渠道资源。如此一来，在整体收益占增加值的比率上，苹果就占了73.9%～94.5%，而组装加工的企业只占了5.5%，经销代理只占了20.6%。苹果手机整合世界产业链资源示意图，如图7-1所示。

seven / 第七章
如何锻造品牌——从资产到管理 / CHAPTER

图 7-1　苹果手机整合世界产业链资源示意图

第二节　建立品牌资产管理与评价系统

《2019年中国消费趋势指数报告》显示，有49%的消费者认为，跨界合作会增加品牌的吸引力。因此，该报告得出以下的结论：从营销的角度来看，有创意的跨界营销应该被品牌重视。

品牌资产管理就是推动营销管理的内容不断更新，促进企业的不断发展壮大，包括准确定义、规范管理，并采用完善周详、切实可靠的方法尽可能地对品牌进行衡量评估，不遗余力地开发品牌以最大限度地挖掘价值和利润。

品牌资产是能够管理的，它不是抽象的概念。从管理学的角度，第一，我们首先应该知道在做什么；第二，清楚做这件事情的意义；第三，知道如何拆分目标，形成细化的任务；第四，要有规范的长期的效果评估系统；第五，有反馈提高的总结。这是最基本的品牌资产管理过程，每一步都有详细的行动内容与方法。

首先，我们要让企业的品牌资产管理系统具备以下特征，以强化其有效性。

（1）制定清晰、明确的品牌资产管理目标，以及详细的、结构化的明细任务，与目标配套，使目标具备切实的落实可能性。

（2）决策过程要严格遵守逻辑判断与结构化思维原则，使管理决策在总的方向上遵循已知的品牌资产管理规律，避免主观臆断。

（3）要建立规范的、持续的、具有累积效应的辅助决策系统，对市场的描述与探究是建立在科学与经验相结合的基础上，要具备对自身行为表现与效果进行实时诊断分析的能力。

为达到上述要求，我们要沿循以下的步骤来建立品牌资产管理系统。

第一步，有效地利用品牌资讯的概念及收集的相关信息，将公司对品牌资产的理解以书面文件的形式规定下来，即品牌资产图，以便为公司内部的营销经理及公司外主要的营销伙伴提供相关的工作指导。目的是增加企业做出的品牌决策的正确性，消除组织内部可能导致品牌管理在长时间内处在低效率的潜在因素和不良影响。

及时更新品牌资产图的内容，以便更好地描述品牌现状，帮助决策者分辨品牌新的机会及潜在风险。同时要将新产品问世、品牌计划修改以及其他营销活动发生的最新信息及时地补充到品牌资产图中，并从品牌审计中获得更多的对品牌资产更深层次的见解。

宝洁公司为每种品牌制订了一份品牌资产说明，明确定义资产的维度，让每一个品牌经理都能理解自己蕴涵在产品大类之中的目标。例如，Cheer洗衣剂的战略性资产是"对纤维的呵护"，以确保与汰渍的核心战略不相冲突。

第二步，要将追踪调研及其他相关品牌业绩评估的结果，通过有效地整合所有不同的评估结果，形成整体的理解和把握，最终以品牌资产报告的形式反映出来，并定期(每月、每季度或每年)送交管理层。

第三步，要在组织内部明确划分与品牌相关的责任和流程，以便进行整体的协调，以实现品牌资产最大化的目标。

第四步，企业还需妥善处理与营销伙伴之间的关系，以及实施正确的品牌管理和品牌投资。

第五步，要对品牌资产给予长期投入。以长期的战略性的考量来对待品牌资产价值的可持续提升，处理好眼前利益与长远利益的关系，要舍得投入人力、物力和财力，提升品牌资产。

世界级品牌管理大师、先知品牌战略咨询公司副总裁戴维·阿克说："品牌应该被看作是一种财富，就像木材储备一样。如果不考虑未来，把所有储备都耗尽的话，短期效益可能很可观，但财富也在这个过程中遭到了破坏。"

总之，只有建立品牌资产管理系统，才能够使企业的品牌管理和营销管理形成巨大的生命力和影响力，不断地开发出品牌的效应，最大限度地创造价值和利润，促进企业的不断发展和壮大。

品牌资产管理的目的是为了增强品牌资产提升的效率与效果。在品牌建设的过程中，我们要对这种效率与效果不断地进行评价，目的是增强消费者、合作者、投资者的信心，为品牌并购、品牌特许使用等活动提供依据，对品牌资产管理提供量化指标与依据。

对品牌价值的评价需要通过专业的评估方法来实施，但是，品牌价值、品牌资产如何量化评估，无论是实战派还是学术界一直都没有一个统一的认知观点。正如美国明尼苏达大学教授 William Dwells 所言："迄今对品牌价值的研究好像是瞎子摸象，不同的人出于不同的目的，受个人背景的限制，赋予其不同的含义，给出了不同的评价方法。"

目前，世界上对品牌的评估取向主要有两大类。

（1）着眼于从消费者角度评估品牌强度。

即品牌在消费者心目中处于何种地位。比如，消费者对品牌的熟悉程度、忠诚程度、品质感知程度，消费者对品牌的联想，等等。从这一角度评估品牌，主要目的是识别品牌在哪些方面处于强势，哪些方面处于弱势，然后据此实施有效的营销策略，以提高品牌的市场影响力或市场地位。目前西方市场营销学术界主要侧重从这一角度评估品牌。

（2）侧重从公司或财务角度，赋予品牌以某种价值。

这种评估一般是为满足在公司购并、商标使用许可与特许、合资谈判、税收缴纳、商标侵权诉讼索赔等许多场合都涉及或要求对品牌作价的需要。

在众多的品牌价值评估方法中，"金字塔五纬度品牌评估模型"较为被业界接受。该模型涵盖了上述两种评价体系中的主要内容。

1. 形象信誉维度

以品牌的认知度、美誉度、忠诚度、和谐度作为此维度的参考指数和量化描述。

（1）认知度。以品牌"认知度"作为此维度的参考指数和量化描述，即品牌被社会公众认识和知晓的程度，包括被认识和被知晓的广度和深度。是通过"品牌认知度区域级别"（表示品牌被社会公众认识的广度）和"品牌要素认知度"（确定品牌被社会公众认识的深度）两个方面予以量化的。

（2）美誉度。品牌美誉度就是品牌获得消费者赞美、赞誉等正面评价的程度。它是市场中人们对某一品牌的好感和信任程度，代表着品牌在消费者心目中的价值水平，是衡量品牌价值外延度的重要指标之一。可以通过消费者口碑或推荐来反映。

（3）忠诚度。品牌忠诚度主要是反映实际的消费群体的固定程度以及未来的稳定情况。主要是考察实际的消费群体在单位数量和实际消费数量方面的变动情况。这其中，消费群体的单位数量比实际消费数量的变动更加重要，而且更能够反映出忠诚情况。

（4）和谐度。在以消费者为品牌的共同主体的时代，消费者的定位已经不仅是产品/服务的购买者和使用者，他们在很大程度上已经是品牌建设的共同参与者。品牌与消费者之间的关系也不仅是单纯的买与卖的关系，而是一种"朋友"的关系或是"伙伴"的关系。如此一来，仅有认知度、美誉度、忠诚度已经不能全方位地对品牌价值进行客观评价了。"和谐度"也已经成为一个重要的量化指标。

品牌和谐度是品牌在实现市场目标的过程中，获得消费者（主要是目标消费者）的实际合作的程度，也就是品牌与消费者（主要是目标消费者）建立的良好关系的程度。

2. 价值感知维度

顾客感知价值（Customer Perceived Value，CPV）就是顾客所能感知到的利益与其在获取产品或服务时所付出的成本进行权衡后对产品或服务效用的总体评价。顾客感知价值体现的是顾客对企业提供的产品或服务所具有价值的主观认知，而区别于产品和服务的客观价值。

消费者感知价值包含便利价值、服务价值、感知价格、美感价值、娱乐价值和社会价值6个维度。

（1）便利价值。是指由于消费者消费了企业的服务或产品感到节省了体力、精力、时间等而获得了便利，从而使消费者感到服务或产品具有价值。便利价值主要与消费者的付出有关，是评价服务产品整体价值的一个重要方面。

（2）服务价值。是指伴随产品实体的出售，企业向消费者提供的各种附加服务所产生的价值。服务价值是构成消费者总价值的重要因素之一。企业向顾客提供的附加服务越完备，产品的附加价值越大，顾客从中获得的实际利益就越大，从而购买的总价值也越大；反之，则越小。

（3）感知价格。消费者在购买产品时会将商家的售价与心理参考价格进行比较，得出对产品的感知价格。消费者对商品价格的感知是以心理预期价格和实际价格的比较为基础的。消费者通过对比各品牌价格，在心中形成一个预期价格，当备选品牌价格低于这个预期价格时，决定购买的可能性较大。

（4）美感价值。品牌美感在经营价值上，可以让消费者产生消费忠诚，进而扩大销量，提高品牌的溢价价值。在消费价值上，能让品牌的信息充分显露出来，方便消费，能给消费者带来美学体验。从传播的价值上，可以给消费者带来身份感、尊贵感以及文化价值的认同，让其产生对品牌价值与文化的心理归属感。

（5）娱乐价值。娱乐是人的存在价值与人生意义的重要体现。品牌是具有娱乐属性的，品牌的娱乐是在品牌所带来的娱乐中所代表和传递的价值观念、行为方式、伦理规范和良风美俗的总和，包括道德人格的培养、人际交往的和谐以及社会风气的提高。

（6）社会价值。品牌在创造利润、对股东和员工承担法律责任的同时，还要承担对消费者、社区和环境的责任，品牌的社会价值在于在研发、生产、销售、管理的过程中对人的价值的关注，对环境、消费者和社会的贡献，包括传递正性的价值观，保护生态，扶助贫弱，保障员工权益，促进就业，反对腐败，等等。

值得注意的是，感知价格对感知价值有负面影响，其他维度则发挥正向影响。

3. 质量改进维度

质量改进是为向企业及其消费者提供增值效益，在整个企业范围内所采取的提高活动和过程的效果与效率的措施，它致力于提高满足质量要求的能力。对其评价的核心是：第一，对质量的改进是不是渐进的，企业是不是始终在积极寻找改进机会；第二，质量改进的最终效果是不是获得了高于原来目标的产品（或服务）；第三，质量改进能不能满足企业未来发展的需要。

具体表现为以下几个方面：

（1）质量改进有很高的投资收益率；

（2）可以促进新产品开发，改进产品性能，延长产品的寿命周期；

（3）通过对产品设计和生产工艺的改进，更加合理、有效地使用资金和技术力量，充分挖掘企业的潜力；

（4）提高产品的制造质量，减少不合格品的出现，实现增产增效的目的；

（5）通过提高产品的适应性，从而提高企业产品的市场竞争力。

值得指出的是，今天的质量改进已经不再局限于产品本身，而是要将视角拓展到更为广泛的范畴。

（1）产品的战略适合度。产品的属性与价值是不是能为企业整体发展战略的推进做出贡献。

（2）产品的市场适应度。产品的价值与品质是不是能够满足市场竞争的需要。

（3）产品的需求适配度。产品的价值与品质是不是能够满足消费者需求，创造消费者价值。

（4）产品的体验适宜度。产品的品质能不能够为消费者带来良好的应用体验、功效体验和心理体验。

（5）对个性化、定制化需求的满足度。产品的属性与价值能不能够满足消费者在个性化、定制化方面的需求。

（6）环境、社会的友好度。产品的品质能不能够满足保护生态环境、履行社会责任的需要。

4. 技术创新维度

技术创新的能力代表了一个企业可持续发展的潜力。从品牌的角度看，技术创新应该是应用创新，是以市场需求、市场竞争、市场转化为前提的。

（1）坚持以消费者为中心的导向。

将技术创新置身于消费者应用环境的新变化，通过研发人员与消费者的互动挖掘出新需求，让消费者参与到从创意提出到技术研发与验证的全过程。

（2）建立创新服务体系。

通过畅通高效的创新服务体系，为技术与产品研发提供最贴近市场和用户需求的信息，推动应用创新，并进一步提供技术进步的动力。

（3）实现技术集成创新。

以应用为核心，进行技术集成创新，培养产品设计能力、研发能力，实现以用户需求为中心的各种创新要素的集聚和各类创新主体的互动。

（4）促进品牌的市场转化。

通过不断的技术创新，确保品牌在核心技术上的领先性和独占性，提高竞争壁垒，提升品牌的核心竞争力和持续发展力，为品牌实现高附加值、可持续的市场转化奠定基础。

5. 财务状况维度

主要是用于评估品牌的沉淀收益，即品牌的未来收益扣除有形资产创造的收益后的余额。很明显，沉淀收益反映的是无形资产，其中包括品牌所创造的全部收益。评估沉淀收益需特别考虑以下因素：

（1）限定使用品牌所创收益的范围。

应将非品牌产品或不在该品牌名下销售的产品所创造的收益排除在外。实际上，企业所销售的产品中，可能大部分使用该品牌，也有一部分不使用该品牌或使用副品牌，因此，若不这样做，就很容易夸大品牌所创造的未来收益，从而使得品牌评估的指数过高。

（2）限定有形资产所创造的收益。

对与产品或业务相联系的有形资产如存货、分销系统、工厂与设备投

第七章 如何锻造品牌——从资产到管理

资等应合理界定，对这些资产所创造的收益做出估计，并从总收益中扣除。

（3）应用税后收益作为沉淀收益。

这样做一方面可使品牌收益计算具有一致的基础，另一方面也符合品牌作为企业资产的本性。

通过以上五个维度量化了的各项指标，就可以科学、合理地为品牌描述出其状况与价值的数理结果。

除此之外，品牌价值评估还有不少双重维度的评估模式，常见的有以下几种：

（1）"财务要素＋市场要素"评估。

品牌价值是品牌未来收益的折现，因此，对传统的财务方法进行调整，加入市场业绩要素。

（2）"财务要素＋消费者要素"评估。

品牌价值是相对于同类无品牌价值或竞争品牌而言，消费者愿意为某一品牌所付的额外费用。

（3）"消费者要素＋市场要素"评估。

品牌价值是与消费者的关系程度，着眼于品牌价值的运作机制和真正驱动因素。

在品牌价值评估的基础上，进行品牌价值的计算。一般分为三个步骤：

（1）品牌收益，即公司收益中有多大比例是"在品牌的旗帜下"产生的。首先，确定公司总收益中由使用该品牌的每一项业务产生的收益所占比例。从品牌收益中扣除基建投资。这保证了计算的价值完全是品牌给企业增加的价值。这便提供了一种自下而上的品牌业务收益全貌。

（2）品牌贡献，在上述品牌收益中，有多少收益是因品牌与其客户的密切关系而产生的。这些收益中只有一部分可视为是由品牌资产驱动的。这个指标反映的是品牌在产生收益上所发挥作用的大小。

（3）品牌倍数，即品牌驱动收益的增长潜力有多大？通过使用财务预测和消费者数据，将品牌收益的增长潜力考虑在内，得出收益倍数。该指标还将品牌特定增长机会和障碍考虑在内。

第三节 以规范增效为核心的品牌管理体系

如前所述，品牌建设是一个系统性的工程，它具有六大特征。

（1）建设的长期性。品牌成长要经历导入、成长、成熟的阶段，因此是一个长期的过程。

（2）定位的连续性。品牌的价值定位、市场定位不能朝令夕改，否则影响用户的品牌认知。

（3）认识的一致性。企业内部对品牌的认识要高度统一，才会在品牌建设过程中形成合力。

（4）管理的系统性。品牌管理要实现包括制度、流程、标准、评估在内的系统性机制。

（5）执行的规范性。在品牌形象、信息、内容的应用上，严格遵循品牌形象识别的规定。

（6）参与的广泛性。品牌建设贯穿研发、生产、管理、营销、服务的全员、全程、全位、全心。

要想实现品牌要素长期的一致性、连续性、系统性和规范性，就必须要实施对品牌建设及其成果的一致性、连续性、系统性和规范性的管理，否则就无法从效率和效果上实现品牌系统性建设的目标。品牌建设的六大特征，如图7-2所示。

第七章 如何锻造品牌——从资产到管理

建设的长期性　定位的连续性　认识的一致性　管理的系统性　执行的规范性　参与的广泛性

图 7-2　品牌建设的六大特征

管理的首要条件在于组织，没有组织机制的保障，管理就会流于形式。品牌管理的组织体系，是指企业在计划、组织、协调、控制与某一品牌发展相关的各种活动时所做的，从职能部门设置，到责权利的明确，再到相关制度的制定与执行。

在当前的现状里，许多企业在品牌的职能部门设置上可谓是五花八门，有归在销售部的，有归在市场部的，有的叫企划部，有的叫宣传部，……这就充分说明了，许多企业对品牌设置或是销售的方法，或是形象的推广，或是市场策略的制定，等等，这些仅仅是一般意义上"职能部门"的定位，远远没有从战略、资产等更高的维度上来看待品牌。

品牌一旦失去对企业发展的战略统领性和全产业链的导向性，品牌管理也就无从可谈。只有将品牌的定位高置于类似"品牌战略及管理委员会"这样的层级，品牌管理的职能才能够真正实现对战略、研发、生产、管理、营销的全程、全位、全员的规划、组织、协调和控制。

我们说，品牌是战略，而战略体现于品牌的规划。因此，对品牌规划的管理在品牌管理中占首要的位置。要从制度上确保品牌规划的战略指导地位与作用。强化品牌规划的严肃性和法规性，明确品牌规划的战略导向和价值定位的强制作用。

目前，在许多企业品牌规划还处在随意、无序阶段，品牌规划及其管理缺乏制度性保障，品牌规划的制定及决策体系尚属空白。在品牌规划上，各产业板块各自为政，孤岛现象严重。特别是对于集团型的企业，在集团各大产业板块战略推进的过程中，品牌规划严重滞后，品牌规划的制定与否、时间节点和价值利用如何完全取决于自身的认识层次和专业水平，没有从制度上对品牌规划的制定在时间节点上、作用定位上和专业标准上进行强制性的规定。此外，在品牌规划具体制定的过程中，缺乏流程、标准、职能、责任、审批等环节的规范性规定。

首先，一定要建立起"企业自身发展战略＋品牌发展战略"双重模式的企业战略规划体系，让品牌规划成为战略指导性的文件（尤其是对于新建公司或新的研发项目），以确保企业发展的战略方向是基于以解决消费者问题为战略导向，以满足市场需求为战略坐标，以抢占厚利区空白为战略机会，以自身优势为竞争支撑，以差异化竞争为战略支点而确定的。

在品牌规划的指导下，首先研发符合"生产要素＋市场要素"双重评价标准的产品／服务，构建科学、合理的品牌架构，制定清晰、精准的品牌内涵，打造独特、系统的品牌形象，搭建多媒融合、多方互动的品牌传播平台，在品牌价值驱动下，不断优化产品与服务体验，形成品牌美誉度、忠诚度和市场溢价，最终构筑强大的品牌资产。

这其中有以下几个方面值得关注：

（1）在品牌架构中，要梳理清晰企业品牌中的母子品牌、产品品牌中的主副品牌关系，品类主品牌的价值定位反映在不同产品子品牌身上要具有一致性，然后以制度的形式将其确定下来。同时，建立新品牌规划的审核制度，确保新老品牌在架构上的一致性。

（2）对于新品牌的创建，包括品牌形象在内的品牌构建工作要在品牌发展规划的指导下系统、及时地进行。让品牌建设与品牌发展节奏协调一致，强化品牌影响力和驱动力的作用。

（3）对被收购的品牌，在收后管理上，缺乏完善的品牌规划导入机制和管理体系。一方面，要更好地提升被收购企业的品牌构建水平；另一方面，要更好地发挥出收购品牌对被收购品牌的背书效应，进而更好地规避被收购品牌给收购品牌有可能带来的连带风险。

第七章

如何锻造品牌——从资产到管理

对消费者关系的管理是品牌管理的重中之重，而消费者关系的建立首要的是品牌的形象及其传播。因此，对品牌形象与传播的管理不能缺失，且必须要加强。其管理的重点就是针对企业形象识别系统（VI）系统地规范性管理。

首先，要设置专门的部门对 VI 要素应用情况进行督导和管理。

其次，要编撰《VI 管理手册》，对 VI 要素的构成与使用做出明确的规定。

再次，在实际应用中，要坚持两大原则：一是规范性。要规范使用 VI 要素，严格按 VI 手册确定的标准执行。二是一致性。要统一使用 VI 要素，以保持品牌形象传输的一体化。严格按照《VI 管理手册》的有关标准实施，以避免形象标准失真变形。

最后，对于按照 VI 管理规定制作的标识物，要进行管理，定期进行维护、保修、清洁，重要节日前必须进行全面的检查维护。

品牌内容也是品牌形象中的重要构成，内容营销在品牌传播与营销过程承担的职责也越来越大。因此，对品牌内容的管理是摆在企业面前的一道新课题。

在品牌内容建设上缺乏统一规划，品牌内容建设更多的是临时性、即时性、项目性的；内容管理缺乏体系支撑，在调性上无法满足新的品牌传播与营销需求。基于以上普遍存在的问题，我们应该从以下几个方面对品牌内容进行管理。

（1）在品牌内容建设上，针对新时代品牌营销特征和受众人群特征，打造有观点、有态度、有血肉、有情绪、有趣味的品牌内容调性，力求品牌内容具有生动性、亲和性和精准性。

（2）搭建品牌内容数据库，加强内容的档案管理和数字化应用，实现品牌内容传播的平台性、一致性、准确性、分享性、便捷性。让内容发挥出更大的营销价值。

（3）品牌内容的建设要实现有规划、有策划、有计划，根据品牌发展规划，结合品牌发展阶段确定主题、制定策略，有计划地完成制作和传播。保障品牌内容更新的效率，品牌内容能够最大限度地满足品牌传播与市场营销的需要。

（4）在内容的调性上，要紧紧围绕品牌的两大要素——产品质量和用户关系来策划、设计。要统一规划、策划，强调目的性、针对性和行销性，杜绝以我为主、自话自说、自卖自夸的思维定式，以及高高在上的品牌形象，最大限度地适应新一代消费者的品牌审美观，有利于消费者关系的建立。

品牌传播越来趋于复杂化、多元化，对整合传播、系统传播、自媒传播的要求越来越高，因此，对品牌传播的管理也是势在必行。

1. 建立品牌管理系统

要建立统一、规范的品牌传播管理系统，杜绝品牌内容在管理上多来源、多出口，数据不一致、口径不统一的现象。在传播上加强协同性，保障在内涵、调性、诉求等方面的系统性、严谨性、一致性和延续性。强化消费者对品牌的连续性、一致性认知，最终提升传播效果的产生、叠加和蓄积，规避因品牌传播所带来的风险隐患。

2. 重大品牌事件/项目的整合传播管理

在重大品牌事件/项目的整合传播方面，要建立统一的整合传播体系，以确保满足多维度、多层级的传播需求。

笔者在实际工作中制定了"重大品牌事件/项目的整合传播管理模型"，应用于国内外多项重大品牌项目的传播之中。该模型分别从线上与线下协同，自媒体与社会媒体联动、公司内外呼应、国内国外并举等多个角度对传播进行规划、策划和计划，以确保效果的最大化。

重大品牌事件整合传播管理模型，如图7-3所示。

第七章 如何锻造品牌——从资产到管理

重大品牌事件整合传播营销模型

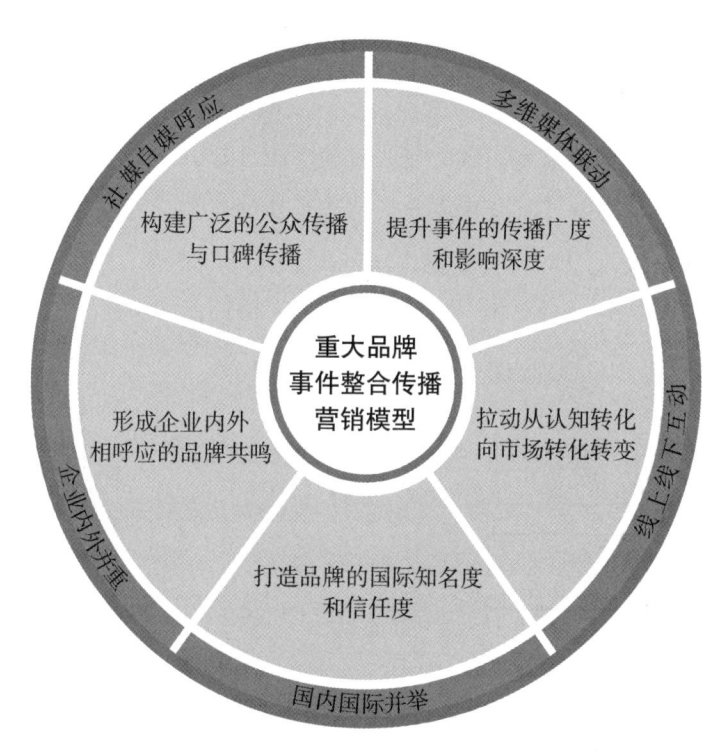

- 社媒自媒呼应
- 多维媒体联动
- 构建广泛的公众传播与口碑传播
- 提升事件的传播广度和影响深度
- 形成企业内外相呼应的品牌共鸣
- 拉动从认知转化向市场转化转变
- 企业内外并重
- 线上线下互动
- 打造品牌的国际知名度和信任度
- 国内国际并举

图 7-3 重大品牌事件整合传播管理模型

3. 品牌传播合规性管理

随着政府监管力度的加大，品牌传播特别是广告宣传的合规性管理显得愈发重要和迫切。

（1）制度完善。建立广告发布管理制度，从根本上杜绝因个别工作人员法律法规意识薄弱为企业带来的违法风险。特别是对于药品广告的发布，相关企业要设立专业人员对广告内容的审核、广告报批及发布过程等环节进行监督。

（2）职责明确。制度不仅要明确专业人员的监督职责，还要明确广告发布发起部门、广告审核报批部门、广告发布部门的责任与权利，使部门之间的工作衔接顺畅，并且可以自我检查、相互监督。

（3）流程规范。规范广告发布流程，明确各环节责任，防止各部门之间的推诿扯皮，填补广告制作、审核、发布过程中的操作缝隙。特别是对于医药企业，要通过规范的流程最大限度地规避广告发布需求部门、广告发布部门因法律法规知识缺失而造成的法律风险。

（4）加强培训。通过系统地学习相关法律法规，并与相关考核机制配合，夯实相关人员在广告发布传播过程中的合规能力，形成长效学习机制，不断更新法律法规知识，提高鉴别能力，增加违法防控能力。

药品广告发布管理流程，如图7-4所示。

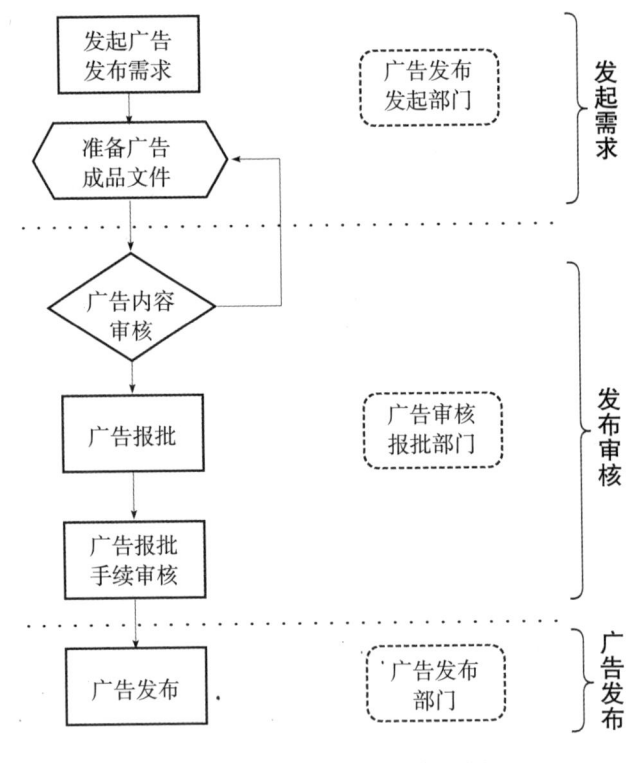

图7-4 药品广告发布管理流程

4. 品牌传播项目管理

品牌的传播不可避免地要与各类媒体进行合作，对媒体合作的管理对于合作的展开以及项目的推进都是至关重要的。根据合作目的的不同，媒企合作的类型有多种，有公关式的，有项目式（媒体性项目、企业性项目）的，有战略式的，等等。合作形式的不同决定了合作管理模式的不同。

以笔者在实际工作中与三大头部主流媒体的合作为例，这三个项目式的合作又有很大的区别。前两项合作是基于媒体自身的"品牌工程"项目。其中的一个项目合作完全是"规定动作"，按部就班推进即可，这种合作仅仅安排一名项目执行人进行项目管理，负责项目的跟进、协调、组织即可；另一个项目合作则更多的是"自选动作"，需要双方策划一个个的子项目。考虑到合作时间与空间的限制，就必须安排多个子项目组分别予以对接，以确保项目整体推进的效率与效果。第三个合作是基于企业自身的一个品牌项目的合作。在这个合作项目中，品牌职能部门不是项目的主体，主要负责资源的嫁接、专业的支持与执行的协调，因此，只安排一名项目对接人负责项目管理即可。

5. 企业自媒体传播管理

当前，以往的那种过多地依靠第三方服务机构进行品牌传播运维的方式已经无法满足品牌传播工作的需要，必须建立起一支企业自己的自媒体传播团队，以适应高频次、快节奏、全方位、多角度的传播需求。

（1）实现对企业自媒体资源进行整合和打通，构建一体化管理机制，强化传播效果，规避传播风险。

（2）实现自媒体传播的"管理统一、口径统一、路径统一、发布统一"，互为推广，增加各自受众面，构建企业自媒体传播的矩阵联动效应。

（3）构建从规划、策划到计划的专业化运维体系，全面提升团队的系统性的专业能力，强化在传播内容品质上的提升和形式上的创新。

（4）打造企业融媒体管理、传播和评价平台。集中传播重大事件，全面推进品牌整合传播与营销模式的实施。

第四节　以防范为核心的品牌危机管理

将品牌危机管理单独辟出一节进行解读，足见危机管理对于处在目前这样一个生存环境中的品牌的重要性和必要性。

在社会对品牌的要求日益严苛，消费者对品牌的动态日益敏感的今天，一场品牌危机就有可能给企业，特别是上市公司以致命的打击。

德国大众汽车丑闻使其面临最高180亿美元罚款，事件中大众汽车股价曾大跌20.11%。

三星手机爆炸事件曾使三星电子在2016年9月21日早盘暴跌5%，随后跌幅更是高达7%，这是自2012年以来的最大跌幅。

iPhone 8系列上市后出现的手机燃烧事件，曾经让苹果市值蒸发了500亿美元。

自媒体、社交媒体的兴起使品牌负面信息瞬间扩散；微信、微博和社交网站的兴起，使品牌负面信息瞬间扩散、发酵。留给企业进行危机处理的空间越来越小，时间越来越紧促。如此一来，危机发生后即时的危机处理已经无法更好地解决危机对品牌造成的影响。

此外，随着媒体生存环境和经营状况的持续恶化，一些不良媒体开始以"舆情敲诈"作为创收的途径和手段，不惜以放大舆情，甚至是编造舆情来换取与企业合作或是获利的机会。

为此，我们必须以系统性思维来看待品牌危机解决路径和方法。要由品牌危机处理向品牌危机管理转变，由品牌后置性处理向品牌前置性预防转变，由危机事件性处置向系统性管理转变，由危机部门化管理向危机平台化管理转变。

第七章 如何锻造品牌——从资产到管理

笔者在实际工作中,为应对品牌危机管理工作的新要求,提出品牌危机管理的"四化"模式。

(1)管理前置化。企业对品牌危机的应对必须前提,由被动性处理转为主动性预防,由后置性处理转为前置性预防。从"治未病"开始,最大限度地降低品牌危机出现的可能性。

(2)管理系统化。建立从信息采集、舆情分析、危机预警到危机处理、品牌修复与体系优化的全链式危机管理体系。

(3)管理平台化。建立危机管理的数字化管理平台,实现即时性、智能化的常态品牌危机监控、预警、报警机制,为企业应对品牌危机处理赢得更大的空间和更多的时间。

(4)管理规范化。与此同时,对以往的品牌危机管理制度和机制进行重新审视、梳理,进一步调整、改进、整合和完善,使其更加规范化。

品牌危机管理模型,如图7-5所示。

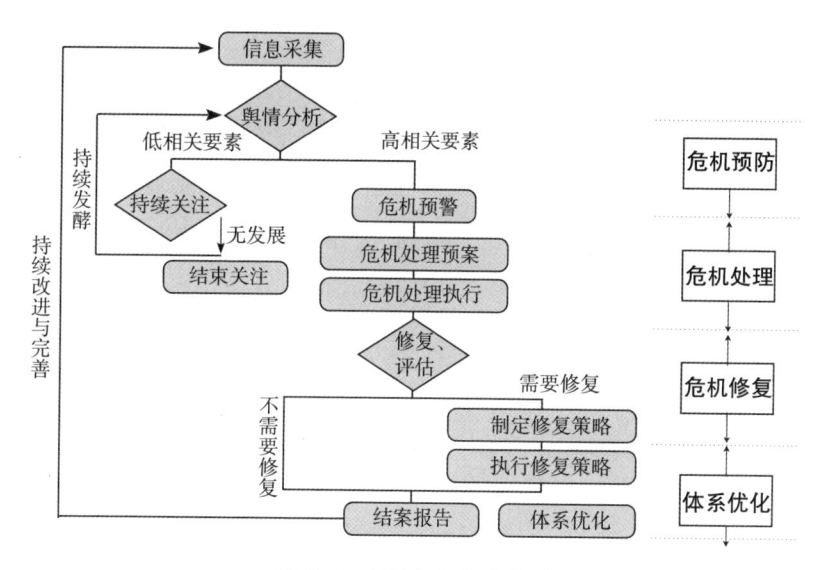

图7-5 品牌危机管理模型

这其中,以预防为核心的品牌危机防范机制是关键所在。

相关资料显示，在2018年热点危机处置失败的原因中，以下几个方面更为突出：

（1）危机意识淡薄；

（2）企业没有预警系统，危机中自乱阵脚；

（3）专业公关人才缺乏；

（4）企业在价值观方面普遍存在问题；

（5）领导还是传统公关的"删帖"思维；

（6）企业管理漏洞太多；

（7）企业领导不重视危机；

（8）社交媒体和自媒体防不胜防；

（9）发言人没有经验；

（10）没有可靠的危机咨询机构；

如此，我们在品牌危机前置化解决模式中，上述的问题正是我们需要面对的课题。

从上述十大问题中我们可以清楚地看到，品牌危机发生的根源主要还是在企业内部。研究发现，由于企业内部因素引发的品牌危机占品牌危机总数的72.5%，因此，对品牌危机的防范还是要先从企业自身做起，对其品牌危机的隐患及其发展趋势进行监测、诊断与预控。

其一，是企业的价值观问题。企业要牢固树立一切为了消费者的核心价值观，深刻认同只有"利他最终才能利己"的观念，以"向消费者提供高品质产品/服务"作为企业的第一社会责任，从质量上、服务上、主张上全面传递以消费者为中心的品牌精神与战略导向，以换取消费者对品牌文化的认识与信任。

其二，在危机意识上，要唤起全员危机意识。比尔·盖茨曾经反复强调："微软离破产只有18个月。"虽然，这是从产品研发的速率角度提出的，但从另外一个侧面反映了比尔·盖茨向全体员工所强化的危机意识。这是

第七章 如何锻造品牌——从资产到管理

因为,危机意识是防范品牌危机的前提条件。只有企业全体员工真正意识到市场竞争的残酷性,感觉到危机时刻在他们身边,才能防微杜渐,防患于未然。

其三,制定并严格实施品牌管理制度,将品牌危机的发生扼杀在萌芽之中。在生产中严把质量关,确保投入市场的都是高品质的产品;强化服务意识,明确服务的标准,严控服务流程,追踪服务效果,严查服务问题。从制度上为品牌筑起一道防线。

其四,构建快速、准确的品牌危机信息采集机制,建立完善的信息监控系统,加强对信息的全面掌握和研究能力及精准的预判能力。随时、及时收集与企业有关的国家政策;收集公众对产品的反馈、行业发展态势、竞争对手现状等重要信息,然后从战略高度对相关信息进行鉴别、分类和分析,及时甄别危机因子,对其中潜在的危机类型及其危害程度做出预判,及时发出危机警报。

其五,在进行品牌自我诊断的基础上建立有效的危机预警系统。针对当下发生的舆情热点、焦点以及消费者的抱怨,应及时与自身状况进行对照,及时发现问题先兆,及时制定预警方案。同时,应建立定期的薄弱环节分析检查机制,定期对品牌从不同层面、不同角度进行检查监控,尽早发现薄弱环节,及时采取措施,减少乃至消除危机诱因。

2012年4月15日,央视《每周质量报告》曝光,某地一些企业存在"毒胶囊"的问题。经调查发现,9家药厂的13个批次药品所用胶囊重金属铬含量超标,其中超标最多的达90多倍。

当该事件成为舆情的热点、焦点之后,其他医药企业应该迅速展开自查,看看自家企业是不是也存在类似的问题。如果存在问题,就要立刻启动内部解决方案,最大限度地降低为事件殃及的可能性。同时,制定相应的预案,以确保危机一旦发生,能够在第一时间内做出反应,争取主动,抢占有利时机,为危机的妥善解决做好充分的准备。

对品牌危机的预防要从以下三个方面展开：

（1）预警分析。对危机迹象进行监测、识别、诊断与评价，以使组织及时脱离危机险境，减轻危机造成的形象损失，有效地避开危机所造成的危害。

（2）警示预报。在企业内外部向有关公众发出危机警示，以使其对危机发生做好充分的思想准备，并与组织密切配合，尽可能减轻危机损失。

（3）预控对策。对危机的出现制定预置方案，采取有效措施进行干预，以避免危机的产生或减轻危机带来的危害。

其六，以品牌战略规划，遵循品牌发展的规律。

品牌的发展是一个系统性的成长，因此，不能操之过急。要根据品牌成长的外部因素，结合企业本身的技术和资源优势，以及品牌的生命周期特点制定严密的战略规划，遵循发展规律，循序渐进地发展品牌，杜绝以传播营销"催熟"品牌的现象发生；正确评估自身的多品牌运作能力以及风险防范能力，客观、理性地对待品牌扩张的广度、深度和速度，延长品牌的生命周期。

宝洁、欧莱雅等公司拥有多个品牌，其风险抵御能力相对较强，如果其中一个品牌发生危机，通常不会影响公司其他品牌。相反，"三鹿"既是产品品牌，又是企业品牌，所以一荣俱荣，一损俱损。

在危机处理方面，企业首先要坚持以下几项原则：

1. 反应迅速

随着危机事件发酵的时间越来越"急促"，扩散的空间"无限"延伸，企业对危机事件的反应速度成为能否很好地化解危机的重要因素。一是迅速控制住事态发展的局面；二是迅速与社会、消费者展开沟通，表明态度，达成谅解。

沃伦·巴菲特曾指出，"树立良好的声誉需要二十年的时间，而毁掉它，五分钟就足够。"

中美史克制药有限公司总经理在处理"PPA事件"时曾强调："时间

就是我们最大的敌人,拖得越长,产生的负面东西就越多。"

由此可见,在品牌的高危时代,面临品牌危机,时间就是生命,效率就是转机。

在2017年的3·15消费者晚会上,阿里巴巴旗下的淘宝和支付宝被点名。这两家公司面对3·15提出的问题,响应速度都在晚会播出后30分钟以内。回应速度快,逻辑清楚,解释合理,堪称神速。

2. 承担责任

据美国公关专家对部分著名公司的调查显示:80%的企业管理者认为,企业发生危机如同死亡、税收一样不可避免;14%的企业承认,曾经经受过重大的危机。

人非圣贤,孰能无过?这个世界没有完人,自然也没有完美的品牌。因此,企业要正视风险,正确对待风险,在风险面前要担负起对品牌的责任。一旦出现品质和服务问题,不回避,不推诿,并且负责到底。正所谓事实虽重要,态度是关键。

中美史克遭遇"PPA风波",之所以能创造"产品不存,品牌依旧"的奇迹,就是因为他们在危急时刻表现出的真诚负责任的态度。

正如古人云:"君子之过也,如日月之食焉。过也,人皆见之;更也,人皆仰之。"

3. 真诚沟通

危机发生后,要加强多方沟通,以赢得社会大众、公众媒体、企业员工、主管部门、股东、合作伙伴、经销商等多方的理解和支持;控制危机的影响面,避免危机蔓延到企业其他销售地区或其他产品。

在沟通中,企业必须向公众陈述事实的全部真相,要表达保护消费者利益、减少受害者损失的诚意。

2017年8月,一度被视为餐饮界标杆的海底捞,因食品安全卫生问题被推上了舆论的风口浪尖。三个小时后,这家知名餐饮企业给出了一个"锅我背、错我改、员工我养"的声明，其沟通的态度充满了诚意。

值得注意的是，即便不是企业的责任，也应给消费者以人道主义的关怀，为他们提供必要的帮助，以免消费者将关注点转移到事件之外，使危机升级。

当品牌出现危机事件时，公关团队做出反应的方式各有不同，但优秀的危机处理，大多都脱不了"真诚"二字。

4. 权威证实

在危机事件面前，当事人说什么都有自我辩解的嫌疑，而真正能澄清事实的是权威机构的声音。权威机构以其自身的威信以及第三方的身份，足以消除公众的所有疑惑。即使无法得到权威机构的声音，也可以配合权威机构的调查，撤回问题产品，这样比起徒劳的自证清白更能取信于人。

5. 系统运行

一旦危机降临，就集中所有部门的意志和力量，做到口径统一、步调统一，全员参与到危机处理之中，通过强大的系统力来实现最佳的解决效果。

（1）快速回答负面评论，鼓励人们将具体的投诉离线处理。

（2）谦逊地分享积极的回应，感谢人们的支持。

（3）与团队沟通，每个人都需要有相同的立场和协同的行为。

（4）不只是专注于减轻负面反馈，而是要分享甚至征求积极的反馈和举措。

（5）企业的社交媒体页面适时地恢复轻松的内容。

（6）持续密切监控事态的发展及各方的反馈。

只有系统性地处理品牌危机，才能让危机获得转机，最终让消费者继续相信企业的承诺和产品的保证，继续愿意为企业支付品牌的"溢价"。

下面是一个品牌危机处理的经典案例，经典之处就在于它在很大程度上符合上述系统性处理的原则。

第七章 如何锻造品牌——从资产到管理

2000年11月15日，国家药品监督管理局发布《关于暂停使用和销售含苯丙醇胺的药品制剂的通知》。根据此项通知，国内15种含有苯丙醇胺（PPA）的感冒药被停止使用和销售，中美史克旗下的康泰克被绑上了媒体的"审判台"。

反应迅速。面对这样的突发事件，中美史克公司在第二天就迅速通过媒体刊发了给消费者的公开信，表示坚决执行政府法令，暂停生产和销售康泰克。

态度端正。中美史克公司公开承诺："为切实保障人民群众的用药健康，我公司愿意全力配合国家药政部门的有关后续工作。"表现出了负责任的态度。

真诚沟通。15条消费者热线全面开通，数十名训练有素的接线员耐心解答公众的各种询问。

勇担责任。中美史克将全部回收市场上的康泰克，并全部销毁了价值1亿多元的回收及库存康泰克。

权威证实。中美史克公司在北京召开新闻发布会，通过媒体传达了这样的一个客观事实：在中国销售康泰克的10多年中，还从未有过现在大家最担心的能引起脑中风的副作用报告。

系统运行。对内，在事件发生后的第三天中午，中美史克公司在全体员工大会上通报了事件的情况，表示公司不会裁员，这一举措赢得了员工空前的团结。对外，对于有些媒体的不实报道，一律不予驳斥，只是解释；对于落井下石的竞争者，也绝不还击。这样的姿态，赢得了媒体的理解和社会的认同。

中美史克公司这一系列"组合拳"，树立了企业勇于承担社会责任的良好形象，赢得了公众和媒体的同情和信任，也为日后重整旗鼓奠定了基础。

大半年后的2001年9月，中美史克公司推出了不含PPA的新康泰克。正是由于中美史克公司在"PPA危机"中的良好表现，新康泰克得到了媒体及消费者的广泛支持，迅速在感冒药市场重新崛起，又成为举足轻重的品牌之一。

在品牌危机处理环节之后，是品牌修复的环节，通过品牌修复最大限度地降低危机事件对品牌形成的后续影响和复发风险，以期达到保证企业恢复正常运转，重振员工、消费者、合作者和投资者的信心，重塑品牌的正性形象和向好口碑的目的。

通过下面的案例让我们来了解一下在危机事件之后，如何做好品牌修复工作。

从2013年下半年起，有不少大众速腾消费者反映车辆在行驶中出现后悬挂纵臂断裂，最后成为著名的"断轴门"。在事件发生后的品牌修复方面，一汽大众采取了如下行动：

（1）放弃新车上市大规模宣传活动，增加在网上论坛与用户的沟通，微博互动，感受并缓解用户的情绪。

（2）在速腾车主论坛上征集自驾游，把产品注意力转到生活方式，鼓励车主晒旅行照片，聊生活态度。

（3）让速腾重返CRC中国汽车拉力赛，邀请媒体记者驾车参加。参赛的记者们自动贴了大量参赛文字、图片和视频，对速腾品牌是非常有效的推广。

（4）开设速腾Quality Life品质生活体验馆，在一系列城市的中心广场建造一个空间，与设计师、跨界品牌产品合作，邀请民间艺人、著名设计师、皮具设计师、花草设计师等共同探讨品质生活理念。

2014年，受该事件的影响，速腾的销量从7月的2.6万辆降到12月的1.5万辆。经过一系列的品牌修复工作之后，在2018年，速腾的月平均销量已经在2万辆以上，在13万~17万元高度竞争车型市场中占据5%以上的份额，也为一汽大众贡献20%以上的销售份额。

资深公关和媒体人李国威先生在点评这一案例时指出：持续推出的优质产品，事故处理措施的推出，关键节点的有效沟通，持续不断的用

第七章 如何锻造品牌——从资产到管理

户对话,以情感为主线的品牌活动,都是在品牌危机事件后完成品牌修复的关键所在。

最后一个环节是体系的优化。因为在品牌危机事件的发生、处理、修复过程中,在品牌危机系统性管理方面,在认识上、制度上、流程上、措施上一定会存在不同程度的问题。对此,职能部门召集相关人员进行了解、分析和研讨,制定出整改方案,推动落实执行。

总之,企业要不断加强对品牌危机事前、事中、事后的管理,从"养生、保健、预防、治疗、康复"五个方面,全方位解决品牌的"健康"问题。不断地降低品牌危机发生率,降低品牌危机对企业的损害,最大限度地实现品牌的修复,为品牌的健康、有序和可持续的发展保驾护航。

品牌系统性建设模型,如图7-6所示。

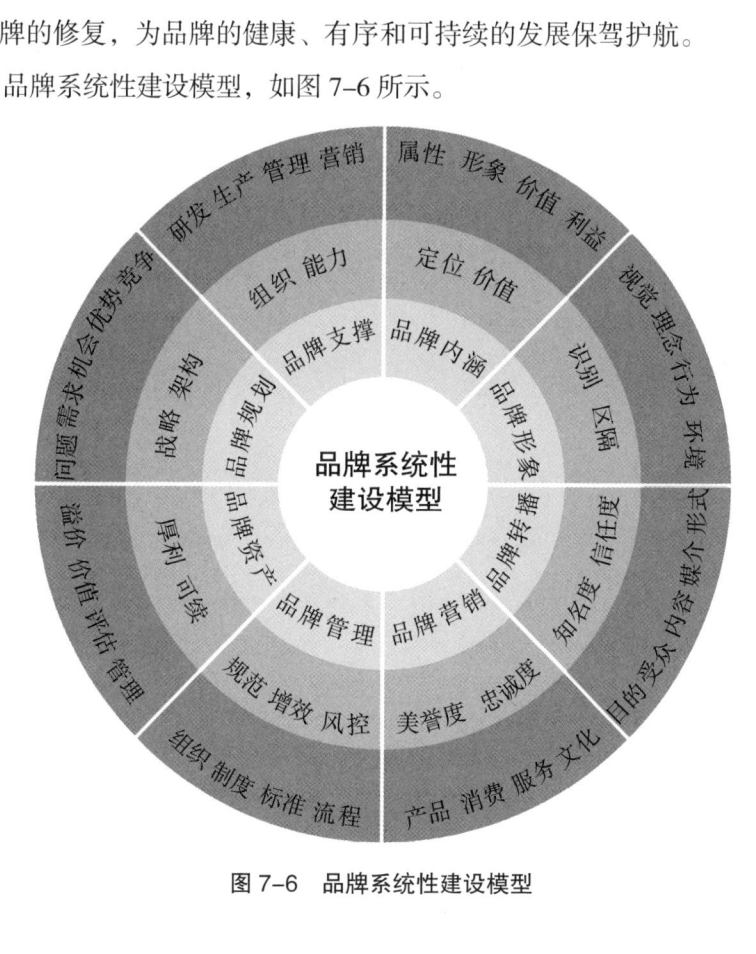

图 7-6　品牌系统性建设模型

第八章

重构品牌系统性建设的八大关系

eight / 第八章
重构品牌系统性建设的八大关系 / CHAPTER

> 一切固定的僵化的关系，以及与之相适应的元素，被尊崇的观念和见解都被消除了；一切新形成的关系等不到固定下来就陈旧了；一切等级的和固定的东西都烟消云散了；一切神圣的东西都被亵渎了；人们终于不得不用冷静的眼光来看，他们的生活地位、他们的相互关系。
>
> ——《共产党宣言》

早在173年前（1847年），两位伟大的导师就似乎预见到了今天的这个快速迭代的时代，世界在变，中国在变，社会在变，市场在变，消费者在变，媒体在变，……变得令人眼花缭乱，变得令人应接不暇，甚至茫然而失措。

"不是我不明白，是世界变化快"，这句曾经耳熟能详的话现在想起来似乎让人有更深刻的感受，更坚定的认可。的确，变化已经成为当今社会的主旋律，已经成为这个时代的最强音。

这是2008年2月《广告人》杂志的卷首语中的一段话。谁想，10年后的今天，真的印证了这一段感慨：

"而这种变化越来越多的已经不是演变，而是巨变、裂变，甚至是突变。"

这又是一个"你醒来太慢，干脆就不用醒来"的时代（马云语），令人焦虑的甚至不敢睡去。但是，我们依然要面对！就像笔者在那篇卷首语中所强调的那样：

"质疑也好，惊讶也好，甚至是恐慌失措；无奈也好，应对也好，甚至是心力交瘁。但是，你都要面对，都要化解，因为这已经成为我们生活里的常态，已经成为我们人生中的命题。"

在这个"一切都在变"的时代，当然，品牌所面临的环境也在变。对此，我们要细心洞察，要静心思考，透过现象看本质，透过变化看规律，透析品牌与各相关要素之间关系的新变化，探究出品牌建设的时代新特征，在提升系统性认识问题的水平的基础上提高系统性解决问题的能力。

还是像笔者在 2008 年的那篇卷首语中所阐述的那样：

"要从强化对事物内在本质的探求、对事物发展规律的把握入手。因为，变化中依然有着科学的本质，变化中依然有着可循的规律，这些才是大智慧的源泉。如此，我们才能不以小聪明取巧，而是以大智慧取胜；才能不满足于一时的应变，而力求从根本上解决问题。"

第一节　品牌与时代、与消费者的关系

在时代的巨变中，时代与品牌的关系也发生了巨变。

在这个"变化已经成为最大的不变"的时代面前，有无数曾经的品牌"大咖"们已是颓势尽显，甚至退出历史的舞台。时代让这些品牌"大咖"们不得不承认，那些曾经看起来如此确定的竞争优势，忽然间竟变得如此不确定，甚至是脆弱不堪。

从工业时代、后工业时代，到当下瞬息万变的互联网时代，仍有不少企业秉承着工业时代的思维——对确定性的迷恋和捍卫。这种迷恋往往发生在曾经持续领先的大企业身上，它的危害犹如精神的可卡因，降低对外界变化的敏感度，麻痹企业的竞争意识。

那些已然轰然倒下的品牌"大咖"们，最初还是一脸的茫然和无辜："我们并没有做错什么，但不知为什么，我们就输了。"到后来，他们渐渐地明白了，他们并不是输给了对手，而是输给了时代。因为，在这个时代里，看的不是你"没做错什么"，而是你"没做什么"。这是因为，"鸡叫了天会亮，鸡不叫天还是会亮的，天亮不亮鸡说了不算。问题是天亮了，谁醒了……"（马云语）

eight / 第八章
重构品牌系统性建设的八大关系 / CHAPTER

那么，面对这个不确定的时代，我们到底应该"做些什么"呢？

做胶片的柯达输掉了整个数码相机时代，做手机的诺基亚输掉了整个智能手机时代，做唱片的索尼输掉了整个数字音乐的时代……

为什么？其实，他们都有着一个共同的"病因"，就是不舍得抛弃确定性的优势。然而，无情的事实告诉我们，任何企业都无法在确定性中领跑市场，唯有在不确定性中持续地激发创新的能量，才能完成自我蜕变，延长企业的生命周期。

如果我们研究海尔的战略发展特征，你就会发现，在海尔的五大战略发展阶段中，每一次的下一个阶段的启动都是在上一个阶段接近波峰的时候开始的。正如连界资本的董事长、牛津大学基石院士王玥在《赚钱的底层逻辑，变了》中强调的："所以，当现有业务还强大的同时，开始做第二曲线。"

"变革当趁好时光"是 IBM 的一句名言。等到原有业务快速下滑的时候，才被逼无奈去构想一个新的业务增长点，那注定已经是"醒来太晚了"。这个快速迭代的时代，能不能与时俱进地发展，已经不再像前两年那样，仅仅是一句"励志"的口号；而如今，已经真的成为一道决定品牌存亡的"生死符"。

"QQ"在 2012 年之前，一直是稳坐移动社交应用的江山，腾讯却居安思危，潜心开发出了"微信"，主动革掉了"QQ"的命，正所谓"欲练神功，必先自宫！"如今看来，腾讯当年如果不在"QQ"尚在鼎盛时期就主动"革"掉自己的命，那么，肯定就会被小米"革"命。因为，小米的"米聊"早已是黄雀在后，窥视"大位"了。

我们说那些轰然倒下的品牌"大咖"们，不是输给了对手，而是输给了时代。那这又是一个什么样的时代，能让这些曾领风骚几十年的大品牌戛然而止的呢？

无疑，这是一个距离消费者近些、近些、再近些的时代，是朝着消费者更深层次的需求大踏步前进的时代，是为消费者价值殚精竭虑的时代。如果在这个"消费者至上"的大旗迎风飞舞的时代，你还自得于自身的市场占有率，还留恋于自身无与伦比的利润率，还担心着自身既有的业务被新产业挤压的时候，时代早已奔向远方。

对于那些一息尚存的传统企业，当看到美团也进军打车业务，滴滴也开始招募骑手干外卖，高德甚至也大张旗鼓干起了顺风车的时候，仿佛刹那间，迷失了方向，不知路在何方。

其实，越是在变化多端的世界里，我们越是不能完全被"时代"所遮蔽，被"变化"所迷惑，甚至是所绑架。越是在变革的时代，我们就越是应该把握好前进的方向，越要探究事物的核心，就是那些在万变之中不变的东西——事物的内在本质与发展规律。

那么，是什么构成了品牌本质性的内核，品牌成长的永恒规律是什么呢？在时代大潮中指引我们达到胜利彼岸的"航标"又是什么呢？

就让我们从马云老师说起。

"马云毁了中国实体经济"的说法，想必大家都听说过。那么，让我们假设一下，如果今天就午时三刻将马云老师"就地正法"，我们还能回到过去的那种实体经济独大的时代吗？

无疑答案是否定的。因为，马云老师又如何能左右一个时代，充其量他只不过是一个时代中的一个代表人物而已。在时代发展的进程中，都会有肩负使命的人亮相出来，只不过昨天是张云，今天是马云罢了。在这些"云"们的背后，首先是技术的推动。因此，我们要想追究马云老师破坏实体经济的"罪行"的话，那我们得先去追究那些发明互联网的人。因为没有互联网，哪里会有阿里巴巴，哪里会有淘宝，哪里会有马云。

技术也仅仅是一个配角，真正的主角是时代，因为时代总是要前行，不会因为某个"云"的出现与否而停滞。

那是什么又在推动时代的不断发展呢？也就是说，如果时代是个演员，

第八章
重构品牌系统性建设的八大关系

那导演是谁呢？编剧又是谁呢？追本溯源，笔者认为是——人性！试想，如果淘宝这个电商平台需要所有的消费者都要去北京总部支付费用或自行取货，如果所有商品价格都高于线下，那它还会存在吗？恰恰是因为"电商"这个模式满足了人们贪便宜、求便捷等一系列的人性特征，所以才会被越来越多的人喜欢和使用。

综观人类许多民生科技的发展，其实都有一只无形的大手在推动，这就是人们追求舒适的本性。汽车、空调、冰箱，包括互联网在内都有相似之处。这些科技之所以能够迅速地被人们所接受，正是因为它们满足了前面所提到的那两条顶层设计的原则，既符合人性特征又符合时代特征。

回到品牌的角度，如今品牌营销的核心是人的"重启"与"回归"。无论是今天的传统企业还是互联网企业，都已经进入以人为主体、以人的意志为主导、以人的需求为主旨的时代。这一点，我们从所谓的互联网的思维与模式中可见一斑。

在互联网思维与模式的诸多诠释中，"消费者至上"被置于顶层。简而言之，互联网的经营模式是在"以消费者至上"经营理念的指导下，以应用零费用、互动零距离、体验零障碍的亲密模式，实施平台化运作，以优质的应用平台来吸引人流、聚集人气，创造消费者价值。最终从消费者的问题中捕捉商业机会，实现盈利。

正如360公司董事长周鸿祎在《周鸿祎自述：我的互联网方法论》中指出的："互联网思维有四个关键词：用户至上、免费模式、用户体验、颠覆式创新。互联网思维中核心的就是'用户至上'，这里面没有虚伪，没有敷衍，更没有阳奉阴违。"

这是因为，互联网模式的根本在于先有消费者、后有产品，一旦没有消费者，一切都是浮云。在这个思维之下，就诞生了互联网的两大基础模式：免费和体验。免费是招引消费者，体验是留住消费者。互联网的第二个重要思维是创造价值，即在对消费者形成深入了解的基础上，不断地挖掘消费者的潜在需求，不断地为自己创造"蓝海"，乃至"绿海"的市场机会与发展空间。

因此，在这个"万变"的时代，如果说企业的应对之策有千条万条，但有一条是放之四海而皆准的，那就是品牌必须比以往任何时候都要更坦诚地面对"人"和"人性"。在整个品牌的建设中，必须要把消费者当成人，当成活生生的人，当成生活者，而不仅是消费者，更不能够仅仅将其当成一种消费的"符号"。

以人为本，是事之永恒！正如马云老师在2019年第二届智博会上所强调的："智能时代千万不要把精力花在技术上、花在设备上，而是要把我们的技术、设备花在人的进步上、人的感受上。"

满足人性的需求是品牌的内在本质，不断地、更好地满足人性的需求是品牌的发展规律。

在快速迭代的数字化时代，当一切都变得越来越不确定的时候，当企业自身的资源与能力也越来越变得"不可靠"的时候，当行业的边界不再清晰，连"你的公司在哪个行业"都有可能成为一个难以回答的问题的时候，那么，企业的发展还存不存在一个基准呢？还有没有一个能够支撑可持续发展的、能够让企业"抓得住""靠得住""立得住"的东西呢？

答案是陈春花老师给出的：消费者！

陈春花和廖建文两位老师在《顾客主义，数字化时代的战略逻辑》一文中明确指出："在数字化时代中，顾客是解开战略选择谜题的唯一钥匙。"

他们认为，"顾客主义"的来临是时代发展的必然。在今天的环境下，顾客逻辑相对比资源/产业逻辑更可靠。这是因为，数字化时代所带来的冲击不仅是加速度，而是整个商业逻辑的改变。从"求赢"的竞争逻辑转变为"寻找生长空间"的共生逻辑。这当中的差异在于：前者将企业放在中心，考虑如何战胜竞争对手；而后者将顾客放在中心，寻求与顾客共生的广阔空间。

第八章 重构品牌系统性建设的八大关系

这让笔者想起了为所在的部门拟订的团队口号："因爱而共创，为美而共享"。也许，这恰恰是在这个以消费者为核心的数字化时代，品牌与消费者之间关系最恰当的定位。

在这个以消费者为主体的竞争时代，时不我待，企业要义无反顾地向唯"人"主义转变。放弃长期以来以我为主、以产品为中心的品牌思维。坚信"他好，我才好！"通过为用户实现价值来实现自己的价值。

陈春花老师在《构建产品力的四个行动》一文中介绍了一个她服务过的一家为养殖户生产饲料的公司的案例，从中我们可以深刻地理解企业与客户共生、共荣，共建生态圈的意义所在。

该公司在行业迅猛发展、盈利高涨的时候，提出了"微利"经营的战略原则，主要体现在帮助养殖户提升养殖效率的同时降低饲料价格。该公司强行推动，要求所有的饲料场月月检讨，人人督促。

对此，公司内的很多经理人都不理解：为什么到手的利润总公司硬是不让赚，谁赚多了谁挨骂？行业也大有微词，认为该公司让整个行业的利润都受到了影响，甚至被指是在行业里挑起"价格战"。

但是，两年以后，行业里的大企业集团频频来这家公司交流学习，学习他们的三个优势——组织学习、微利经营、服务营销。其中，微利经营是重中之重。这是因为，正是微利经营使得养殖户赚到钱，养殖户的养殖热情高涨，同时也具备了规模养殖的能力，养殖规模和效益节节攀升，由此带动了整个行业快速提升。

与客户共生、共荣的"微利经营"不仅为这家公司带来了丰厚的市场回报，还使该公司摒弃了高利润下的浮躁，苦练了内功。即使行业利润降到了令许多投资者开始退出的地步，他们依然能够大踏步地向前发展。最为重要的是，微利经营让他们始终不忘企业是植根于养殖行业，植根于养殖户。做到了企业和养殖户实际是一本经营账，消长与共。

正如该公司创始人所言："价廉物美，千古商规。同样的商品卖便宜一些，同样的价格把品质做好一点，经营再无难。"

也正如墨子在《商之道》中所言："我有利，客无利，则客不存；我利大，客利小，则客不久；客有利，我无利，皮之不存，毛将安附？客我利相当，则客久存，我则久利！然双赢！"

在"顾客主义"的指引下，企业首先要对内构建起用户战略指导下的全员营销体系。克服传统运营体系的本位思维，打造用户战略的全员模式。建立以市场为导向的服从机制，把握与运用消费者赋能技术，打造各部门之间的异步开发模式，真正完成全员营销模式的价值构建，形成用户营销价值内源化的链式闭环。

对外，要构建新型的消费者关系，将以往的那种买卖双方的关系转变为朋友，乃至主人的关系。让消费者成为品牌价值的基点和基础，让他们在参与品牌价值从孕育到塑造、从成长到成熟的全过程中，倾注自己的智慧和情感，为企业带来品牌美誉、忠诚、推荐和溢价。让消费者与企业成为品牌的共同主体，让品牌拥有消费者、企业的双重基因。让消费者成为品牌共同的发起者、价值的共创者、利益的分享者。最终成为品牌的价值共同体、利益共同体和命运共同体。

在此基础上，还要树立良好的用户意识。在传统企业的品牌体系，只有购买自己产品的客户（消费者），却没有用户的概念。在互联网经济之中，用户与客户同等重要。但是，"在传统的经济游戏规则里，只有'客户'而没有'用户'。所以，很多传统企业在向互联网转型时，只是简单地在互联网上卖货，把原来跟客户打交道的老方法搬到互联网上。"（周鸿祎）

"用户"是使用企业产品的人，也许是免费使用，并没有给企业带来直接的利润，但是他们是通过"使用"来为你体现价值、创造价值、提升价值，最终会为你带来客户，或自己变成你的客户。

因此，企业一定要树立良好的用户意识。因为"有人用"与"有人买"同样的重要，"用"的人与"买"的人同等重要，先要有人"用"才会有人"买"；

第八章
重构品牌系统性建设的八大关系

先吸引人"用"。解决好"用户"与"客户"之间的关系,不仅要关注"卖好"(销售),更要重视"用好"(体验)、"用得好",这样才会给企业带来源源不断的客户资源。

在对外建立新型的消费者关系的同时,在企业内部要克服传统运营体系的本位思维,打造用户战略的全员模式。建立以市场为导向的服从机制,把握与运用消费者赋能技术,打造各部门之间的异步开发模式,真正完成全员营销模式的价值构建,最终为消费者打造出高质量、优体验,融科技、人文、艺术于一身的高品质产品。

互联网时代是一个"鱼找鱼、虾找虾"的时代,是一个以价值观和爱好区分群体的时代。因此,在与消费者建立关系的过程中,充分利用新型媒体和社交平台,以共同的价值观为感召,以共同的产品理念为纽带,将品牌的粉丝们聚集成线上和线下的品牌社群。聚合口碑、营造氛围、扩散情绪,从产品认同到品牌认同,从价值观认同到社群认同,使之成为企业核心的用户资源。

从品牌形象与传播上,要摈弃"高大上"的品牌定位,将品牌从"神格"回归到"人格",塑造有态度、有情绪、有血肉、有人格、有趣味的,真实、真切和亲近、亲和的品牌形象。与消费者共同创建内容平台,通过富有人性洞察和人性关怀的、情绪感染和情怀感召的、洋溢着创意鼓动与情趣共鸣的内容来传递品牌理念、产品信息。

在市场营销上,通过无处不在的数字化触点与消费者展开信息的互动,对需求做出快速响应。让消费者通过各类触点了解企业文化、试用新产品、进行实时咨询或投诉,最大限度地提升品牌体验,进而将信息引导转变为信任主导。通过价值观的认同、生活观的趋同,以及卓越的产品体验,让亲密的品牌氛围成为品牌信任的基本点,建立起消费者之间的自发推荐体系,以及企业自身的推荐经济学模式,让每一个消费者成为推荐的节点,并且从中获得回报。

总之，品牌一切的一切都围绕着消费者展开！

"放下和回头是重要的法门"。如今，需要我们"放下"的是长期以来以我为主、以产品为中心的思维定式；是"放下"我们在产品为王时代、渠道为王时代、信息为王时代曾经所向披靡的辉煌；是"放下"我们面对消费者高高在上的身段。需要我们"回头"的是，要回过头去看一看消费者，看一看消费者有哪些需求还没有很好地满足，还有哪些潜在需求我们可以挖掘和利用；看一看市场还有哪些空白等待着先知先觉者去先行填补。

未来企业的竞争力更多地表现在与客户的亲密程度上。这就要求企业摈弃原有的、固有的思维模式，放下身段，愿意并且善于从对消费者的全面而深入、彻底而真诚的尊重中获得品牌的尊严。

对未来企业的考验就是，看谁放下得彻底，看谁回头得真诚。谁还在迷信自己过去的成就以求"自信"，抱着以往的模式以求"确定"，对消费者依然是"犹抱琵琶半遮面"，谁就必将遭到消费者的遗弃，遭到市场的淘汰。

正如马云老师所预言的那样："原来的大企业都是帝国思想。但是这种强势的、以我为中心的观念在21世纪是不会成功的。"

第二节　品牌与媒体、与广告的关系

品牌的塑造离不开媒体，与媒体的关系是品牌诸多关系中非常重要的，不可或缺的关系之一。

媒体价值与品牌塑造的关系，如图8-1所示。

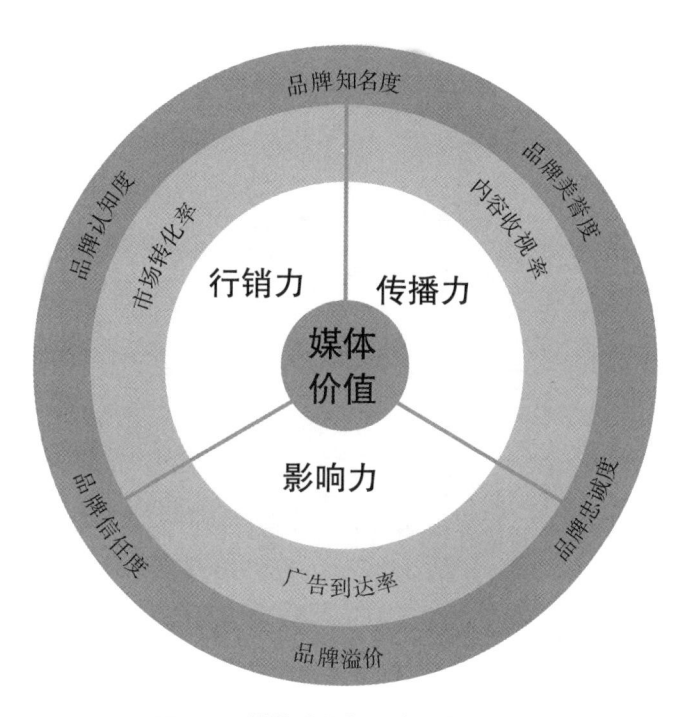

第八章 重构品牌系统性建设的八大关系

图 8-1　媒体价值与品牌塑造的关系

与媒体构建关系的过程中，首要的问题就是我们如何正确地认识媒体的价值？媒体的价值如何转化成为媒企合作的价值？大道至简，追根溯源，其实所有能够称之为媒体的，其价值都无外乎体现在传播力、影响力和行销力之上。

首先是传播力的价值。一家媒体之所以能称之为媒体，一定是要受人关注的，无论是报纸的发行也好，电视的收视也好，网络的浏览也好，媒体价值的基础源于自身传播力的大小。企业需要通过媒体的传播力为企业带来品牌的知名度。媒体传播力的大小决定了品牌导入期品牌知名度提升的效率与效果。

东风风光580上市发布会覆盖十大主流网络直播平台媒体，邀请100名高颜值、高人气网络主播参会，与媒体同席并现场直播长达2小时以上。十大直播平台首页集体推荐超过60次；最高峰值同时在线观看人数128万人以上，累计总观看人数 428 万人；单一主播视频点赞量 25 万多人次，活动直播视频累计总点赞量 540 万多人次。

其次是影响力价值。对于媒体所刊发的内容，受众仅仅是看了，但过目即忘，穿耳即息，并没有在问题的了解与认识上对受众形成影响，在受众心智中并没有形成公信力和权威力，乃至号召力，这种媒体的价值不会被社会认可。

广告大师大卫·奥格威当年曾讲过这样一个例子：一个政治家在演讲，讲完后，大家喝彩："讲得真好！"另一个政治家演讲后，人们纷纷抄起"家伙"："走，去干那个臭小子！"

第二种情况就是媒体在影响力上的"尴尬"，而第一种情况就是媒体在影响力、号召力上的"价值"。

笔者儿时曾看过一部名叫《青松岭》的电影，其中有一句台词至今记忆犹新："匣子里都广播了！"

"匣子"指的是收音机，"都广播了"表达的是一种"难道还是假的吗"的心理认定，一句非常质朴的话，将媒体在受众心中的公信力、权威力彰显无余。

媒体影响力的典型案例莫过于宝洁在中国市场所打造的广告的影响力。从洗发水到护发素，再到柔顺，再到去屑，……说一句毫不夸张的话，宝洁正是通过电视广告改变了中国人对洗发的认识与习惯。

企业需要通过媒体的影响力为企业带来品牌的信任度、美誉度。媒体影响力的大小决定了品牌导入期、成长期品牌形象塑造的力度与强度。

以上两种价值属于媒体自身的价值，但是对于以实现高附加值、可持续的市场转化为根本目的的企业来说，仅仅有以上两个价值是不够的，甚至对于品牌的塑造是一个很大的"伪命题"。以往媒体仅仅以自身的传播力和影响力来帮助企业树立形象而换取企业合作的模式，在今天已经不被企业所接受了。

第八章 重构品牌系统性建设的八大关系

企业会向媒体要受众的转化，就是"无论是读者也好，观众也好，网友也好，那都是你媒体的资源，他们当中有多少能够转化成我的顾客，这才是问题的关键"；其后，企业会向媒体要市场的转化，就是"媒体的传播能给企业带多少的货？这才是合作的核心目的"。这是因为，市场竞争愈发惨烈，经营下行压力日益沉重，企业都开始变得"实际"起来，期待与媒体建立起更加"实惠"的关系。

媒体的行销力价值为企业带来消费者的卷入，不断提升品牌的忠诚度、品牌溢价，最终实现高附加值、可持续的市场化。

2005的超级女声为蒙牛酸酸乳带了20多亿元的市场转化增量。在这个数字的背后，关键是媒体如何看待与企业的合作关系。当时的湖南电视台台长说过一句15年之后依然是"曲高和寡"，但至今依然掷地有声的话："只要不把湖南台改成蒙牛台，什么资源都可以用！"

正如《新华日报》广告处处长庄传伟先生所强调的那样："态度决定高度，思路决定出路，格局决定结局，定位决定地位"（《与庄传伟论道党报广告发展——解析党报经营"四点论"》）。

媒体经营人员经常会手持一个既有的栏目或节目或活动的方案，找企业来"对缝儿"，企业还得殚精竭虑从中找到与自己品牌的结合点和价值点。至于企业在品牌传播中当前的问题是什么，需求是什么，一概没有进行深入的研究。

归根结底，还是定位没有改变，格局没有改变，思路没有改变，态度没有改变！

从媒体的行销力价值角度看，企业对媒体价值的评定标准就是三个维度：内容的收视率、广告的到达率与市场的转化率。因此，作为媒体首先要解决内容的收视率与广告的到达率严重分离的现象，其次要解决在广告的到达率与市场的转化率之间"变现"的效率与效果问题。

改变是必然的，但如何来改变？

我们依然从受众、内容、媒介、形式四大传播要素中去寻找答案。

其一，在以往企业是品牌传播的发起者和主导者，因此，将品牌信息、产品信息直接传播给消费者的广告模式是主要的传播模式。在以往的营销模式中，媒体更多的只是一个播出平台而已，只要替企业将广告传播给消费者就万事大吉。

然而今天，企业需要媒体根据品牌的目标消费者找到目标受众，并加大对目标受众的研究力度，为企业提供更为翔实、准确的消费者信息，如人群特征、内容导向、触媒习惯、形式偏好等，并将上述研究从简单的信息传递深化至品牌与消费者深层次的沟通与分享。

其二，在以消费者为主体的时代，在纷杂的信息中，在宝贵的时间里，消费者本能地会挑拣出与消费需求相对应、与价值观相吻合、与情趣相愉悦的内容。因此，企业必须要改变那种"由我及我"的品牌传播方式，需要"拐个弯"，先"绕道"消费者，然后再转向自己。这样一来，企业就需要媒体同样是由直接服务企业转为先服务消费者，待创造出媒体的受众价值之后，再为企业实现对市场的高附加值转化。

其三，在内容营销方面，企业需要媒体加大所对应的受众的研究，并将这种研究从简单的信息传递深化至品牌与消费者深层次的沟通与分享。然后，根据消费者的特征和需求，以及社群中所形成的大数据为企业提供更为翔实、准确的消费者信息，帮助企业策划、制造出以消费者的语境说出消费者想要的内容，进而为企业营造出真实的、有情绪的、有态度的品牌形象，创造出可供企业用于营销的内容资源，最大限度地影响消费者的心智，在消费者心智中形成更深刻的共鸣。

其四，在媒介渠道方面，因为传播呈现出跨屏幕、族群化、去中心化、多触点的趋势，如此一来，品牌传播要完成在消费者的需求领域、兴趣领域和生活领域布上多个接触点的任务。因此，企业需要媒体建立融媒体的传播体系。媒体根据自家受众的特征，建立其不同的社群。以其共同关心

第八章 重构品牌系统性建设的八大关系

的话题,共同的价值观、消费观来形成社群效应,使其成为同处一个媒介环境和商业环境中的消费者互相交流、推荐的平台,成为企业与消费者沟通、互动的平台,以及大数据的形成与采集平台。主动承担起在社群营销、内容营销、情景营销方面的职责。

其五,在传播形式上,首先企业期待媒体放下身段,一改"一本正经""端坐其上"的传播形态。社交媒体的盛行,使得消费者越来越处于一个部落化的世界,越来越构造出个性化的语言符号和话语环境。因此,企业需要媒体充分利用新的内容表现形式,以受众喜闻乐见的形式,将有"意义"的内容做得有"意思",做得深入人心。同时,媒体要为企业深入研究目标受众的形式偏好,构建起形式多样、传播精准的品牌内容体系,为品牌内容传播在传递形式上予以赋能。

为此,笔者在实际工作中提出媒企合作标准化的方案模型,建议媒体按照此模型为企业提供合作方案。

企业目前在品牌形象方面的主要问题是什么?以问题为导向,企业在品牌传播上的痛点需求是什么?针对上述企业的问题和需求,媒体所对应的资源与优势是什么?解决方案是什么?合作模式是什么?总体费用是多少?

经常会听到媒体朋友们说,企业的需求越来越少了。每在这个时候,笔者都会予以"反驳":企业永远对媒体有需求,因为品牌的知名度、信任度、美誉度在很大程度上是离不开媒体的传播、影响与行销的。只是需要怎样的媒体,是伴随着的时代的变化而不同的。

早在十几年前,笔者在《深圳特区报》做采访时,被问及报纸的核心价值所在。当时笔者给出的答案是:报纸的核心价值应该是城市图文信息的提供商以及城市营销资源的整合商。

从一个品牌在一个城市落地的角度看,企业需要利用城市中各种各样的营销资源;而作为城市媒体的报纸,其实这正是他们的优势所在。

从政府到社会，从市民到市场，没有谁能比报纸更具备资源的整合力和推动力。

因此，在与地方报纸与电视台的沟通中，笔者经常会"提醒"他们：不要把自己的经营资源仅仅局限在那几个版面，多少个时段上，其实整个城市都是你们的经营资源。你们应该从单纯地经营媒体，提升到经营整个城市，成为城市营销资源的整合商、提供商。

这个定位，恰恰是企业最为需要的。

在新型的"媒企关系"上，企业更需要的已经不是那种传统的"甲乙方"的合作关系，期望媒体不再迷恋曾经的那种比"印钱"还便捷的盈利模式，静下心来，与企业一起共同创造价值，成为价值的共同体；再以双方共同创造的价值为资源，创造出双方共赢的利益，成为利益共同体；以此，让双方成为对方战略发展中不可或缺的一个组成部分，最终成为命运的共同体。

这就是重构媒企关系的方向所在，关键所在！

说到媒体，就不能不说广告。自从品牌诞生那天起，广告就与品牌一直相生相伴到今天。在品牌的信息为王的竞争时代，广告打造出一个又一个的省优、部优、国优，铸就了一个又一个的品牌传奇。

金立从2005年开始邀请某著名演员做代言人——"金品质、立天下"。从那时起，在巨额投入之下，金立广告便开始在电视上狂轰滥炸。金立品牌声名鹊起。

然而今天，商品多样化，让消费者拥有更多的选择权；信息互联化，让消费者拥有更多的知情权；平台多元化，让消费者拥有更多的评判权；媒介社交化，让消费者拥有更多的话语权。在消费者时代，传播载体与形式已经没有好坏之分，价值的高低完全取决于与消费者之间的距离，是止于场面还是抵达心灵，将是评价一切营销、一切传播、一切品牌、一切媒体的金标准。

eight	第八章
	重构品牌系统性建设的八大关系
	CHAPTER

消费者获得品牌信息的媒介渠道越来越呈现出多元化趋势，严重分化了传统广告媒体的内容收视率与广告到达率。如此一来，所谓的大众媒体也许还在，但是一家独大的媒体霸主已不复存在，真正意义上的大众传播已经渐行渐远。与此同时，相比于广告对品牌信息的传播与背书，消费者从社交平台获得的品牌信息更全面、更翔实、更可信。

在广告效果骤减的情况，巨额的广告费用越来越成为企业不堪重负的成本负担，成为企业发展不可忽视的不良因素之一。

金立在电视推广上一直是大手笔，在广告投放的同时，不断斥巨资冠名一些热门综艺节目。据说2016年、2017年两年的营销费用就高达60亿元。但是，换来的是销量不增反减，2017年金立的销量跌到2600万台。巨额的广告费用终究还是把金立拖垮了。

因此，我们要重新审视品牌推广与广告之间的关系，要改变广告投放的渠道策略。以目标消费者的触媒路径与习惯为导向实现精准投放。

首先，我们要从单一媒体到多渠道传播转变。因为，消费者接触多种媒体的需求与机会愈加增多，注定不会再忠于某个单一媒介。所以，单靠一、两种媒体便能形成广泛覆盖的可能性已微乎其微。如此一来，没有任何一种媒介是不可替代的，内容跨平台整合也成为品牌传播的常态。要实现广覆盖，就只能多渠道传播。这就要求我们根据不同媒介的特点进行整合，打通不同媒介的渠道，传播媒体优质内容，实现各个媒体介质之间的优势互补，提升传播的广度、深度、效率回报。

与此同时，广告信息吸引要转化为品牌内容的吸附。要在品牌传播的内容上，策划、制作出能够让用户聆听的、与他们密切相关的内容。这是因为，他们会因内容而记住品牌，而不大会因品牌而记住信息。因此，品牌更多地要靠内容而不是广告来引发用户的共鸣，来获得与消费者的分享，最终来赢得消费者的认知与信任。

例如，帝泊洱茶珍的广告信息是：怕糖、怕油、怕脂，请喝帝泊洱。

受众看到这个信息往往会问:"如果我真的有'三怕',那我为什么要选择帝泊洱?"这就是受众需要企业提供更为翔实的品牌内容:

帝泊洱茶珍采用云南省普洱市高海拔优质大叶种普洱茶,经过生态种植与生物科技完美结合,制成接近纳米级的纯天然、高倍普洱茶精华。无任何添加剂,更有益人体吸收,充分发挥健康效能。冲泡冷热水皆宜,方便携带,不易污染。

这样一来,就提升了那些已经具备需求的受众对品牌的信任度,提供了一系列的"选择理由",对他们的购买决策提供了认知上的驱动力。

说到内容营销,有一篇在"母婴行业观察"公众号上刊载的名为《江小白败了!营销那么火,销量却一塌糊涂》的文章。

江小白虽然基本功扎实,投入巨大,影响力超强,工作做得很多很好,却并没有取得与之相匹配的销售业绩。一方面,传播力是比肩茅台、五粮液,远超洋河、汾酒、古井贡的存在;另一方面,销量却仅相当于山东一个大型县级酒厂。

文章最后感叹道:"在一个错误的战场打了一场漂亮的战役,赢得了万众欢呼,但其中甘苦自知。"

江小白的内容营销案例的得与失的确值得我们深入反思与总结(建议大家阅读一下原文)。这个案例进一步说明了企业要从传播力、影响力与行销力三个维度来考量品牌传播与营销的策略制定与效果达成的重要性。更加印证了品牌建设的系统性,即我们首先要建立起系统性认识品牌的能力,最终才能很好地解决品牌的系统性问题。

在重构品牌与广告的关系之中,需要树立一个新观念:产品即广告。

当产品极大丰富,消费者可以轻易地,甚至是免费地获得产品和使用产品的时候,当产品的品质得到本质性的提升,科技感、人文感和艺术感能够让消费者获得身心愉悦的产品体验的时候,产品本身就成为一种更为具象、更为直观的产品推广载体;而消费者相对于这种"广告",

第八章 重构品牌系统性建设的八大关系

更乐于接受，因为人们对产品（实物）的兴趣远胜于广告（信息），这是人性所决定的。人们可以通过产品体验获得对产品更为真实、更为确切、更为具体的认知与感受。这种认知与感受更容易换来消费者对产品、对品牌的信任。

飞鹤奶粉2018年的市场投入与三年前几乎没有变化，但能够从三年前的不到5000万元做到2018年的15亿元，其杀手锏就是针对产品的"体验营销"。飞鹤奶粉用令人惊讶的演示告诉妈妈们——将五种不同品牌的奶粉同时冲泡，能够均匀融化、无须搅拌的每一次都是飞鹤奶粉。从2015年到2019年，飞鹤奶粉做了90多万场的线下演示，这样的一场活动平均有10多个妈妈参加，总计有约1000万个妈妈通过产品体验强化了对品牌的认知与信任。

当然，这种产品体验一定要抓住消费者的痛点，才能够真正起到"广告"的效果，甚至是传统的广告都无法达到的效果。

叮当快药的价值点很多，如线上买药、线下送药，服务好、品类多，等等，但只有"28分钟送药到家"才是消费者的痛点。也只有这一点才能够让更多的消费者记住，并在生病的时候能够想起它。最终，给消费者提供最为入心的服务体验，由此换来消费者对品牌良好的认知与感受。

人们有时会"厌烦"广告，但都会喜欢有用、有趣的产品。社会化营销就是以体验为核心而展开的，最先拥有良好的用户体验的那部分消费者，宛如投入营销之海中的一粒石子，然后通过自发的口碑传播与推荐，为品牌"划出"一轮大过一轮的营销"涟漪"；而这一切，都是源于最初的那份有用、有趣的产品体验。

第三节　品牌与价格、与促销的关系

在企业通过与媒体合作打造出品牌的知名度和信任度之后，在消费者具备一定的购买需求的前提下，就会对品牌下的产品进行综合性的性价比衡量，其中非常重要的因素就是——价格。

从传统企业来看，在工业时代会关心价格（交易价值），通常判断的是成本、规模与利润三者的关系。消费者购买的逻辑也是一样，如果觉得划算就购买，反之就拒绝购买。这是因为，从人性的角度看，"贪便宜"是人性中最为普遍的心理特征之一。

有一个有趣的例子远远出乎人的意料：

有人说，中国不是人类最早发明造纸术的。古埃及"莎草纸"早在"蔡伦纸"诞生300多年前就已经横空出世了，并且各种性能都超过后来的"蔡伦纸"。

那问题是，为什么中国纸还在世界获得公认呢？原因就在于，"莎草纸"虽然性能无敌，但造价太高，只有法老和贵族们用得起，根本无法大规模普及，而"蔡伦纸"的性价比高，具有巨大的优势，极具普适性，故而能迅速传遍世界。

正因为如此，美国营销学学者杰罗姆·麦卡锡教授在20世纪60年代提出的"产品、价格、渠道、促销"四大营销组合策略中，价格不仅成功入选，还紧跟在营销之本的"产品"之后高居第二位。由此可见，价格因素在营销中的重要性。

于是，大促销、大优惠、大甩卖之类的销售手段在市场上比比皆是。毋庸置疑，价格营销是一把双刃剑，一边给企业快速带来显而易见的市

第八章 重构品牌系统性建设的八大关系

场转化，同时也降低了企业的利润率，甚至影响到了企业可持续的生存与发展。

在华为基本法《华为：以奋斗者为本》中我们可以看到："我们要为客户利益最大化奋斗，质量好、服务好，价格最低，那么客户利益就最大化了，他有再多的钱就会买公司的设备，我们也就活下来了。"

任正非先生在接受采访时的一个观点，我们看到的却是另外一种认识："低价格、低质量、低成本，会摧毁我们未来的战略竞争力。企业必须有合理的盈利，才会去持续投资研发。没有适当的利润积累，实际上是在战略上破坏这个产品。"

一方面，是人性对"便宜、实惠"的刚性追求，价格竞争又是市场经济下最基本的，也是最容易应用的竞争形式，低价确实能为企业带来一定的市场转化；另一方面，价格战往往也是以牺牲利润、牺牲产品和服务质量为代价来获取营业额增长的经营方式。最终，会扼杀了企业的可持续发展。

那么，我们到底应该如何认识价格，如何认识价格杠杆在品牌营销中的作用及其关系就显得尤为重要。

首先，我们在市场经营中要利用好价格这个杠杆。特别是在品牌的导入期，它的确是能够撬动消费、快速引发消费者卷入的有效手段。在营销中科学地把握消费者受益与成本之间的关系。

在一篇名为《新产品营销：有些产品，用户为什么不想尝鲜？》的文章中，以网约车平台推出新的服务为例，对消费者受益与成本之间的关系进行了评析。

第一种情况：收益上升3点（比如提供了矿泉水和真皮座椅），对于消费者来说，利弊很容易判断，成本不变、收益上升，何乐而不为？

第二种情况：成本下降3点（比如价格降低三成），这对消费者来说，利弊也很容易判断，收益不变、成本下降，何乐而不为？

第三种情况：成本上升3点，收益上升6点（比如涨价但提供超好服务）。这对于消费者来说，利弊就难以判断了——收益和成本到底哪个大？

在很多情况下，消费者会选择不接受第三种情况，一个非常关键的原因是：比起收益，人们对损失更加敏感。因此，我们在成本上升的前提下，无法给予消费者"收益增加"一个强大的心理驱动的话，要确保消费者成本不变，甚至是合理地降低。等到品牌的成长期后段以及品牌成熟期，消费者对品牌形成美誉度和忠诚度以及和谐度之后，再考虑提高品牌溢价，或是推出高端的产品。

其次，对于以价值竞争为核心，实现以高附加值、可持续的市场转化为目的的品牌营销，应该力争避免价格战的发生。

陈春花老师强调，产品本身并不是体现价格的，而是体现公司的价值追求的，如果仅仅从产品价格去理解市场，只会导致企业在市场上陷入价格竞争的困境，这是中国企业目前普遍面临的问题。

有一句对企业间价格战的"点评"非常形象而准确："文明排队，有序跳楼。"

不管价格战是不是能够给企业带来业绩增长，但它对于品牌价值的构建始终是一个伪命题。许多互联网企业往往一开始都采用价格吸引，一方面快速地吸引流量，形成品牌的知名度、认知度和产品体验；另一方面将竞争对手扼杀在"红海"之中，以期形成一家独大的竞争局面。可最终的结果是，一方面，已经长时间养成免费或低价使用习惯的消费者，有许多人都会在产品价格出现增长之后转身而去；另一方面，长期无法获得合理利润的企业最终以一种更加悲壮的方式轰然倒下。

但是，必须指出的是，低价格并不一定代表低品质，低价也并不等于价格战。

咱们看看，"雕爷"老师介绍的喜茶的例子：

先别说茶，光看"喜茶"的杯子，用料和材质就远胜于×××国际大品牌一次性的用料。据说喜茶也只是加价率2倍而已，十几块的成本，

第八章 重构品牌系统性建设的八大关系

卖二十几块——但你要知道，在传统饮料行业，10倍加价率几十年来一直是行规。如果零售价二十几元，那么成本必须控制在两三块钱（例如×××品牌）。

对此，陈春花老师认为，微利经营和价格战最大的不同在于：微利经营已经是企业的经营理念和定价原则，而并非是一种基于竞争的手段。微利经营要求企业要以适当的方式生产，为整个产业价值做贡献。前者是盯住原料和自身运行成本定价，后者是盯住竞争对手的价格定价，二者截然不同。

"雕爷"老师也英雄所见略同：所谓"高性价比"绝不是简单"牺牲利润、卖便宜点"那么俗气，而是"成本结构发生了深刻重构"。

由此可见，企业的相对低价是可以通过企业的技术创新、渠道创新、营销创新实现的，使得产品的研发成本、生产成本和营销成本低于行业的平均水平，在确保产品和服务品质、确保企业可持续性发展的前提下，通过让利消费者，扩大市场占有，提升品牌美誉度和忠诚度。低价格是在"物美"基础上叠加的"价廉"，而不仅是出于市场竞争和引发消费者快感的需要。

"感动人心、价格厚道"是小米的价值观和精神信条。通过对顾客需求的精准把握，以及产品更新上不断地小步快跑，小米将设计精良、性能品质出众的产品通过高效零售渠道直接交付到用户手中，持续为用户提供丰富的产品和服务。

"雕爷"老师曾经在他的《真别怀疑了，"新消费"滔天巨浪来啦！》的文章中讲了一个他的真实经历：

"阿芙CEO老杨有一次买来一支他家的口红给我看，我认为值二三百块，结果被告知只卖60元，而代工厂给出的信息是，成本大约30元。要知道，传统化妆品的加价率大约在10倍，也就是说，他家真的是把传统该卖300元的口红，用2倍的加价率来卖，还动不动再来一个'第二支半价'。"

对此,"雕爷"老师的反应是:"咦?这不是小米的打法吗?小米过处,寸草不生,为啥?极致性价比。"

极致的性价比才是品牌要追求的那个制衡点,最应该打造的是那种与价格之间的最佳关系。

当法国米其林三星餐厅始终如一地用各种高品质服务顾客的同时,几块钱就可以吃饱的麦当劳开始"高性价比"创业了;和当时的"百货之王"希尔斯比起来,从边缘小镇开始的沃尔玛也是以"高性价比"而著称。

说到价格营销,不能不提"促销"这个在消费者身边极为常见的经营方式。所谓促销是一种基于线上线下销售终端的产品推广活动。

从全球的广告与促销对比中看,促销费用的增长率至少比广告费用的增长率高出三个百分点。以美国为例,在20世纪80年代,促销与广告的费用之比约为64∶36。到了20世纪90年代,促销费用已经占整个市场推广费用的3/4,即75%左右了。

美国企业之所以在促销活动上有如此之大的开支,是因为更多的企业都乐意为立竿见影的效果付出;而这种效果是通过使用促销手段,对消费者或经销商提供短程激励,在一段时间内调动人们的购买热情,培养顾客的兴趣和使用爱好,使顾客尽快地了解和购买产品来实现的。

但促销不是万能的!

康师傅和统一两大方便面行业巨头为了抢占市场份额不断火拼,它们甚至一度共消耗掉40亿根火腿肠用于购买方便面的赠品。然而,从2016年开始,两大巨头同时陷入困境:当年"康师傅"营业收入同比下降了8%,净利润同比下降了24.3%;当年"统一"的营业收入同比下降了5.1%,净利润同比下降了27.2%!

这送出去的40亿根火腿肠不仅没有换来业绩的增长,反而使它们陷入僵局!

第八章　重构品牌系统性建设的八大关系

这是因为,在实际情况中有许多促销是以刺激购买为核心,以销售政策为手段,以阶段性地达成市场销量和市场份额为目的,而不是以打造品牌美誉度、忠诚度和品牌业绩为目的,缺乏必要的消费者品牌教育,无法占据消费者心智。因此,无法确立企业长久的市场地位,无法为企业带来可持续性的利润。

为此,企业要针对因促销而带来的消费者,考虑如何将他们转化为一种长期的、固定的,乃至忠诚的消费者。

通过学习曾经的好客户、好朋友,国内快消品实战专家王冠群老师的《促销,别再陷入这五大盲区!》,笔者得到了以下几个方面的体会,与大家分享。

其一,要处理好促销活动中产品价格与价值的关系。促销政策或赠品并不是越实惠越好,而是要以迎合消费者最强烈的需求心理,让消费者喜爱为目标,要根据不同消费群的心理需求,选择最能打动他们内心的销售政策,他们最渴望的促销赠品。

其二,促销不能强化消费者"意外收获"的感觉,不能在"一蹴而就"之后便是"一蹴了之"。要把促销的重心转移到为消费者未来的重复购买提供更好原动力之上。因此,要根据消费群的心理特征选择那些能吊起消费者胃口的政策与赠品,促成他们的重复购买,乃至长期购买。

其三,促销不是一种只是一味打折降价的"简单粗暴"的销售行为。相反,促销更需要具有极强针对性的形式创新。促销活动要结合自身商品属性和特点,不要简单地生搬硬套那些"看上去很美"的促销方式,要很好地结合自身商品的属性和特色,以及自身品牌的主张和调性来策划、实施促销创新活动。

其四,促销不等于价格战,不能将单纯地追求销售量视为衡量促销结果的唯一标准。对此,我们不能为促销只预定一个完成销量的目标。促进销售只是手段,最多只是一个短期的目标,品牌信息传递的到达率、新商品认知率、品牌形象的强化程度、老顾客的回头率和忠诚度等指标都应成为促销目标。

有一个问题也必须要提出，就是企业与经销商之间的关系。有些企业将市场销售的职责完全交给了经销商来解决。但是，经销商与企业之间是纯粹的商业关系，对品牌没有产权的责任和义务。他们不会去花费人力、物力、财力，重要的是也没有能力去替企业构建消费者关系。

为此，我们一方面要通过促销挖掘消费者需求，构建一个消费者沟通交流的场景，提高消费者对品牌的了解和认知，快速地扩大产品的体验人群规模。通过品牌良好的认知与体验来提升品牌的认知度、信任度，乃至美誉度，最终促成消费者的重复购买，帮助企业实现高附加值、可持续的市场转化。另一方面，一定是以企业自身为中心构建品牌与消费者的关系。将消费者关系——这个决定企业命运的核心资源牢牢地掌握在自己的手里，以免受制于人，避免潜在风险。

说到价格与促销，自然而然就联想到"甚嚣尘上"的消费升级话题。

根据麦肯锡的报告，中国中产阶层是年收入1.15万~4.3万美元的人群（对应7.5万~28万元年薪）。这个人群数预计到2020年会增加到2.75亿人，这个人口数字会超过欧洲人口的总和。

看到这组数据是不是又给我们一个似曾相识的画像：钱多人傻。我们认为，肯定是不会的。

首先，钱多人就一定不在乎钱吗？

3亿用户，百万级商家——这是社交电商拼多多官方提供的数据。凭借"团购+低价"策略以及对微信平台社交属性的运用，从三线以下城市神奇崛起。根据猎豹电商2017年12月发布的数据显示，拼多多超越天猫、苏宁易购、唯品会、京东老四家，成为周活跃渗透率仅次于手机淘宝的电商App。

有一个问题也许很有趣，就是在所谓"消费升级"的热潮中，那个以

第八章 重构品牌系统性建设的八大关系

"帮助顾客省钱,让他们生活得更美好"为使命,天天高呼"天天平价"的,在2019年《财富》世界500强排行榜上,连续第六年成为全球最大公司的沃尔玛,是不是在价格的策略上也已经"升级"了呢?

答案肯定是否定的。这是因为,沃尔玛人坚信:只有始终想着为顾客省钱,才能使自己在竞争中处于优势地位。

请记住,价格永远是消费者的底层"代码",同时也永远是消费者的顶层设计。

其次,钱多人就一定傻吗?

今天的中国消费者历经改革开放40年以来的消费历练,已经不再是那群"消费动物",也不会"凶猛"到"只买贵的,不买对的"的样子。消费升级的背后并不是对高价格的升级,而是对高品质的追求,对更高的性价比的追求,即从功能到精神(文化感受),从品质到精致(审美表达),从需要到想要(心灵共鸣),从从众到出众(自我彰显)。

如此一来,问题似乎很明了。所谓的消费升级,升的是性价比的级,而不仅是价格的级。没有更加优化的性价比又何来更高的品牌溢价。

让我们再回到"雕爷"老师那篇《真别怀疑了,"新消费"滔天巨浪来啦!》的文章:

"在小米开了个'极致性价比'的头,然后国内群雄纷纷吸收其营养,华为、OPPO、Vivo们一鼓作气,打成一团,……结果打了几年回头一看,三星把中国最后一家手机生产厂关啦!没办法啊,国产手机们,3000元的品质,就是能和三星五六千元的手机抗衡,而且细节处还更贴心10倍。"

最后,"雕爷"老师断言:"手机领域出现的奇迹,在中国消费品市场,正重新上演。"

最终,应了大卫·奥格威的那句名言:"消费者不是别人,他是你的妻儿。"也就是说,企业无论何时何地都要将消费者视为亲人,既不能用低价低质去蒙骗他们,更不能用低质高价去忽悠他们。企业只有真诚相待,坚守"不浪费顾客任何一分钱"的信念，为消费者持有成本的持续降低而不断地付出努力，消费者才能赋予品牌以无限的忠诚与慷慨的回报。

第四节　品牌与服务、与联结的关系

在说了规划、传播和营销智慧之后，我们要转到服务这个重要的话题了。说它重要是因为在今天这个品牌营销时代，服务已经成为所有品牌都无法回避、无法漠视的一个重要维度。

近几年，线下奶茶店的出现，导致香飘飘业绩下滑。

相对于香飘飘这种冲泡式饮品（太枯燥、太标准化了，它和方便面的本质是一样的），奶茶店提供的产品品种多样化，又几乎可以根据每个人的喜好定制饮品：佐料可以自选；含糖量可高可低；温度可以常温和加冰；还有及时高效的外卖快递，随时可以把饮品送到我们面前。

于是，我们便可以得出以下的结论：

不是"香飘飘"和"康师傅"们不够努力，或者做得不够好，它们已经做到了行业第一。只是时代变了，人们除了需要产品的功能与安全价值之外，更多地追求产品的附加值，其中最为重要的就是服务，这就是所谓消费升级的主要特征之一。

原来真正打败香飘飘的是服务！

在笔者的"品牌系统性建设"的培训课程中，提出从以下七个方面重构品牌与服务的关系：从售后服务向全程式服务转变，从被动服务向主动关怀转变，从产品服务向需求服务转变，从单客服务向社群服务转变，从呼叫服务向平台服务转变，从岗位服务向全员服务转变，从有边界服务向无边界服务转变。

第八章 重构品牌系统性建设的八大关系

第一，从售后服务向全程式服务转变。

在传统的营销模式中，对消费者的服务主要是集中在售后环节中，针对消费者提出的在产品质量、使用安全、售前承诺、服务提供等方面的投诉而展开。全程式服务则是为消费者提供售前、售中和售后服务，确保任何一个环节的服务及时到位。是一套完整的关于对消费者的态度、义务，以及额外义务的规划与执行。

2006年7月，龙发装饰在家居行业首先提出了方案支持(solution)、产品配送(sale)、流程简单(simple)、响应及时(speed)、服务标准(standard)的5S全程、全位服务体系，让消费者享受高品质"一站式"的轻松便捷的全程家居服务。

第二，从被动服务向主动关怀转变。

服务是指为集体（或别人的）利益或为某种事业而工作，而关怀则是关心、帮助、爱护、照顾、在意、操心。

由此可见，服务更多地体现在行为上，而关怀则更多体现在内心上，其中的差别显而易见。

在传统的营销模式中，对消费者的服务主要是被动式的，绝大多数处于一种"你不找我，我不找你"的状态，甚至认为，你找我，就是给我添麻烦，就是给我增加成本。因此，"你找我，我不见你"的推诿、扯皮等现象时有发生。

消费者关怀理念最早由欧洲管理方面的专家大卫·克拉特巴克提出，他认为：消费者关怀应该涵盖公司经营的各个方面，从产品或服务设计到它如何包装、交付和服务。首先是需求关怀，根据痛点需求研发出产品/服务；体验关怀，在研发和打造产品/服务的过程要关注并不断优化消费者的身心体验；消费关怀，致力于提供便捷的、高性价比的产品，降低消费者的消费决策的难度和风险；文化关怀，给予消费者在科技、人文、艺术方面更加完美的品牌体验。

第三，从产品服务向需求服务转变。

从仅以单方面的提供产品为导向，向满足需求、创造价值为导向转变。从挖掘确定性转向探索可能性，用不断更新的技术去洞察、识别以及满足和引领客户不断变化的需求。通过技术的应用创造性地加以实现，并在此基础之上，提高对消费者需求的个性化、定制化的满足水平。

以服装业为例。之前，产业链中竞争四要素是裁缝、设备、设计和品牌。现在的核心变成了是你拥有多少客户的数据、版型数据库，将这些数据库匹配起来，就可以由传统一对多服务升级为一对一的定制服务，并且还可以承诺送达时间。

第四，从单客服务向社群服务转变。

将许许多多的消费者或是潜在的消费者聚集在品牌社区中，倾听他们的意见与建议，了解他们的问题与需求，为他们提供解决方案以及高性价比的产品或服务，帮助他们进行社区运营。同时，将他们的好想法落实到产品研发、品质改进、管理决策、流程优化等环节之中，提升他们的参与感、主体感和成就感。

亚马逊通过 Prime 会员机制，以仓储俱乐部社群的形式，向1亿多用户提供额外福利和特权的方式。这些额外的福利创造了无尽的新边界和业务线，使得亚马逊与它的消费者、产品紧密地捆绑在了一起。

第五，从呼叫服务向平台服务转变。

传统模式的售后式服务都是以"呼叫中心"的形式完成。这种服务依然是被动式的、解决问题式的。如今，当品牌社群已到一定规模并稳定运行时，品牌可以将自身转变为一个平台，开放业务的边界，形成以社群为基础和核心的多边市场结构以及社群生态，吸纳其他主体共同为消费者提供多维服务，为消费创造多重价值。

2014年特斯拉免费开放了所有的知识产权，以帮助更多的消费者提升对新能源汽车的认识与认知，推动清洁能源汽车的整体发展。这种开源模

eight / 第八章
重构品牌系统性建设的八大关系 / CHAPTER

式和共享经济的出现，代表了资源和能力从所有观到使用观的转变。

第六，从岗位服务向全员服务转变。

传统的服务是只是归在类似于售后服务中心这样的单一部门之下。这使得服务变得与企业中的绝大部分人都无关。今天的市场竞争模式要求对消费者的服务要贯穿于全产业链，建立起全位、全程的服务体系，构建起全员、全心的服务能力。

笔者在为所在单位的物流中心的"送药上门"项目的员工以及集团车队司机进行品牌培训时提出，物流是品牌形象的"最后一公里"，车队是品牌形象的"第一窗口"和"第一印象"。也许是物流员的一个服务问题，也许是司机在迎来送往时的一个品行问题，就有可能导致品牌形象在患者或客人心目中瞬间垮塌。

在培训的最后我告诉他们：

你的笑容，就是最真心的品牌形象；你的诚信，就是最真挚的品牌态度；你的关爱，就是最真切的品牌精神；你的服务，就是最真实的品牌价值。

你的形象，带来对品牌的第一份认识；你的态度，带来对品牌的第一份认知；你的品德，带来对品牌的第一份认可；你的坚持，带来对品牌的第一份认定。

第七，从有边界服务向无边界服务转变。

传统的服务模式从组织到职能，从事项到问题，都是以企业为中心，以产品为中心，围绕着"事"来展开，边界是很清楚的。未来的服务是无边界的，是围绕着"人"来展开的。只要是消费者所想、所需都是企业的课题，正如美国杨百翰大学万豪管理学院教授保罗·蒂姆在《客服圣经：如何成功打造顾客忠诚度》一书中强调的："企业只有持续超越顾客期望，才能将自己与其他企业区别开来。"

美团的核心商业模式是：我为一群人提供有关联的服务，我的核心是这群人。以前出行是出行，零售是零售，内容是内容。新零售模式把所有的领域全混在一起，所有流量全混在一起，所有的场景全部混在一起，因此，我的服务就是没有边界。

在未来，许许多多的服务模式与价值都是通过联结实现的。

全球最大的出租车公司 Uber 没有一辆出租车，全球最热门的媒体所有者 facebook 没有一个内容制作人，全球市值最高的零售商阿里巴巴没有一件商品库存……

这是说明，有越来越多的东西似乎都失去了边界，每个人从一个基点出发都能将前后左右的价值联结成片。

因此，对于未来的竞争，不仅要看你拥有什么，更重要的是要看你能联接什么。如果你能联接别人，说明你有能力；如果你被别人联接，说明你有价值。这就是未来的商业趋势。

网约车平台它既没有造车的工厂，也没有出租汽车的服务公司，手中也没有司机资源和乘客资源；而它们从消费者渴望便利乘车这个痛点需求出发，通过互联网技术将上述的资源联结在一起，构建起一个全新的产业领域。

由此可见，联接也可以产生价值，联结也是生产力。

联结体现了这个时代的市场竞争特征，例如，去中心化、平台化……其实都是要求我们要打开固有的界限，突破原有的定式，重新定义竞争，将自身融入一个更加开放的群生环境中。

陈春花老师曾经告诫我们："很多时候我们没有关注到外部那些微小的变化，正是这些微小的变化，酝酿着行业大变的力量。因此，当你发现有一个从来没做过这个行业的人在做跟你相似的事情的时候，你一定要打开自己，去拥抱新进入者，别拒绝！因为，那很有可能是迭代整个行业的逻辑出现了。"

这是因为，包括价值创造和获取方式在内的众多要素都发生了本质性

第八章 重构品牌系统性建设的八大关系

的改变，这意味着所有行业都将被数字化生存所重新定义。

首先，联接可以让整个行业的基础逻辑改变了，品牌的服务边界随着也打开了。

小米从"硬件＋新零售＋互联网服务"的"铁人三项"商业模式，发展到拥有90多家企业的生态链集群，围绕手机构建了手机配件、智能硬件、生活消费产品三层产品矩阵，极大地拓展了品牌的边界。

其次，联接可以形成行业范畴的协作效应，提升品牌的服务能力。

华为消费者业务战略市场营销部部长邵洋在接受记者采访时指出："28年来华为一直都在专注和聚焦的事情就是联接。"邵洋说，作为一家以"联接"起家的公司，华为最为核心的能力就是"联接"。

为解决智能家居产品的"联接"问题，华为构建了三大"联接"能力。具体而言，就是HiLink协议、HuaweiLiteOS和华为物联网芯片。如此一来，就让智能家居产品之间不仅具有了统一的"联接"标准，而且拥有了互相能听懂的"普通话"，让各个产品之间实现无障碍地"交流"。最终，让每一款智能家居单品的操控不再需要一个个的独立App。

再次，联接可以形成空间性的协同性效应，提升了品牌的服务效率。

以支付宝为例。为帮助香港地区的菲律宾工人利用支付宝便捷地为远在菲律宾的家人汇款，阿里先是教会他们下载使用支付宝，然后在菲律宾建立了非常多的能够提现金的小店铺。最后，将支付宝与这些小店铺之间联接在一起，帮助他们3秒钟就能把钱汇给家里人，完成了银行间无法如此便捷完成的功能。

最后，联接可以突破多元化发展的迷局，让品牌的服务更专业。

腾讯为什么不做搜索了，却入股了搜狗？为什么不做电商了，却选择与京东合作？实际上，腾讯的核心技术团队已经十分优秀了，他们为什么不自己开疆辟土？

因为，腾讯已经搞清楚了，什么都自己干，不仅效率实在是太低了，而且也并不是那么专业，关键是没有那么强的创业精神。

其实，腾讯的创业精神就是链接。在他们看来，链接就是拥有！

移动互联网时代有一个代表性的标志，就是连接型 CEO 的出现。在 IT 产业时代，是以专家型 CEO 为主体，比如微软的比尔·盖茨；在互联网时代，是以产品型 CEO 为主体，像乔布斯、马化腾、罗军；到了移动互联网的时代，产品型 CEO 开始向连接型 CEO 转变，如雷军和罗永浩，负责协调内部各个部门与消费者密切沟通和协作，最终将企业外部资源与内部资源联接在一起。

除了新兴行业的带头人对已经"联接"有着深刻的认识之外，穿透行业的"老江湖"们也开始觉醒了。

世联地产董事长陈劲松早在 2015 年的"世联地产年中管理大会暨策略变革讨论会"上就明确指出："从今年开始，我们对'拥有'和'联接'这两件事可能要做得更决绝、更坚定，要跟社会最优秀的资源来联接。否则我们所谓的深服务入口，就根本没有那么多的服务进行铺开。"

在未来，随着 5G 技术和人工智能的普及，"联接"更会成为一种能够推着整个社会发展的巨大力量。

2018 年 5 月，华为发布了《全球联接指数（GCI）2018 报告》，这是华为连续第五年发布该指数报告。

GCI 2018 研究显示，各行各业将人工智能融入宽带、数据中心、云、大数据和物联网这五大关键智能技术后，基础联接将演变为智能联接，激发创新活力，带来新一轮经济增长。随着在各行业的应用逐渐深入，智能联接将催生新的商业模式、产品、流程和服务，开启经济增长新周期。

总而言之，我们正在进入一个联接的时代：产品与信息，产品与人，人与人，产品与产品，……在这个时代里，传统的广告渠道，一对一的喇叭宣讲，大型商超的突出位置，30 年打造一个品牌的思想，大量的折扣和促销，等等，传统营销的逻辑已经无法承担起市场竞争的重任了。如何与

第八章
重构品牌系统性建设的八大关系

消费者在人性需求的范畴内,建立起更精准、更深刻的联接才是赢得市场竞争的关键所在。

马云老师在湖畔大学曾经预言过:"未来,凡是通电的东西都会智慧化、数据化;凡是不通电的东西,都会个性化、定制化。"

而这一切,又似乎都与服务有关、与联接有关。

| 附录 |

品牌系统性建设 50 条核心观点

1. 人类事物的两大头部特征是：人性特征和时代特征。前者是不变的，后者的万变的。企业生存的法则是：基于不变来应对万变。

2. 推动人类发展的是时代，推动时代发展的是技术，推动技术发展的是人性。

3. 品牌的内在本质是满足人性特征，品牌的发展规律是顺应时代特征。

4. 战略思考要从空间和时间两大维度展开，空间是发展趋势，时间是生命周期。

5. 品牌的系统性＝内在的逻辑＋外在的关联。

6. 在互联网经济时代，看的不是你"没做错什么"，而是你"没做什么"。

7. 传统企业的"互联网＋"，要解决"用什么去＋"和"去＋什么"的问题。答案是：用卓越的产品去＋互联网思维与模式下的用户关系。

8. 中国企业已经开始从机会化生存向专业化生存转变。

9. 提供高品质的产品／服务是企业的第一社会责任。

10. 人之所以需要品牌是源于人性的基本需求。

11. 品：基于品质的产品卓越；牌：基于形象的用户关系。

12. 品牌的意义就在于通过广泛而深入的品牌认知转化实现高附加值、可持续的市场转化。

13. 品牌系统性建设的逻辑就是消费者心理与行为的轨迹。

14. 从根本上看，消费者忠诚的是价值，而非品牌。

15. 消费者与企业是品牌的共同主体。

16. 价值认同，价格就不是问题；价值不认同，价格永远是问题。

17. 产品价格必须要基于产品的真实价值，不能超出用户对价值的认同阈值。

18. 品牌营销体系要围绕不断优化产品体验这个核心展开。

19. 过去，市场是生产的终点；现在，市场则是生产的起点。

20. 产品、用户、竞争是品牌营销不变的"铁三角"。

21. 品牌形象的塑造要紧紧围绕品牌的定位与价值展开。

22. 品牌传播的目的是提升知名度与信任度，品牌营销的目的是提升美誉度和忠诚度。

23. 品牌系统性建设的八大体系：

规划体系、内涵体系、形象体系、传播体系、营销体系、支撑体系、管理体系和资产体系。

24. 品牌建设是始于"战略"，终于"资产"。

25. 品牌规划的三大任务：

识别战略机会、界定市场空间和寻求价值共鸣。

26. 品牌规划的五大要素：

问题、需求、机会、优势与差异。

27. 确定母品牌与子品牌背书关系的两大准则：

一是只有在价值内涵上具备强关联，才能形成有效的品牌背书效应；

二是如果定位于行业"第三方"属性则无须凸显与母品牌的背书关系。

28. 品牌核心竞争力的两大维度："产品卓越"+"用户亲密"。前者是让消费者"满意"，后者是让消费者"喜欢"。

29. 品牌价值链的四大特性：

普适性、必要性、独占性与持续性。

30. 消费者与品牌建立关系的四大步骤：

认识（知名）、认知（信任）、认可（美誉）与认定（忠诚）。

31. 品牌建设的四大维"度"：

知名度、信任度、美誉度与忠诚度。

32. 品牌内涵体系的两部分内容：

品牌定位：我是谁？我与别人有什么不同？

品牌价值：我能做什么，能为别人带来什么？

33. 品牌形象的两大职能：

让消费者对品牌形成直观性的认识与区隔性的认知。

34. 企业品牌内涵的四大定位：

哲学概念、生存法则、经营理念与品牌主张。

35. 企业品牌内涵制定的六大原则：

概念广泛性、需求对应性、市场空间性、内涵独有性、理念贯通性、与母品牌一致性。

36. 品牌传播的五大要素：

为何传——目的,对谁传——受众,传什么——内容,在哪传——媒介,怎么传——形式。

37. 品牌传播需求下媒体功能的四大职能层级：

发声媒体、背书媒体、跟进媒体与扩散媒体。

38. 媒体价值的三大要素：

传播力、影响力和行销力。

39. 媒体行销力价值的三层递进：

内容的接受率、广告的到达率与市场的转化率。

40. 高效传播的五大原则：

目的——导向性,受众——共鸣性,内容——有用性,媒介——对应性,形式——悦读性。

41. 品牌内容传播的六大评价维度：

内容的共鸣性、内容的共创性、内容的可读性、内容的转化性、内容的目标性与内容的产品性。

42. 品牌体验的四个方面：

产品体验、消费体验、服务体验与文化体验。

43. 品牌忠诚度的五大表现：

养成消费习惯，固化生活方式，产生心理依赖，形成审美偏好，成为精神信仰。

44. 品牌建设内部支撑体系的四大体现：

全程（全产业链）、全位（全职能链）、全员（全岗位链）与全心（全心智链）

45. 消费者关系定位三大维度：

消费者是产品需求的提出者、品牌价值的共建者、销售利润的贡献者。

46. 企业与消费者建立关系的四大路径：

数据、识别、连接与交互。

47. 品牌系统性建设的六大特征：

建设的长期性、定位的连续性、认识的一致性、管理的系统性、执行的规范性与参与的广泛性。

48. 全员品牌营销的五大定位：

品牌价值的创造者、品牌文化的践行者、品牌形象的维护者、品牌管理的参与者与品牌利益的受益者。

49. 三大发展阶段的品牌建设目标：

导入期：知名度、信任度；

成长期：信任度、美誉度；

成熟期：忠诚度、市场溢价。

50. 品牌危机管理的六大环节：

信息采集、舆情研判、危机预警、危机处理、品牌修复与系统优化。

后记

与品牌结缘还要追溯到 2006 年年初。那一年刚刚入职《广告人》杂志就面临一项艰巨的任务——承担时任波司登企划总监的嵇万青先生一部有关品牌的著作的责任编辑。当时，央视的一档节目正值火爆，于是我便将这本著作命名为《品牌成长的非常 6+1》。

在为该书捉刀作序中，我竟然不知天高地厚地写道：

"不少企业想打造百年品牌却不知如何切入，这些足以说明我们的企业在建设品牌方面还有许多本源性的问题没有真正予以解决。"

尽管如此，那时的我就已经坚信：

"最初我们提出'相信品牌的力量'的时候，也许还只是一句发人深省的口号。但在不远的将来，'相信品牌的力量'一定能够成为社会发展的一种共识，企业成长的一种信念；也一样能成为民族复兴的一种精神，国家富强的一种崭新的形象。"

由此上溯至 2000 年，带着"连网都没上过，连网址都不知道是何物"的无知，以高龄投入到新兴的网络媒体行业之中。

从 2001 年撰写《新闻活动的策划与推介》，到 2002 年在《天津广播与电视》专业期刊上发表了《广告发布——网络与传统媒体互补》《媒体——从此进入互动时代》《网络与电视在旅游资讯传播方面的比较》三篇拙作，一边工作一边学习，一边思考一边总结。

由此上溯到 2004 年，又误打误撞进入了互联网业务经营的领域。

从负责内容的副总编辑到兼任网络服务分公司的总经理，从"扫楼"推销建设网站和网络广告业务到向各大兄弟网站推荐新闻发布系统，带领着团队奋斗在市场的第一线。让我对市场、对服务有了更为深刻的认识与理解，有了切身的感受与感想。

由此上溯至1998年年底，在做了11年的外科医生之后，毅然投身市场，加入医药产品的产品经理的大军之中。

从此，完成了一个由治病救人向市场营销的转身；从此，对产品推广、销售服务等一系列的营销要素有了最基本的认知。

从市场到媒体，从媒体到企业，从产品到新闻，从广告到品牌，一路认知，一路感受，一路思考，一路总结。特别是在广告行业媒体从业的那段经历，品牌越来越多地出现在我与业界意见领袖的上百次的访谈对话与思想碰撞中，出现在我的几十篇的采访文章中。

在8年之后，那位与品牌结缘的责任编辑，与当年的嵇万青先生一样也投身品牌建设的最前沿。一晃13年过去了，曾经为业界精英编辑品牌著作的策划兼编辑，今天也能将自己对品牌的感受与感悟，实践与总结，积善成著。

从广告行业转身企业，一下子与品牌天天面对面，与品牌建设日日零距离。每天需要面对的工作，每天需要解决的问题，才使得品牌在脑海里逐渐地清晰起来，在不断的思考中逐渐地系统起来。

从一开始的"消费者关系"到后来的"塑造强势品牌"，再到"品牌的系统性建设"，直至"品牌八大体系"的系统呈现……

这其中，最应该感谢的是吴丹勇先生。作为集团的副总裁，他是我的领导；作为专业上的引路人，他又是我的老师。从20年前的那句点拨"服务就是压抑自己，满足别人"，到5年前，刚刚入职企业时的那句提问"品牌的主体是谁？"再到五年来随时随地的教诲和启发，就像是一盏盏明灯一直照亮着我对品牌真谛探索之路的每一段路程。

还要感谢集团培训中心的翁娣萍总监和康敏老师，在我还远没有建立起"分享"信心的时候，就给了我担任集团各级培训品牌讲师的机会。从第一堂课70分水准的学员评价开始，不断地梳理逻辑，不断地构建架构，不断地充实内容，不断地完善体系，……直到今天，"品牌系统性建设"的内容体系，无论是讲给任何人，都能够讲得清楚，听得明白。从中，我真正体会到了"教学相长"的意义所在！

还要感谢南开大学商学院的许晖教授，让"品牌系统性建设"课程登上了 MBA 的讲台。从《以服务飙升品牌价值》到《提升系统性认知能力——以品牌建设为引》，让"品牌系统性建设"体系开始向多个维度深化、延展。

当然，还要感谢我的团队伙伴们，是他们坚定不移地遵循品牌系统性建设的模式不断实践、不断进取，使得"品牌系统性建设"的内涵体系和应用体系逐渐得到完善，也从一项项实际工作中得到反哺，得到佐证。于是，就更加坚定了我沿着"品牌系统性建设"的路径继续一路前行的信念与信心。

最后，要感谢的是丁俊杰老师和初志恒先生，他们一位是在专业中令人尊崇的老前辈，一位是在行业中令人尊敬的老大哥。面对这样一本既非专家也非学者的，完全是出于一己之见的东西，怀着提携晚辈成长之心，提倡学习探索风气之心，给予了非常难得的鼓励与支持。

的确，中国品牌经济的发展之路依然是任重道远，依然需要我辈不断地学习与探索，不断地实践与总结；依然需要我们为之鼓与呼，呐与喊。正如我在《品牌成长的非常 6+1》的序言中所强调的那样：

"从觉醒到觉悟，奋起直追——我们已经别无选择。"

关　键

2019 年 8 月

己亥　津沽　稚雅斋